A administração de custos, preços e lucros

O GEN | Grupo Editorial Nacional – maior plataforma editorial brasileira no segmento científico, técnico e profissional – publica conteúdos nas áreas de ciências sociais aplicadas, exatas, humanas, jurídicas e da saúde, além de prover serviços direcionados à educação continuada e à preparação para concursos.

As editoras que integram o GEN, das mais respeitadas no mercado editorial, construíram catálogos inigualáveis, com obras decisivas para a formação acadêmica e o aperfeiçoamento de várias gerações de profissionais e estudantes, tendo se tornado sinônimo de qualidade e seriedade.

A missão do GEN e dos núcleos de conteúdo que o compõem é prover a melhor informação científica e distribuí-la de maneira flexível e conveniente, a preços justos, gerando benefícios e servindo a autores, docentes, livreiros, funcionários, colaboradores e acionistas.

Nosso comportamento ético incondicional e nossa responsabilidade social e ambiental são reforçados pela natureza educacional de nossa atividade e dão sustentabilidade ao crescimento contínuo e à rentabilidade do grupo.

ADRIANO LEAL BRUNI

A administração de custos, preços e lucros

6ª Edição

O autor e a editora empenharam-se para citar adequadamente e dar o devido crédito a todos os detentores dos direitos autorais de qualquer material utilizado neste livro, dispondo-se a possíveis acertos caso, inadvertidamente, a identificação de algum deles tenha sido omitida.

Não é responsabilidade da editora nem do autor a ocorrência de eventuais perdas ou danos a pessoas ou bens que tenham origem no uso desta publicação.

Apesar dos melhores esforços do autor, do editor e dos revisores, é inevitável que surjam erros no texto. Assim, são bem-vindas as comunicações de usuários sobre correções ou sugestões referentes ao conteúdo ou ao nível pedagógico que auxiliem o aprimoramento de edições futuras. Os comentários dos leitores podem ser encaminhados à **Editora Atlas Ltda.** pelo e-mail faleconosco@grupogen.com.br.

Direitos exclusivos para a língua portuguesa
Copyright © 2018 by
Editora Atlas Ltda.
Uma editora integrante do GEN | Grupo Editorial Nacional

Reservados todos os direitos. É proibida a duplicação ou reprodução deste volume, no todo ou em parte, sob quaisquer formas ou por quaisquer meios (eletrônico, mecânico, gravação, fotocópia, distribuição na internet ou outros), sem permissão expressa da editora.

Rua Conselheiro Nébias, 1384
Campos Elísios, São Paulo, SP – CEP 01203-904
Tels.: 21-3543-0770/11-5080-0770
faleconosco@grupogen.com.br
www.grupogen.com.br

Designer de capa: Caio Cardoso
Editoração Eletrônica: Caio Cardoso

CIP-BRASIL. CATALOGAÇÃO NA PUBLICAÇÃO
SINDICATO NACIONAL DOS EDITORES DE LIVROS, RJ

B92a
6. ed.

Bruni, Adriano Leal
    A administração de custos, preços e lucros / Adriano Leal Bruni. – 6. ed. – São Paulo : Atlas, 2018.

Inclui bibliografia.
ISBN 978-85-97-01811-0

1. Controle de custo. 2. Contabilidade de custos. 3. Administração de empresas. I. Título. II. Série.

18-51059   CDD: 657.42
                                                                                                        CDU: 657.4

Meri Gleice Rodrigues de Souza – Bibliotecária CRB-7/6439

Para meu pai e meu avô, pelas
muitas estórias e histórias contadas
e recontadas ao menino, que um dia
cresceu, tornou-se professor e pôs-se
a escrever livros, contando muitas
outras estórias e histórias...

Prefácio

O livro *A Administração de custos, preços e lucros* apresenta de forma clara e simples os principais conceitos associados ao processo de registro e gestão de custos, em uma forma de abordagem direcionada para leitores ou alunos de finanças. Apresenta textos diretos e exemplos reais, acompanhados de exercícios variados. Seu conteúdo é distribuído em nove capítulos.

O Capítulo 1 apresenta uma visão geral de contabilidade, custos e finanças, destacando a importância de alguns demonstrativos e informações básicas.

O Capítulo 2 apresenta e discute a visão dos custos sob o ponto de vista da Contabilidade Financeira, preocupada com o registro e a avaliação dos estoques.

O Capítulo 3 ilustra a visão dos custos sob o ponto de vista da Contabilidade Gerencial, preocupada com os aspectos relativos ao suporte à tomada de decisões.

O Capítulo 4 detalha os aspectos relativos aos componentes dos custos na Contabilidade Financeira, apresentados como materiais diretos, mão de obra direta e custos indiretos de fabricação.

O Capítulo 5 discute sobre a importância da análise da margem de contribuição e do custeio variável no contexto da Contabilidade Gerencial.

O Capítulo 6 apresenta e ilustra os aspectos relativos aos tributos e sua importância na administração de custos, preços e lucros.

O Capítulo 7 discute a formação quantitativa dos preços e o processo de composição de taxas de marcação ou *mark-ups*.

O Capítulo 8 associa o preço ao marketing e à estratégia do negócio, discutindo aspectos importantes relativos à criação e percepção de valor.

Por fim, o Capítulo 9 apresenta o programa CUSTOFACIL.XLS, um aplicativo desenvolvido na planilha eletrônica Microsoft Excel com o objetivo de facilitar algumas operações em custos e preços discutidas ao longo do livro.

Adriano Leal Bruni
<albruni@minhasaulas.com.br>

Aviso Importante

Os *sites* do livro <www.MinhasAulas.com.br> e do Grupo GEN | Atlas <www.grupogen.com.br> apresentam um importante conjunto de complementos ao livro, como tabelas, respostas, *slides*, listas extras de exercícios e casos. Para enriquecer o seu aprendizado, consulte todo o material de apoio disponível na Internet!

www.MinhasAulas.com.br

Conheça o *site* do livro!
Conheça os recursos complementares no *site* do livro!

Material Suplementar

Este livro conta com os seguintes materiais suplementares:

- Respostas dos exercícios (disponível para todos);
- Planilha Custo Fácil (disponível para todos);
- Aplicativo elaborador de provas PROVAFACIL (disponível apenas para docentes);
- *Slides* (disponível apenas para docentes);
- Plano de Aula (disponível apenas para docentes).

O acesso aos materiais suplementares é gratuito. Basta que o leitor se cadastre em nosso *site* (www.grupogen.com.br), faça seu *login* e clique em GEN-IO, no menu superior do lado direito.

É rápido e fácil. Caso tenha dificuldade de acesso, entre em contato conosco (gendigital@grupogen.com.br).

GEN-IO (GEN | Informação Online) é o repositório de materiais suplementares e de serviços relacionados com livros publicados pelo GEN | Grupo Editorial Nacional, maior conglomerado brasileiro de editoras do ramo científico-técnico-profissional, composto por Guanabara Koogan, Santos, Roca, AC Farmacêutica, Forense, Método, Atlas, LTC, E.P.U. e Forense Universitária. Os materiais suplementares ficam disponíveis para acesso durante a vigência das edições atuais dos livros a que eles correspondem.

Recurso Pedagógico

Para facilitar o aprendizado, este livro conta com o seguinte recurso pedagógico:

- Videoaulas (*on-line*).

Sempre que um capítulo possuir uma ou mais videoaulas correspondentes, ela estará indicada com o ícone ▶.

O acesso às videoaulas é gratuito. Basta que o leitor siga as instruções apresentadas na orelha da obra.

Sumário

1 Os custos, a contabilidade e as finanças, 1

1.1 Objetivos de aprendizagem, 1

1.2 Contabilidade financeira, patrimônio, resultado e fluxo de caixa, 2

1.3 As diferentes contabilidades e os custos, 18

1.4 Gastos, custos, despesas e investimentos, 23

1.5 Custos *versus* despesas, 28

1.6 Custos explícitos e implícitos, 29

1.7 Resumo do capítulo, 30

2 Os custos e a contabilidade financeira, 37

2.1 Objetivos de aprendizagem, 37

2.2 Diferentes classificações de componentes de custos, 37

2.3 Diferentes agregadores de custos, 38

2.4 O custeio por absorção, 42

2.5 Resumo do capítulo, 42

3 Os custos e a contabilidade gerencial, 45

3.1 Objetivos de aprendizagem, 45

3.2 Análise volumétrica dos gastos, 45

3.3 Custo, volume e lucro, 58

3.4 Ponto de equilíbrio, 59

3.5 Margens de segurança, 64

3.6 Alavancagem, 65

3.7 Resumo do capítulo, 71

4 Os custos e seus componentes, 83

4.1 Objetivos de aprendizagem, 83

4.2 Os três ingredientes dos custos, 84

4.3 Material direto, 85

A Administração de Custos, Preços e Lucros • BRUNI

4.4 Mão de obra direta, 103

4.5 Outros custos diretos, 110

4.6 Custos indiretos de fabricação, 110

4.7 Resumo do capítulo, 119

5 Os custos e a margem de contribuição, 131

5.1 Objetivos de aprendizagem, 131

5.2 Custeio direto *versus* custeio variável, 131

5.3 Os problemas dos rateios dos custos, 132

5.4 A eliminação dos problemas e dos rateios, 136

5.5 Resumo do capítulo, 145

6 Tributos, custos e preços, 153

6.1 Objetivos de aprendizagem, 153

6.2 Tributos calculados por fora *versus* calculados por dentro, 154

6.3 Tributos calculados por Lucro Real *versus* Lucro presumido, 155

6.4 Tributos calculados de forma cumulativa *versus* não cumulativa, 157

6.5 Tributos municipais, estaduais ou federais, 160

6.6 Resumo do capítulo, 166

7 Os custos, os preços e os lucros, 171

7.1 Objetivos de aprendizagem, 171

7.2 Métodos genéricos de formação de preços, 171

7.3 Preços, custos e valores percebidos, 173

7.4 Componentes dos preços, 173

7.5 Definição de taxas de marcação, 175

7.6 Rentabilidade *versus* lucratividade, 178

7.7 Resumo do capítulo, 184

8 Os preços, o marketing e a estratégia, 195

8.1 Objetivos de aprendizagem, 195

8.2 Custos e valores percebidos primeiro, preços depois, 195

8.3 Condicionantes do valor percebido, 197

8.4 Valores agregados em cadeia, 200

8.5 Análise da estratégia do negócio, 201

8.6 Resumo do capítulo, 206

9   O modelo CUSTOFACIL.XLS, 223

9.1 Apresentação, 223

9.2 Configurações iniciais, 223

9.3 Recursos disponíveis na CUSTOFACIL.XLS, 225

9.4 Ponto de equilíbrio, 226

9.5 Materiais diretos, 227

9.6 Rateio, 230

9.7 Preços (Comércio), 232

9.8 Preços (Serviço), 238

9.9 Preços (Indústria), 239

Respostas dos exercícios, 243

Bibliografia, 255

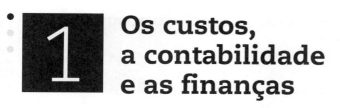

Assista à **videoaula**

"Tenho em mim todos os sonhos do mundo."
Fernando Pessoa

1.1 Objetivos de aprendizagem

Uma das expressões mais polivalentes empregadas por profissionais de Contabilidade e Finanças é a palavra "custos". A expressão pode ser associada a diferentes adjetivos, como custos contábeis, custos fabris, custos plenos, custos integrais, custos variáveis, custos fixos, custos de oportunidade, custos irrecuperáveis e muitos outros.

A melhor explicação para isto reside no fato de que o processo de registro e gestão de custos encontra-se na interseção de duas contabilidades: a contabilidade financeira (obrigatória, legal e com objetivos fiscais nitidamente claros) e a contabilidade gerencial (voltada para o fornecimento de informações relevantes ao processo de tomada de decisões).

O Capítulo 1 deste livro contextualiza os custos, destacando sua terminologia e os conceitos principais, contextualizados na Contabilidade Financeira e na Contabilidade Gerencial. Com o objetivo de facilitar a absorção e a fixação dos conteúdos expostos, são apresentados diversos exercícios.

Os objetivos de aprendizagem associados a este capítulo envolvem:

- Conhecer os aspectos relacionados às principais demonstrações ou aos relatórios contábeis;
- Entender desafios associados aos custos nas contabilidades financeira e gerencial;
- Compreender a terminologia dos gastos.

1.2 Contabilidade financeira, patrimônio, resultado e fluxo de caixa[1]

A Contabilidade Financeira pode ser definida como a ciência ou o conjunto de técnicas que tem o objetivo de registrar o patrimônio de uma entidade. Por registrar entende-se que ela deve oficializar, transcrever os fatos acontecidos e que alterem de qualquer forma o patrimônio – que, por sua vez, é representado pelo conjunto de bens, direitos e obrigações da entidade.

De modo geral, três grandes visões moldam a forma de processar os números na Contabilidade Financeira: a visão do patrimônio – que consiste no objeto central de análise da Contabilidade, cuidando dos registros de bens, direitos e obrigações –; a visão do resultado – que apresenta a evolução da riqueza e do patrimônio –; e a visão do caixa – que apresenta os recursos mais importantes para a liquidez e solvência do negócio, representada pelo dinheiro disponível na empresa.

Visão	Descrição
Patrimônio	A riqueza da entidade precisa ser devidamente mensurada e acompanhada. Seus bens, direitos e obrigações devem ser devidamente apurados e controlados.
Resultado	Sob o ponto de vista dos acionistas, a entidade precisa dar lucro e este lucro precisa ser monitorado e devidamente calculado.
Caixa	A entidade deve ser capaz de efetuar o pagamento das diversas obrigações por ela contraídas. Assim, o correto acompanhamento dos recursos em posse da empresa, representados no caixa, precisa ser devidamente executado e acompanhado.

Figura 1.1 Três visões contábeis.

A visão do patrimônio

A visão do patrimônio faz referência ao fato de que qualquer movimentação relativa a bens, direitos ou obrigações deve ser registrada pela Contabilidade.

Para ilustrar a formação dos números com base na visão do patrimônio, considere o exemplo do plano de negócio dos Caldos Doce Magia Ltda. – um pequeno empreendimento destinado à produção e comercialização de caldos de cana, instalado na orla de uma grande cidade do Nordeste do país.

---

[1] Para aprender ainda mais sobre Contabilidade, consulte o terceiro livro da série Desvendando as Finanças: BRUNI, Adriano Leal; FAMÁ, Rubens. *A contabilidade empresarial*. São Paulo: Atlas, 2004.

Capítulo 1 • Os custos, a contabilidade e as finanças

Os Caldos Doce Magia Ltda. consistem em um empreendimento muito simples. Será montado em um pequeno e bem produzido quiosque, com fácil visibilidade e em um ponto com grande fluxo de potenciais consumidores. No quiosque, serão instalados um pequeno motor a gasolina, já que não existirá possibilidade de fornecimento de energia elétrica em plena praia, e uma moenda para as canas.

O produto será sempre comercializado em copos plásticos descartáveis de 400 ml, com gelo e canudo. Antônio estima que cobrará $ 1,00 por copo, comercializando 240 copos por dia. Calcula que poderá operar durante cinco dias por semana, de quarta a domingo, quatro semanas ou 20 dias por mês. Assim, o seu faturamento previsto será igual a $ 240,00 por dia, $ 1.200,00 por semana ou $ 4.800,00 por mês.

Para montar a operação, o empresário Antônio Araújo do Canavial estimou a necessidade de aquisição de implementos e de fardamento para os funcionários, que apresentam um orçamento total igual a $ 3.400,00, conforme exposto na relação da tabela seguinte.

Descrição	Valor
Quiosque para a instalação da máquina	1.440,00
Máquina de moer cana	600,00
Motor a gasolina	840,00
Utensílios variados	300,00
Caixa térmica	60,00
Fardamento	160,00
Soma	3.400,00

Além da aquisição dos equipamentos, utensílios e fardamentos, Canavial igualmente calculou que será preciso comprar uma série de outros materiais, necessários para a produção de uma semana de copos de caldo de cana, como as dúzias de cana-de-açúcar, os copos descartáveis de 400 ml, canudos, gasolina e gelo filtrado especial. Como pensa em produzir 240 copos por dia, a quantidade de materiais comprados deverá ser suficiente para a produção de 1.200 copos.

De forma adicional, será preciso deixar no caixa do estabelecimento uma certa quantia de dinheiro, empregado para o fornecimento de troco e a realização de pequenos pagamentos. Estimou a quantia de $ 144,00 que será sempre mantida no caixa. Veja a relação na tabela seguinte.

A **Administração de Custos, Preços e Lucros** • BRUNI

Descrição	Unidade	Valor unitário	Unidades	Subtotal
Cana-de-açúcar	Dúzia	3,00	50,00	150,00
Copos descartáveis de 400 ml	Pacote com 50 unidades	5,00	24,00	120,00
Canudos	Pacote com 400 unidades	6,00	3,00	18,00
Gasolina	Litro	2,00	24,00	48,00
Gelo filtrado especial	Saco com 20 kg	20,00	6,00	120,00
Caixa				144,00
Soma				600,00

Assim, conforme apresentado na tabela, os gastos totais com os estoques de materiais e o caixa estão previstos como iguais a $ 600,00.

O investimento total na operação é igual a $ 4.000,00, sendo $ 3.400,00 resultantes da compra dos equipamentos e fardamento e $ 600,00 resultantes da compra dos materiais e dos recursos que serão mantidos no caixa.

Alguns equipamentos serão financiados em 12 meses pelos próprios fornecedores: o quiosque para a instalação da máquina (no valor de $ 1.440,00); a máquina de moer cana ($ 600,00) e o motor a gasolina ($ 840,00). Os demais itens da operação deverão ser pagos à vista.

Assim, dos $ 4.000,00 necessários para a operação, $ 2.880,00 seriam financiados por terceiros. Logo, a diferença no valor de $ 1.120,00 deveria vir do capital próprio do investidor.

Na visão patrimonial da Contabilidade Financeira, todos os valores do patrimônio – bens, direitos e obrigações – precisariam ser devidamente registrados. O documento contábil que apresenta o patrimônio é denominado Balanço Patrimonial – por mostrar uma relação de igualdade (equilíbrio ou balanço) do patrimônio da entidade. Para isso, o documento deve apresentar bens, direitos e obrigações, devidamente agrupados.

Para facilitar a leitura das informações, o balanço patrimonial comumente apresenta bens e direitos do lado esquerdo e as obrigações do lado direito. Como os registros contábeis representam transações ocorridas entre dois sujeitos, um ativo – que possui as prerrogativas sobre bens e direitos – e um passivo – que recebe as prerrogativas exercidas por um terceiro –, a Contabilidade Financeira acaba adotando esta denominação: ativo para bens e direitos e passivo para obrigações. Veja a figura seguinte:

Capítulo 1 • Os custos, a contabilidade e as finanças

Ativo	$	Passivo	$
Bens e Direitos	4.000,00	Obrigações	2.880,00
Total	4.000,00	Total	2.880,00

Nota-se, automaticamente, que a relação de equilíbrio expressa na denominação *balanço patrimonial* não está presente na figura anterior. O Balanço Patrimonial precisa igualmente apresentar um componente que represente o capital próprio, investido pelo dono e que costuma ser apresentado como Patrimônio Líquido – já que é igual ao patrimônio subtraído, líquido, portanto, das obrigações.

Ativo	$	Passivo	$
Bens e Direitos	4.000,00	Obrigações	2.880,00
		Capital	1.120,00
Total	4.000,00	Total	4.000,00

O Balanço Patrimonial apresenta de forma clara o maior objetivo da Contabilidade Financeira – registrar o patrimônio da entidade. Representa uma "fotografia" em dado instante do patrimônio da entidade. É estático e reflete um instante da situação patrimonial. Pode ser representado na Figura 1.2:

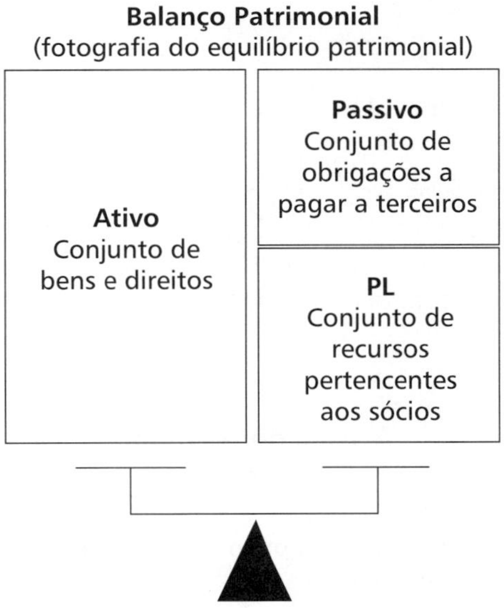

Figura 1.2 Balanço Patrimonial.

O Balanço Patrimonial reflete estaticamente a posição do patrimônio em dado momento, sendo constituído de três elementos distintos, apresentados como:

a) **Ativo:** consiste no conjunto de bens e direitos da entidade. É sempre apresentado no lado esquerdo do balanço e representa, de modo geral, os destinos dos recursos da entidade;

b) **Passivo:** forma o conjunto de obrigações assumidas pela empresa. Representa uma fonte de origens de recursos para as atividades da empresa, oriundos de terceiros e para os quais a empresa possui a obrigação de devolver o principal, eventualmente acrescido de juros;

c) **Patrimônio Líquido:** representa o volume de recursos pertencentes aos sócios. Formalmente, não representa obrigações, já que a empresa não é obrigada a restituir os investimentos feitos pelos sócios, o que somente ocorre na hipótese de retirada de um deles.

Convém destacar que o fato de as obrigações (ou passivo exigível) e o patrimônio líquido serem sempre apresentados do lado direito do Balanço Patrimonial faz com que ambos os grupos possam ser denominados como passivo, embora possuam naturezas distintas.

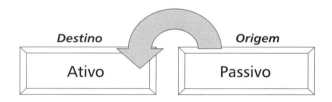

Figura 1.3 Destino e origem de recursos.

Genericamente, os passivos assumidos por uma entidade representam os recursos obtidos através dos sócios (o patrimônio líquido) ou de terceiros (o passivo exigível). Correspondem aos financiamentos recebidos pela entidade e à estratégia de *funding* adotada. Já os ativos correspondem aos bens e direitos da entidade – correspondem aos investimentos feitos.

A visão do resultado

O resultado é expresso como o lucro ou prejuízo verificado para a entidade no período analisado. Segundo a visão do resultado para a Contabilidade Financeira, sob o ponto de vista dos acionistas, a entidade precisa dar lucro e este lucro precisa ser monitorado e devidamente calculado.

Capítulo 1 • Os custos, a contabilidade e as finanças

O Balanço Patrimonial, conforme apresentado anteriormente, reflete as posições do patrimônio da empresa em dado instante. É como se fosse a fotografia do patrimônio da entidade, representado por seus bens, direitos e obrigações.

Quando os Balanços Patrimoniais de dois períodos sucessivos são analisados, as informações resultantes da variação da riqueza – representada pelo lucro – precisam ser obtidas. Como duas fotografias tiradas em períodos diferentes apresentam características diferentes, torna-se necessário apresentar e destacar as principais alterações ocorridas e refletidas pelo Balanço Patrimonial.

Já que as entidades, de modo geral, existem com o objetivo de gerar lucro,[2] uma forma de revelar o que ocorreu entre dois balanços distintos envolve a demonstração do lucro ou prejuízo que a entidade registrou no período. Assim, é preciso compreender a visão contábil do resultado e o demonstrativo contábil que exerce esse papel: o Demonstrativo de Resultado do Exercício.

A Demonstração do Resultado do Exercício ou, simplesmente, DRE é resultante da confrontação das receitas de vendas com os consumos do período, apresentados sob a forma de impostos, custos e despesas verificados no período analisado. De forma sintética, pode ser construído de acordo com o resumo apresentado a seguir.

Conta	Descrição
Receita operacional bruta	Vendas de produtos, mercadorias ou serviços.
(–) Deduções	Correspondem a subtrações da receita bruta e podem ser de três tipos: devoluções de produtos, descontos e impostos sobre vendas.
(=) Receita operacional líquida	Corresponde à receita bruta, subtraída das deduções.
(–) Custo dos produtos, serviços ou mercadorias vendidos (CPV, CSV ou CMV)	Custos incluem todos os bens ou serviços consumidos com a produção dos bens ou serviços comercializados.
(=) Lucro bruto	Lucro ou prejuízo operacional bruto.
(–) Despesas operacionais	Gastos com outras atividades não relativas à produção.
(–) Despesas administrativas	Gastos com supervisão, gestão e controle da empresa.
(–) Despesas com vendas	Gastos com comercialização, comissões.
(–) Despesas financeiras	Gastos com juros.
(=) Lucro operacional líquido	O lucro operacional líquido no Brasil deve ser obtido após despesas ditas operacionais e que envolvam as despesas administrativas, comerciais e financeiras.

(continua)

---

[2] Embora o conceito de lucro possa ser apresentado sob formas multidimensionais, como o lucro social resultante de atividades ou empresas públicas ou de organizações não governamentais.

A Administração de Custos, Preços e Lucros • BRUNI

(continuação)

Conta	Descrição
(+/–) Receitas ou despesas não operacionais	Outras receitas (ou despesas) não operacionais como participações societárias ou eventuais.
(=) Lucro antes do Imposto de Renda (IR) e Contribuição Social (CS)	Resultado da entidade antes do cálculo do IR e da Contribuição Social.
(–) Provisão para IR e CS	Valor provisionado, reconhecido, mas ainda não quitado, a título de Imposto de Renda e Contribuição Social.
= Lucro Líquido depois do IR e CS	Resultado da entidade, após o Imposto de Renda e Contribuição Social.

Figura 1.4 Aparência da Demonstração de Resultado do Exercício.

A Demonstração de Resultado de uma entidade registra a geração do lucro ou prejuízo, conforme apresentado anteriormente. Subtraindo das Receitas Deduções, Custos, Despesas e Imposto de Renda[3] da entidade, a DRE apresenta o resultado encontrado sob a forma de lucro ou prejuízo.

IMPOSTO DE RENDA SOBRE FATURAMENTO OU SOBRE RESULTADO OPERACIONAL?

Alunos iniciantes de Contabilidade muitas vezes apresentam dúvidas sobre a questão da forma de incidência do Imposto de Renda. A dúvida geralmente consiste na consideração do IR como um percentual da receita ou um percentual do lucro.

A legislação brasileira permite a adoção dos dois procedimentos. A empresa pode optar pela tributação sob a forma do lucro real – neste caso, subtrai das receitas de vendas todas as deduções, custos e despesas, nesta ordem. Se positivo, é o lucro considerado operacional. Ajustado pelas receitas e despesas não operacionais, obtém-se o Lucro Antes do Imposto de Renda (LAIR). Sobre este lucro, apurado de forma real, incidem as alíquotas do Imposto de Renda e da Contribuição Social.

Agindo dessa forma, alguns empresários podem sentir-se "tentados" a retirar seus lucros da entidade sob a forma de despesas, já que estes incidem antes do pagamento do Imposto de Renda, correspondendo a valores dedutíveis. Logo, entidades fiscalizadoras como a Receita Federal têm a preocupação de monitorar os gastos dedutíveis registrados pelas empresas tributáveis pelo lucro real mediante auditorias mais rigorosas e frequentes. Assim, todos os gastos registrados devem ser devidamente documentados. Como

---

[3] Embora a legislação brasileira sempre exija o pagamento do Imposto de Renda e da Contribuição Social, costuma-se apresentar a incidência de ambos os tributos pela expressão *Imposto de Renda*, unicamente. Assim, quando este livro apresentar gastos reconhecidos com o Imposto de Renda, entenda-se que estes se referem ao Imposto de Renda propriamente dito mais a Contribuição Social.

Capítulo 1 • Os custos, a contabilidade e as finanças

consequência, os gastos burocráticos com assessorias contábeis e registros para empresas tributadas pelo lucro real serão maiores.

Outra forma de tributação considera o pagamento de Imposto de Renda sobre um lucro presumido – isto é, a legislação permite que a empresa opte por considerar como lucro um percentual de seu faturamento. Este percentual varia de empresa para empresa, costumando oscilar entre 1,6 e 32%. Nesta situação, a empresa não precisa se preocupar com a apresentação de gastos dedutíveis do Imposto de Renda, já que este incide sobre o faturamento. Entidades fiscalizadoras tendem a se preocupar menos com entidades optantes pelo lucro presumido, em função das suas características mais simples.

Uma variante da tributação sob a forma do lucro presumido consiste no Simples Federal e no Simples Estadual – mecanismos de tributação simplificada para micro e pequenas empresas de setores específicos que consideram o pagamento de diversos impostos como um percentual sobre o faturamento.

Geralmente, boas assessorias contábeis costumam apresentar, após diversas análises e cálculos, qual a melhor para a tributação de determinada empresa. Naturalmente, empresas que possuem percentuais expressivos de gastos documentados optarão pela tributação por lucro real.

Quando apenas valores operacionais são considerados, pode-se construir uma visão ainda mais simplificada do DRE e da apuração do resultado do exercício, conforme a Figura 1.5.

Receita operacional bruta
(–) Deduções
(=) Receita operacional líquida
(–) Custos
(=) Lucro bruto
(–) Despesas
(=) Lucro operacional
(–) Imposto de Renda
= Lucro Líquido

Figura 1.5 Resumo da Demonstração de Resultado do Exercício.

A construção da Demonstração de Resultado do Exercício é mostrada a seguir. Veja os números da Doce Magia, apresentados a seguir.

As receitas da Doce Magia Ltda.

As receitas projetadas para a Doce Magia já foram apresentadas anteriormente. Correspondem à venda de 240 copos de caldo de cana por dia, a $ 1,00 por copo, operando durante 20 dias em um mês. Logo, as receitas são projetadas em $ 4.800,00 por mês.

Descrição	$
Receita bruta	4.800,00
Preço por copo	*1,00*
Número de copos por dia	*240*
Número de dias por mês	*20*

As deduções da Doce Magia Ltda.

A empresa considerou que, para poder existir legalmente, deverá arcar com o pagamento de impostos sobre vendas – que consistem em deduções da receita bruta. Por se tratar de uma operação mercantil, deverá pagar mensalmente o Imposto sobre Circulação de Mercadorias e Serviços (ICMS).

Geralmente, o ICMS incide com um percentual igual a 17% para a maioria dos Estados e com percentual igual a 18% para os Estados de São Paulo, Rio de Janeiro e Minas Gerais. A legislação do ICMS permite que todos os impostos pagos anteriormente decorrentes da aquisição de materiais diretos possam ser compensados no momento do pagamento do imposto devido.

Porém, em alguns Estados, pequenas empresas, como a Caldos Doce Magia Ltda., contam com legislação favorável, que simplifica e barateia o pagamento do ICMS para microempresas.

Assim, a Caldos Doce Magia Ltda. calcula que deverá pagar ICMS no valor fixo igual a $ 50,00 por mês, independentemente do seu faturamento.

Descrição	$
Impostos sobre vendas	(50,00)

Os custos da Doce Magia Ltda.

A Contabilidade Financeira estabelece que os custos correspondem a todos os recursos consumidos para a produção.

Para facilitar o cálculo dos seus custos, a Doce Magia os separou em custos diretos – que são aqueles ligados sem subjetividades à produção dos caldos de cana que correspondem aos gastos com materiais envolvidos na operação.

Capítulo 1 • Os custos, a contabilidade e as finanças

Os materiais envolvidos na produção dos caldos correspondem a cana-de-açúcar, copos descartáveis de 400 ml, canudos, gasolina e gelo filtrado especial. As unidades de compra, os valores unitários de cada item, o consumo por copo e o valor em unidades monetárias de cada um dos recursos consumidos por copo são apresentados na tabela seguinte.

Item de custo direto	Unidade	Copos produzidos com uma unidade	Consumo por copo	Valor unitário	Valor ($) por copo
Cana-de-açúcar	Dúzia	24	0,04167	3,00	0,1250
Copos descartáveis de 400 ml	Pacote com 50 unidades	50	0,02000	5,00	0,1000
Canudos	Pacote com 400 unidades	400	0,00250	6,00	0,0150
Gasolina	Litro	50	0,02000	2,00	0,0400
Gelo filtrado especial	Saco com 20 kg	200	0,00500	20,00	0,1000
Soma do custo por copo					0,3800
Soma dos custos diários	0,38 × 240 =				91,20
Soma dos custos semanais	0,38 × 240 × 5 =				456,00
Soma dos custos mensais	0,38 × 240 × 5 × 4=				1.824,00

Conforme apresentado na tabela, o custo calculado por copo foi igual a $ 0,38, aproximadamente. Isso resulta em custos diários iguais a $ 91,20, semanais iguais a $ 456,00 e mensais iguais a $ 1.824,00.

Além dos custos com os materiais consumidos, a empresa incorrerá em outros custos considerados indiretos, como o funcionário que trabalhará na produção. Estimando um salário igual a $ 300,00, mais encargos iguais a outros $ 300,00, a empresa calcula um custo igual a $ 600,00 por mês com o funcionário da produção.

Descrição	$
Funcionário da produção	
Salário	300,00
Encargos	300,00
Soma dos custos	600,00

A Administração de Custos, Preços e Lucros • BRUNI

Outros custos indiretos que não podem ser esquecidos correspondem à depreciação dos investimentos feitos em equipamentos e fardamento.

Investimentos em equipamentos e utensílios empregados na operação de qualquer empresa costumam perder valor a partir do momento que se tornam disponíveis para uso. Geralmente, deve-se reconhecer o consumo do valor destes bens através da depreciação.

Para isso, deve-se definir uma vida útil para os bens adquiridos. A partir da vida útil, calcula-se a depreciação por período. No Brasil, a legislação que cuida do Imposto de Renda costuma apresentar as estimativas legais para a vida útil de diferentes bens.

No caso da Doce Magia, foram definidas as vidas úteis apresentadas na tabela seguinte.[4]

Descrição	Vida útil (em meses)
Quiosque para a instalação da máquina	36
Máquina de moer cana	24
Motor a gasolina	24
Utensílios variados	12
Caixa térmica	6
Fardamento	4

Com base na vida útil assumida para cada um dos itens, é possível, então, calcular a depreciação por período. No caso, a depreciação mensal. Veja a tabela seguinte.

Descrição	Valor	Vida útil (em meses)	Depreciação mensal
Quiosque para a instalação da máquina	1.440,00	36	40,00
Máquina de moer cana	600,00	24	25,00
Motor a gasolina	840,00	24	35,00
Utensílios variados	300,00	12	25,00
Caixa térmica	60,00	6	10,00
Fardamento	160,00	4	40,00
Soma	3.400,00		175,00

---

[4] Já que se trata de uma atividade didática inicial, as vidas úteis apresentadas nesta tabela foram estabelecidas com o caráter de tornar mais simples o processo de aprendizagem. Assim, não seguem rigorosamente a legislação do Imposto de Renda.

Capítulo 1 • Os custos, a contabilidade e as finanças

Com base na última tabela, nota-se que a empresa precisará considerar um gasto mensal igual a $ 175,00 com as depreciações dos diferentes equipamentos. Um resumo dos custos incorridos pode ser visto na tabela seguinte.

		Descrição	$
Custos	Diretos	Matéria-prima e embalagem	(1.824,00)
	Indiretos	Mão de obra	(600,00)
		Depreciação	(175,00)
Soma dos custos			(2.599,00)

Conforme apresentado na última tabela, os custos diretos e indiretos da operação alcançam $ 2.599,00 por mês.

As despesas da Doce Magia Ltda.

Para a Contabilidade Financeira, despesas correspondem a recursos consumidos no tempo, não associados diretamente à produção. Podem ser de três tipos principais: comerciais, administrativos e financeiros.

As principais despesas projetadas para a Doce Magia consistem em um funcionário administrativo, com salário igual a $ 300,00 mais $ 300,00 de encargos, o que totaliza $ 600,00 com despesas com pessoal.

Além da despesa com o funcionário, a empresa deverá arcar mensalmente com gastos com o contador ($ 150,00 por mês), mais a taxa de autorização de funcionamento cobrada pela prefeitura ($ 100,00 mensais) e outras despesas (no valor de $ 150,00 por mês).

Uma síntese das despesas é apresentada a seguir.

	Descrição	$
Despesas	Pessoal	(600,00)
	Contador	(150,00)
	Taxa da prefeitura	(100,00)
	Outras	(150,00)
Soma das despesas		(1.000,00)

Conforme apresentado na tabela, os gastos com despesas da Doce Magia alcançam $ 1.000,00 por mês.

A Administração de Custos, Preços e Lucros • BRUNI

O Imposto de Renda da Doce Magia Ltda.

Por se tratar de uma microempresa, a Doce Magia pode optar por um mecanismo de tributação simplificado, o "Simples", pagando seu Imposto de Renda com base em percentual igual a 3% do faturamento bruto.

Descrição	$
Receita bruta	4.800,00
(–) Imposto de renda (3% das receitas)	(144,00)

Assim, conforme apresentado na tabela anterior, os gastos com o pagamento de Imposto de Renda da empresa serão iguais a $ 144,00 por mês.

O resultado da Doce Magia Ltda.

Após calcular todas as receitas, deduções, custos, despesas e o Imposto de Renda das operações, a Doce Magia pode calcular o seu resultado, o que pode ser visto no Demonstrativo de Resultado apresentado a seguir.

Descrição			$
Receita bruta			4.800,00
(–) Impostos sobre vendas			(50,00)
Receita líquida			4.750,00
(–) Custos	Diretos	Matéria-prima e embalagem	(1.824,00)
	Indiretos	Mão de obra	(600,00)
		Depreciação	(175,00)
Soma dos custos			(2.599,00)
Resultado (lucro) bruto			2.151,00
(–) Despesas		Pessoal	(600,00)
		Contador	(150,00)
		Taxa da prefeitura	(100,00)
		Outras	(150,00)

(continua)

Capítulo 1 • Os custos, a contabilidade e as finanças

(continuação)

Descrição	$
Soma das despesas	(1.000,00)
Resultado (lucro) operacional	1.151,00
(–) Imposto de renda (3% das receitas)	(144,00)
Resultado (lucro) líquido	1.007,00

Pode-se perceber que a Doce Magia projeta um resultado mensal igual a $ 1.007,00, conforme o demonstrativo apresentado.

LUCRO É BOM... MAS RENTABILIDADE É MUITO MELHOR

A análise do DRE, muitas vezes, focaliza sua atenção na *bottom line*, na última e, possivelmente, na mais importante linha que apresenta o resultado, lucro ou prejuízo do exercício.

Nestas ocasiões, dúvidas surgem sobre a razoabilidade dos números apresentados. Questiona-se se um lucro pode ser considerado satisfatório ou não. Muitas vezes, deseja-se saber se um lucro de $ 500.000,00 pode ser considerado bom ou ruim.

Como a análise em termos absolutos perde o sentido, medidas relativas emergem como soluções parciais. Uma destas medidas, empregada em muitas ocasiões e análises, é apresentada sob a forma de margem de lucro – o lucro relativo sobre as vendas realizadas.

Muitos empresários e analistas são tentados a focalizar seus pensamentos na razoabilidade das margens de lucro. Podem chegar ao extremo de determinar que uma margem de 3% é insatisfatória e que uma margem de 18% é muito boa.

Embora simplificadora, a margem apresenta um conceito incompleto em finanças. O que é melhor: ganhar 3% em uma venda feita todo mês ou ganhar 15% em uma venda feita apenas uma vez ao ano? Assim, outros itens importantes, como o giro das vendas, devem ser incorporados na análise.

Em Finanças, a solução para a análise relativa das margens costuma ser resolvida com o estudo das rentabilidades – que apresentam a análise dos lucros em relação aos investimentos feitos.

A margem associa-se à remuneração do comerciante. Porém, todo comerciante, antes de explorar as vendas do seu negócio, foi um investidor. E é o investidor que tem a primazia da remuneração.

Assim, ao pensar em lucro, deve-se pensar neste lucro de forma relativa ao investimento realizado. O estudo e a análise da rentabilidade são uma das tarefas centrais e mais importantes em Finanças. Os últimos capítulos deste livro exploram a questão da rentabilidade com um nível maior de profundidade.

A visão do caixa

A visão do caixa estabelece que a entidade deve ser capaz de efetuar o pagamento das diversas obrigações por ela contraídas. Assim, o correto acompanhamento dos recursos em posse da empresa, representados no caixa, precisa ser devidamente executado e acompanhado. A análise do caixa costuma ser feita através do controle do movimento de entradas e saídas ou fluxo de caixa.

Dois procedimentos distintos podem ser empregados na construção do fluxo de caixa: direto, no qual entradas e saídas são consideradas de forma objetiva; e indireto, quando o lucro é ajustado em decorrência de fatores extracaixa, que representam receitas, custos ou despesas que não afetem o caixa, ou de fatores extrarresultado – como novos investimentos ou desinvestimentos realizados.

De todos os gastos apresentados para a Doce Magia, apenas o gasto referente à depreciação não é desembolsável, no valor de $ 175,00 por mês. Logo, não corresponde a uma saída de caixa no momento do seu reconhecimento. Foi uma saída de caixa no momento da aquisição dos bens depreciados.

Porém, a empresa precisa considerar o pagamento de parte do financiamento do quiosque para a instalação da máquina (no valor total de $ 1.440,00), da máquina de moer cana ($ 600,00) e do motor a gasolina ($ 840,00). Todos foram financiados em 12 meses. A tabela seguinte apresenta a parcela mensal devida para cada um dos bens.

Descrição	Valor	Número de parcelas	Valor da parcela
Quiosque para a instalação da máquina	1.440,00	12	120,00
Máquina de moer cana	600,00	12	50,00
Motor a gasolina	840,00	12	70,00
Soma			240,00

O fluxo de caixa construído de forma direta pode ser visto na tabela seguinte. As entradas da empresa correspondem a sua receita bruta, no caso, igual a $ 4.800,00. As saídas podem ser apresentadas em dois grupos distintos: decorrentes da operação de produção e venda do caldo de cana (no valor de $ 3.618,00) e decorrentes da quitação dos financiamentos (no valor de $ 240,00). As saídas totais são iguais a $ 3.858,00.

Capítulo 1 • Os custos, a contabilidade e as finanças

Entradas	
Receita bruta	4.800,00
Soma das entradas	4.800,00
Saídas	
Impostos sobre vendas	(50,00)
Matéria-prima e embalagem	(1.824,00)
Mão de obra	(600,00)
Pessoal	(600,00)
Contador	(150,00)
Taxa da prefeitura	(100,00)
Outras	(150,00)
Imposto de Renda	(144,00)
Subtotal (1)	(3.618,00)
Parcela do quiosque para a instalação da máquina	(120,00)
Parcela da máquina de moer cana	(50,00)
Parcela do motor a gasolina	(70,00)
Subtotal (2)	(240,00)
Soma das saídas (1 + 2)	(3.858,00)
Fluxo de caixa	942,00

Assim, o fluxo de caixa da operação é igual a $ 942,00, assumindo as premissas válidas para os seus primeiros meses.

Quando construído de forma indireta, o fluxo de caixa parte do lucro obtido, ajustando-o às depreciações e aos novos investimentos ou desinvestimentos. Veja a tabela seguinte.

A Administração de Custos, Preços e Lucros • BRUNI

Descrição			$
Receita bruta			4.800,00
(–) Impostos sobre vendas			(50,00)
Receita líquida			4.750,00
(–) Custos	Diretos	Matéria-prima e embalagem	(1.824,00)
	Indiretos	Mão de obra	(600,00)
		Depreciação	(175,00)
Soma dos custos			(2.599,00)
Resultado (lucro) bruto			2.151,00
(–) Despesas		Pessoal	(600,00)
		Contador	(150,00)
		Taxa da prefeitura	(100,00)
		Outras	(150,00)
Soma das despesas			(1.000,00)
Resultado (lucro) operacional			1.151,00
(–) Imposto de Renda (3% das receitas)			(144,00)
Resultado (lucro) líquido			1.007,00
(+) Depreciação			175,00
(–) Pagamento das parcelas dos investimentos			(240,00)
Fluxo de caixa			942,00

Naturalmente, o resultado é idêntico. O fluxo de caixa da operação é igual a $ 942,00.

1.3 As diferentes contabilidades e os custos

Os procedimentos associados ao processo de registro e composição dos custos podem possuir diferentes propósitos. Geralmente, para entender os propósitos e os objetivos do processo de registro e controle de custos, é preciso compreender as razões e os objetivos das contabilidades financeira e gerencial.

A contabilidade financeira preocupa-se com as leis e as normas e é obrigatória para as entidades legalmente estabelecidas. Seu objetivo maior está associado ao passado e seus atos e suas práticas são estabelecidos através de princípios e regras normativas.

Se, por um lado, os princípios facilitam e padronizam a prática contábil, por outro dificultam a gestão com base nos números extraídos da contabilidade. As atividades

Capítulo 1 • Os custos, a contabilidade e as finanças

relacionadas ao processo de gestão empresarial dizem respeito à tomada de decisões com impactos futuros, enquanto a contabilidade financeira preocupa-se com o registro relativo ao patrimônio daquilo que já passou.

Assim, em muitas situações, torna-se necessário adaptar as informações da contabilidade financeira para possibilitar um processo mais coerente de tomada de decisões – originando a contabilidade gerencial, que pode ser caracterizada[5] como um enfoque especial conferido a várias técnicas e procedimentos contábeis, com objetivos diferentes, maior detalhamento ou com forma de apresentação e classificação diferenciada, de modo a auxiliar os gestores da entidade em seu processo decisório. Genericamente, enquanto a contabilidade financeira se preocupa com os registros do patrimônio, segundo as normas, convenções e princípios contábeis, a contabilidade gerencial se preocupa com o processo decisorial e de tomada de decisões.

Conforme apresentado na Figura 1.6, na interseção das duas contabilidades encontra-se a contabilidade de custos. Ora deve-se preocupar em atender às normas e imposições legais da contabilidade financeira e, em outras ocasiões, deve preocupar-se em atender à demanda de informações que suportem melhor o processo de tomada de decisões – característica intrínseca da contabilidade gerencial.

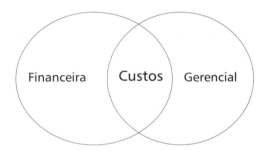

Figura 1.6 As diferentes contabilidades e os custos.

O exemplo da Importadora dos Componentes Industriais ajuda a diferenciar os propósitos das duas contabilidades em relação aos custos. A empresa importa e comercializa componentes empregados na manutenção das indústrias de um importante polo no Estado de São Paulo. De forma recente, a empresa vendeu por $ 20,00 um componente que havia comprado por $ 17,00. Porém, antes de registrar a venda, havia recebido a informação do fornecedor de que o novo custo de aquisição do referido produto seria igual a $ 25,00.

---

[5] Iudícibus (1998, p. 21).

Em outras palavras, a empresa verificou a existência das seguintes informações:

a) comprou por $ 17,00;
b) vendeu por $ 20,00;
c) reporá por $ 25,00.

Para a contabilidade financeira, que registra o passado, a empresa apresentará um lucro igual a $ 3,00, resultado da diferença entre o custo de aquisição, no valor de $ 17,00, e o preço de venda, no valor de $ 20,00. Porém, sob a óptica do empresário, dono da empresa, a venda por $ 20,00 resultará na necessidade de reposição por $ 25,00. Logo, para ele, a venda por apenas $ 20,00 resultará em um prejuízo no valor de $ 5,00 – informação que pode ser obtida na contabilidade gerencial, que tem a obrigação de registrar o futuro e os custos de oportunidade incorridos, mas que é de apuração impensável na contabilidade financeira que, por normas, registra apenas o passado, empregando documentação hábil e idônea.[6]

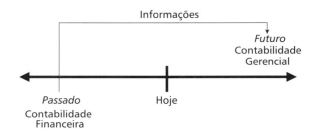

Figura 1.7 Contabilidade financeira e gerencial: passado e futuro.

Outros efeitos controversos das informações geradas pelas contabilidades financeira e gerencial estão apresentados no exemplo da escola de informática TechByte Ltda., fornecido a seguir. A empresa consiste em um pequeno empreendimento destinado a capacitar alunos na operação de sistemas simples e livres (sem a necessidade das caras licenças anuais), como editores de texto e planilhas eletrônicas. Para montar a empresa, seus sócios compraram dez microcomputadores, a um custo unitário igual a $ 2.400,00, mais móveis e outros equipamentos administrativos no valor de $ 6.000,00. A contabilidade financeira estabelece que a depreciação dos equipamentos deve ser feita em prazo igual a cinco anos, com uma taxa linear de depreciação anual igual a 20%. Como em cinco anos existem 60 meses, a depreciação mensal dos computadores é igual a $ 24.000 ÷ 60, $ 400,00, e a depreciação mensal dos móveis e equipamentos administrativos é igual a $ 6.000,00 ÷ 60, $ 100,00.

Os sócios alugaram uma sala comercial em um ponto central da cidade. O espaço locado foi dividido em uma pequena área administrativa, com cerca de 20% do espaço,

---

[6] De acordo com os princípios contábeis.

Capítulo 1 • Os custos, a contabilidade e as finanças

e uma sala de aula, que ocupa o espaço remanescente. Pelo aluguel mensal, o sócio paga $ 500,00. O espaço da área administrativa é considerado como despesa, no valor de $ 100,00 mensais, e o espaço da sala de aula é considerado nos custos, no valor de $ 400,00 por mês.

Outros gastos mensais da empresa consistem no pagamento de um funcionário administrativo, com salário igual a $ 300,00, mais encargos e provisões no valor de $ 300,00 e contas de energia elétrica, telefone e condomínio no valor total de $ 200,00.

A empresa comercializa quatro cursos por mês, que costumam ter oito alunos, em média. A TechByte cobra o valor de $ 280,00 por treinamento, sempre com 20 horas de duração. Da receita auferida, a empresa destina 16,71% para o pagamento dos impostos, conforme apresentado na Figura 1.8.

Além dos gastos com impostos, para cada curso ministrado a empresa contrata um professor externo, que cobra $ 1.200,00 por treinamento e manda confeccionar apostilas, no valor de $ 160,00 por curso, em média. Como são feitos quatro treinamentos, em média, por mês, os gastos com professores alcançam $ 4.800,00 por mês e os gastos com apostilas ficam em torno de $ 640,00.

Descrição	Base de cálculo	Alíquota	Subtotal
Contribuição Social Sobre o Lucro (CSSL)	32%	9%	2,88%
Imposto de Renda (IR)	32%	15%	4,80%
Programa de Integração Social (PIS)			0,65%
Contribuição para o Financiamento da Seguridade Social (COFINS)			3,00%
Imposto sobre Serviços (ISS)			5,00%
Contribuição Provisória sobre Movimentações Financeiras (CPM)			0,38%
Soma			16,71%

Figura 1.8 Impostos sobre faturamento.

Empregando as informações fornecidas e utilizando as normas da contabilidade financeira, é possível construir o demonstrativo de resultado mensal para a empresa a seguir.

Os sócios, embora julguem o resultado baixo, de apenas $ 322,78 por mês, acreditam que a possibilidade de crescimento futuro do negócio justifica sua manutenção.

Porém, existe um ponto controverso na apresentação dos números da empresa. Embora a contabilidade financeira apresente como obrigatória a depreciação dos equipamentos em cinco anos, os sócios julgam impossível fornecer treinamentos

A Administração de Custos, Preços e Lucros • BRUNI

competitivos em máquinas com mais de dois anos de uso. Os equipamentos precisam ser trocados a cada dois anos. Logo, a depreciação na contabilidade gerencial deveria ser feita em dois anos, com uma taxa de depreciação linear igual a 50%. Assim, no lugar de uma depreciação no valor de $ 400,00 por mês, o correto para eles seria considerar uma depreciação mensal igual a 24.000 ÷ 24, ou $ 1.000,00 por mês.

Assim, enquanto a contabilidade financeira, que é obrigatória e legal, exige a consideração de uma depreciação mensal igual a $ 400,00, a gerencial, que abastece com informações o processo de tomada de decisões, sugere a consideração de uma depreciação igual a $ 1.000,00. Portanto, uma diferença de $ 600,00, maior que o lucro mensal registrado no demonstrativo anterior. Com a consideração da maior depreciação, o lucro de $ 322,78 converte-se em um prejuízo de $ 277,22 por mês.

Descrição		Valor ($)
Receita Bruta		8.960,00
Número de cursos	*4*	
Alunos por curso	*8*	
Mensalidade	*280,00*	
(–) Deduções (16,71%)		(1.497,22)
Receita Líquida		7.462,78
Custos		(6.240,00)
Professor	*(4.800,00)*	
Apostilas	*(640,00)*	
Depreciação dos computadores	*(400,00)*	
Aluguel do espaço de aula	*(400,00)*	
Resultado Bruto		1.222,78
Despesas		(900,00)
Aluguel do espaço administrativo	*(100,00)*	
Funcionário administrativo	*(300,00)*	
Encargos e provisões	*(300,00)*	
Contas de água, energia etc.	*(200,00)*	
Resultado líquido		**322,78**

As diferenças resultantes do uso das duas contabilidades são apresentadas no quadro seguinte.

Capítulo 1 • Os custos, a contabilidade e as finanças

Contabilidade	Financeira	Gerencial	Diferença
Depreciação mensal dos computadores	(400,00)	(1.000,00)	(600,00)
Resultado	322,78	(277,00)	(600,00)

O presente livro, conforme apresentado em seu próprio título, preocupa-se, de modo geral, com a *administração* de custos, preços e lucros, focada, naturalmente, sob a óptica relacionada aos processos de tomada de decisão. Assim, são explorados os dois aspectos das *duas contabilidades*: a questão do registro e os mecanismos principais da contabilidade financeira e a óptica da tomada de decisões e geração de informações da contabilidade gerencial.

1.4 Gastos, custos, despesas e investimentos

Alguns termos técnicos são empregados no processo de formação dos custos e preços. Muitos destes termos mais comuns são empregados na contabilidade geral e desta última são trazidos para a Contabilidade de Custos.

A Figura 1.9 ilustra classificações comumente empregadas na contabilidade financeira.

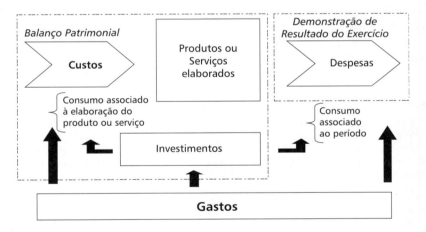

Figura 1.9 Diferenciação entre custo e despesa.

Os gastos consistem no sacrifício financeiro com o qual a entidade arca para a obtenção de um produto ou serviço qualquer. Segundo a contabilidade, serão em última instância classificados como custos ou despesas, a depender de sua participação na elaboração do produto ou serviço. Alguns gastos podem ser temporariamente classificados como investimentos e, à medida que forem consumidos, receberão a classificação de custos ou despesas.

A Administração de Custos, Preços e Lucros • BRUNI

Os investimentos representam gastos ativados em função de sua vida útil ou de benefícios atribuíveis a futuros períodos. Ficam temporariamente "congelados" no ativo da entidade e, posteriormente e de forma gradual, são "descongelados" e incorporados aos custos e despesas.

INVESTIMENTOS SÃO GASTOS DIFERIDOS

É importante observar que os investimentos são gastos de consumo futuro ou diferido, enquanto custos e despesas são gastos incorridos ou consumidos. Custos são gastos consumidos pelos estoques. Despesas são gastos consumidos no tempo. Porém, investimentos apenas serão consumidos no futuro.

Os custos correspondem aos gastos relativos a bens ou serviços utilizados na produção de outros bens ou serviços. Portanto, estão associados aos produtos ou serviços produzidos pela entidade. São consumidos pelos estoques. Como exemplos de custos podem ser citados os gastos com matérias-primas, embalagens, mão de obra fabril, aluguéis e seguros de instalações fabris etc.

As despesas correspondem aos bens ou serviços consumidos direta ou indiretamente para a obtenção de receitas. São consumos temporais e não estão associados à produção de um produto ou serviço. Como exemplos de despesas podem ser citados gastos com salários de vendedores, gastos com funcionários administrativos etc.

Custos: representam, na verdade, uma transição de um investimento que tem como destino final o valor dos estoques. A conversão de matéria em produto em elaboração e a conversão dos produtos em elaboração em produtos acabados representam custos. Dessa forma, o salário e os encargos de um funcionário da área industrial podem ser considerados como custos, já que seu esforço produtivo pode ser armazenado no estoque da empresa. Os gastos correspondem aos investimentos feitos nos estoques.

Despesas: representam consumos temporais, que não são congelados nem armazenados nos estoques. O salário, os encargos e as comissões de vendedores são classificados como despesas em função do fato de não representarem esforços produtivos na fabricação de um produto ou de um serviço. Logo, não podem ser armazenados no valor dos estoques, sendo consumidos no tempo.

Figura 1.10 Diferenças entre custos e despesas.

Para ilustrar melhor as diferenças anteriores, observe o exemplo que segue. Imagine que um grupo de professores universitários tenha decidido abrir uma empresa destinada à prestação de serviços de consultoria. Com a abertura da empresa, alguns gastos foram incorridos. Por exemplo, os sócios precisaram adquirir móveis e computadores para a instalação da empresa. Posteriormente, precisaram pagar os honorários de um profissional de auditoria, contratado para auxiliá-los em seu primeiro serviço. Por fim, pagaram os valores referentes ao aluguel e condomínio da sala alugada para a instalação da empresa.

Empregando a terminologia dos gastos apresentada na Figura 1.9, pode-se dizer que o primeiro gasto, referente à compra dos móveis, constituiu um investimento. O segundo, relativo ao contrato de prestação de serviços, representou um custo. O terceiro, associado à administração da empresa, constitui uma despesa.

Em relação aos custos, é importante destacar seus efeitos. Em empresas industriais ou comerciais, os custos associam-se à formação dos valores armazenados nos estoques. Veja o exemplo apresentado na Figura 1.11. Os custos correspondem aos consumos envolvidos nos valores armazenados nos estoques. Inicialmente, nos estoques de produtos em elaboração, posteriormente transferidos para os estoques de produtos acabados.

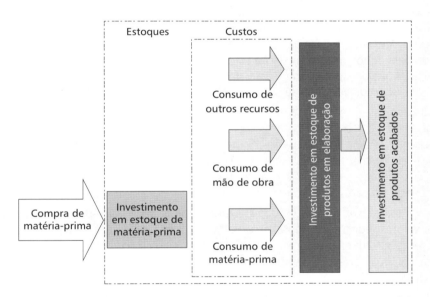

Figura 1.11 Visão dos custos e formação de estoques.

Os valores armazenados nos estoques correspondem aos consumos produtivos registrados, que podem ser decorrentes de matéria-prima, mão de obra ou de outros recursos. Dessa forma, entendem-se os custos como transições de investimentos. Por exemplo, a transição de um investimento no estoque de matéria-prima em produtos em elaboração e, depois, em produtos acabados.

Em operações de serviços, a visão dos custos e sua separação das despesas pode se tornar um pouco mais difícil em função da inexistência de estoques de serviços. Nas

A Administração de Custos, Preços e Lucros • BRUNI

minhas aulas, costumo dizer que quando eu falo, sou custo, mas quando o aluno me ouve eu sou despesa. Neste caso, custos correspondem a todos os esforços consumidos no serviço propriamente dito. Assim, em uma escola o valor gasto com salários de professores é custo, já que os professores executam o serviço educacional. Em hospitais, gastos com médicos e enfermeiros relacionados ao atendimento dos pacientes também são custos.

Por outro lado, em operações mercantis, a visão dos custos é mais simplificada. Corresponde aos valores adquiridos e acumulados nos estoques. Esses valores incluem o valor pago ao fornecedor e os gastos com seguros ou fretes.

Tanto em operações industriais como em operações mercantis, deve-se sempre lembrar de não incorporar nos valores dos custos os desembolsos com impostos recuperáveis, como o Imposto sobre Circulação de Mercadorias e Serviços (ICMS). Os tributos e seus efeitos em custos e preços são explorados mais adiante neste livro.

É importante observar que a saída de determinado item do estoque de produtos acabados ou de mercadorias em operações industriais ou comerciais e com o objetivo de entrega a cliente costuma receber uma denominação específica na contabilidade. Quando a operação é mercantil, a saída do estoque para entrega ao cliente é representada pela denominação Custo da Mercadoria Vendida ou CMV. Quando a operação é industrial, atribui-se o nome Custo dos Produtos Vendidos (CPV). Quando serviços, Custo dos Serviços Vendidos (CSV), ou Custo dos Serviços Prestados (CSP).

Para uma operação mercantil, veja a ilustração da Figura 1.12. Dentro da loja, a mercadoria é representada pelo estoque. Sua saída ocorre sob a forma de Custo da Mercadoria Vendida, ou CMV. As compensações das relações de troca com o mundo externo são apresentadas nas setas superiores. A compensação para o custo das mercadorias vendidas e entregues é a receita de vendas. Se suposta à vista, a receita é armazenada no caixa da empresa.

Convém destacar que as contas Caixa e Estoque são internas à loja e correspondem a valores registrados no Balanço Patrimonial, no grupo dos ativos que, de modo geral, representam os investimentos ou destinos dos recursos. Por outro lado, as contas Receita e CMV correspondem a valores registrados no Demonstrativo de Resultado do Exercício.

Conforme apresentado na Figura 1.12, o CMV corresponde a um "custo de saída". Ou seja, representa um consumo temporal para a obtenção de receitas. Sendo assim, sob a óptica da classificação dos gastos apresentada na Figura 1.9 é, na verdade, uma despesa. Sua denominação mais apropriada seria despesa com mercadorias vendidas.

Assim, uma das despesas mais polêmicas é representada pelo CMV, CSP ou CPV. É despesa porque corresponde a um consumo temporal para a obtenção de receitas – as mercadorias, produtos ou serviços são entregues aos clientes para a obtenção das receitas. Representam o "custo de saída" e não o custo associado ao armazenamento no estoque. Logo, são despesas, embora a Contabilidade tradicionalmente os apresente sob a denominação equivocada de "custos".

Capítulo 1 • Os custos, a contabilidade e as finanças

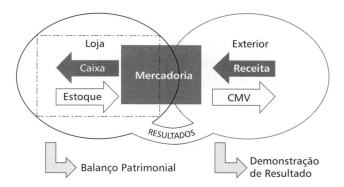

Figura 1.12 Estoques e CMV.

Uma classificação adicional dos custos ou despesas diz respeito às perdas, genericamente representadas por bens ou serviços consumidos de forma anormal. Conceitualmente, consiste em um gasto não intencional decorrente de fatores externos extraordinários ou da atividade produtiva normal da empresa. Na primeira situação, devem ser considerados como despesas e lançadas diretamente contra o resultado do período. Na segunda situação, devem ser classificadas como custo de produção do período.

Por exemplo, imagine que, para elaborar um prato à base de camarão, um restaurante necessite de 350 g de camarões descascados e limpos. Sabe-se que um quilo de camarão é vendido por cerca de $ 20,00 e que um quilo rende apenas 700 g de camarões descascados e limpos. Um leitor desavisado poderia achar que o custo com camarões utilizados no prato deveria ser igual a 0,350 × 20, que resulta em $ 7,00. Porém, o prato consome 50% da quantidade dos camarões descascados e limpos presentes em um quilo do camarão comercializado. Logo, o custo incorrido com os camarões consumidos pelo prato deve ser igual a $ 10,00, que corresponde a 50% do valor do quilo. Quando as perdas são rotineiras, devem ser incorporadas ao custo.

Por outro lado, imagine que, durante um feriado prolongado, a câmara frigorífica do restaurante mencionado anteriormente tenha apresentado problemas e tenha ficado integralmente descongelada, o que ocasionou a perda de 100 kg de camarões que lá haviam sido estocados. Por se tratar de um incidente, uma perda não rotineira, ocasional, os 100 kg de camarões perdidos devem ser lançados como despesas.

Perdas: representam consumos de forma anormal. Ou seja, um gasto não intencional decorrente de fatores externos extraordinários ou fora da atividade produtiva normal da empresa. Na segunda situação, devem ser consideradas como despesas e lançadas diretamente contra o resultado do período. Já na primeira situação, devem ser classificadas como custo de produção do período.

A Administração de Custos, Preços e Lucros • BRUNI

Outro conjunto de definições que, a princípio, pode confundir um leitor leigo, refere-se à definição de desembolsos e recebimentos. Segundo o princípio contábil da competência, receitas, despesas e custos são registrados no momento em que são realizados ou incorridos. Por exemplo, se uma fábrica contrata um novo funcionário, os gastos relativos a sua remuneração são provisionados e apropriados aos custos industriais a partir do momento de sua contratação, independentemente da quitação desses gastos. Da mesma forma, se uma empresa comercial efetua uma venda com prazo longo, o registro e a contabilização da receita ocorrem no *momento* da venda – independentemente de quando ocorrerá o efetivo recebimento. Recebimentos e desembolsos devem ser contabilizados segundo o regime de caixa – ou seja, quando, de fato, ingressarem ou saírem da conta Caixa da empresa.

Os recebimentos correspondem aos ingressos de recursos no Caixa da empresa. Por outro lado, os desembolsos consistem no pagamento do bem ou serviço, independentemente de quando o produto ou serviço foi ou será consumido. É importante ressaltar que a contabilidade registra os fatos de acordo com o princípio da competência. Por competência entende-se que o registro de receitas e despesas deve ser feito de acordo com a real ocorrência, independentemente de sua realização ou quitação. Por exemplo, se foram empregadas 40 horas de mão de obra no mês de março que somente foram quitadas em abril, o lançamento contábil do gasto deve ser feito em março. Já o registro financeiro da quitação ou do desembolso será registrado no mês de abril. Logo, não se deve confundir despesa com desembolso.

1.5 Custos *versus* despesas

Possivelmente, a primeira polêmica na terminologia da contabilidade financeira sobre o processo de registro e apuração dos custos se refere à distinção entre custos e despesas. De modo geral, empregando o exemplo da empresa industrial, os custos *"vão para as prateleiras"*, sendo armazenados nos estoques. São consumidos pelos produtos ou serviços durante o seu processo de elaboração. Já as despesas estão associadas ao período – não repercutem, diretamente, na elaboração dos produtos ou serviços prestados.

Custos podem ser diferenciados de despesas conforme a Figura 1.9. Gastos incorridos para a elaboração do produto são contabilmente classificados como custos. Gastos incorridos após a disponibilização do produto devem ser classificados como despesa.

Custos estão diretamente relacionados ao processo de produção de bens ou serviços. Diz-se que os custos *vão para as prateleiras*: enquanto os produtos ficam estocados, os custos são ativados, destacados na conta Estoques do Balanço Patrimonial e não na Demonstração de Resultado. Somente farão parte do cálculo do lucro ou prejuízo quando da sua venda, sendo incorporados, então, à Demonstração do Resultado e confrontados com as receitas de vendas.

Despesas estão associadas a gastos administrativos ou com vendas e incidência de juros (despesas financeiras). Possuem natureza **não fabril**, integrando a Demonstração

Capítulo 1 • Os custos, a contabilidade e as finanças

do Resultado do período em que incorrem. Diz-se que as despesas estão associadas ao momento de seu consumo ou ocorrência. São, portanto, temporais.

Conforme mostrado na Figura 1.11, gastos incorridos até o momento em que o produto esteja pronto para a venda são custos; a partir daí, devem ser considerados como despesas.

Em situações específicas, pode ocorrer alguma pequena confusão ou dúvida na separação clara entre custos e despesas. Nestas ocasiões, algumas regras podem ser seguidas:

a) valores irrelevantes devem ser considerados como despesas (princípios do conservadorismo e materialidade);

b) valores relevantes que têm sua maior parte considerada como despesa, com a característica de se repetirem a cada período, devem ser considerados na sua íntegra (princípio do conservadorismo);

c) valores com rateio extremamente arbitrário também devem ser considerados como despesa do período.

Alguns exemplos, como gastos com pesquisa e desenvolvimento de novos produtos, podem ter dois tratamentos: como despesas do período em que incorrem, ou como investimento para amortização na forma de custo dos produtos a serem elaborados futuramente.

1.6 Custos explícitos e implícitos

Outro ponto importante para o processo de gestão de custos diz respeito à correta consideração e análise dos custos implícitos associados à decisão, apresentados sob a forma de custos de oportunidade. Custos de oportunidade correspondem a gastos implícitos, inerentes à decisão, mas que geralmente não apresentam desembolsos efetivos. Na sua definição teórica, costumam ser apresentados como os custos da alternativa preterida.

Para ilustrar seus efeitos, imagine o exemplo de um fazendeiro de leite que comercializa seu produto *in natura* e pensa na alternativa de construir um laticínio, que aproveitará toda a sua produção leiteira. Como nenhum valor será efetivamente desembolsado pelo leite que será processado e industrializado, seria correto assumir que o custo do leite para o laticínio é zero?

Claro que não. Neste caso, é importante considerar o custo de oportunidade associado ao uso do leite. Já que o uso e a industrialização impedirão a venda do leite *in natura*, é justo considerar como custo do leite que será industrializado a receita que deixará de ser auferida pela venda do leite natural. O custo de oportunidade da alternativa preterida deve ser formalmente considerado, ainda que não exista nenhum desembolso efetivo.

Em outro exemplo envolvendo custo de oportunidade, um grupo de investidores verificou que a abertura de um novo ponto comercial, com investimento total no valor

A Administração de Custos, Preços e Lucros • BRUNI

de $ 100.000,00, feito integralmente com recursos próprios, permitia a obtenção de um lucro mensal no valor de $ 800,00, o que gerava uma rentabilidade igual a 0,80% ao mês.

Sabendo que a mesma quantia aplicada no mercado financeiro poderia render entre 1 e 1,2% a.m., em reais, uma aplicação no mercado financeiro poderia estar rendendo, líquidos, entre $ 1.000,00 e $ 1.200,00 mensais. Naturalmente, a consideração do custo de oportunidade revelaria uma constatação óbvia: embora o investimento pudesse ser considerado lucrativo, essa lucratividade estaria aquém do desejado. Logo, o custo de oportunidade associado ao investimento estaria acima do valor registrado para o lucro do negócio.

1.7 Resumo do capítulo

O primeiro capítulo deste livro apresentou importantes informações para a análise dos custos. A leitura cuidadosa de todo o capítulo e a resolução das atividades propostas deverão ter contribuído para o alcance dos objetivos de aprendizagem:

- **Conhecer os aspectos relacionados às principais demonstrações ou aos relatórios contábeis.** Vimos que as informações contábeis costumam fazer parte de três principais relatórios, que enfatizam a apresentação do patrimônio (bens, direitos e obrigações ou investimentos e financiamentos), do resultado (confronto entre receitas e consumos) e caixa (entradas e saídas).
- **Entender desafios associados aos custos nas contabilidades financeira e gerencial.** Estudamos os objetivos da contabilidade financeira (centrados nos registros conforme normas específicas) e da contabilidade gerencial (ênfase na geração de informações para o suporte ao processo de tomada de decisão) e aprendemos os desafios relativos ao uso dos custos nestes dois contextos.
- **Compreender a terminologia dos gastos.** Aprendemos que os gastos podem segregados em incorridos ou consumidos e diferidos ou investimentos. Os gastos incorridos podem ser custos, quando consumidos na produção, ou despesas, quando consumidos em atividades administrativas, comerciais ou financeiras.

Exercícios propostos

As atividades de aprendizagem aqui propostas exploram os blocos de conteúdos apresentados ao longo do capítulo. Estão organizadas em blocos que exploram: (A) conceitos de patrimônio, (B) conceitos de resultado, (C) conceitos de caixa, (D) custos e contabilidades, (E) terminologia dos gastos.

Capítulo 1 • Os custos, a contabilidade e as finanças

[A1] Classifique em verdadeiro (V) ou falso (F) as afirmações a seguir:

a) O patrimônio é formado por bens, direitos e obrigações.

b) A parcela pertencente aos sócios pode ser apresentada como patrimônio líquido.

c) O patrimônio pode ser apresentado como a soma de bens, direitos e obrigações.

d) O patrimônio líquido pode ser apresentado como a soma de bens e direitos, subtraída das obrigações.

e) Bens e direitos podem ser chamados de ativos.

f) As obrigações correspondem ao patrimônio líquido.

g) Ativos podem ser entendidos como investimentos.

h) Passivos podem ser entendidos como financiamentos.

[A2] A partir das contas a seguir, calcule o valor de "?" e construa o Balanço Patrimonial da Porangaba Ltda. Obtenha o valor total de: (a) ativos; (b) passivos; (c) patrimônio líquido. Contas: estoque = \$ 40; empréstimos = \$ 110; terreno = \$ 360; folha a pagar = \$ 30; fornecedores = \$ 45; aplicações financeiras = \$ 50; outras contas a pagar = \$ 80; patrimônio líquido = ?.

[B1] Classifique em verdadeiro ou falso as afirmações a seguir:

a) O resultado pode ser apresentado sob a forma de lucro ou prejuízo.

b) O resultado pode ser entendido como a diferença entre receitas e consumos.

c) Os "consumos" retratados na DRE podem envolver deduções, custos e despesas, além de imposto de renda e contribuição social.

d) Tradicionalmente as deduções fazem parte dos custos.

e) Imposto de renda e contribuição social devem ser sempre calculados sobre o resultado, apurado pelo confronto de receitas e consumos.

f) É usual calcular o resultado por meio da diferença entre entradas e saídas de recursos financeiros.

g) Descontos e devoluções fazem parte das despesas.

h) Consumos com a produção vendida estão associados a custos apresentados na DRE, como o CPV.

i) Gastos administrativos ou comerciais caracterizam despesas.

[B2] Um pequeno empreendedor, aproveitando a demanda existente por serviços de cópias de documentos nas proximidades de uma importante repartição pública, resolveu montar uma pequena empresa: A Original Oficina de Cópias Ltda. A criação da empresa demandou a realização do investimento em uma máquina copiadora, no valor de \$ 4.800,00, com vida útil estimada em dois anos e sem valor residual ao final. Também foi preciso investir cerca de \$ 800,00 na compra de 80 resmas de papel (com 500 folhas cada uma) e \$ 200,00 na compra de quatro cartuchos com toner de impressão.

Os gastos mensais da empresa envolveram o pagamento do salário do funcionário que trabalhava com a produção das cópias no valor de \$ 400,00 por mês e sobre o qual deve ser considerado um percentual para provisões e encargos diversos da ordem de 60%. Também devem ser

A Administração de Custos, Preços e Lucros • BRUNI

considerados o pagamento do aluguel do espaço onde a máquina foi instalada, igual a $ 600,00 mensais, os gastos com energia elétrica, iguais a $ 200,00 por mês. Gastos com aluguel e energia são considerados integralmente como produtivos. Gastos não produtivos e referentes aos honorários do consultor de vendas são iguais a $ 130,00 mensais.

No final do primeiro mês, existiam 30 resmas e dois cartuchos de impressão intactos. Os demais foram integralmente consumidos na produção. Ao longo de todo o mês foram produzidas 22.000 cópias, comercializadas a um preço médio unitário igual a $ 0,14.

Construa a DRE do primeiro mês, calculando: (a) os custos mensais totais da empresa; (b) as despesas totais mensais; (c) os gastos mensais incorridos ou consumidos da empresa; (d) o resultado registrado no mês.

[B3] A cidade de Aracaju tem uma característica peculiar: o verão dura mais que os três meses previstos para a estação. Com temperatura em torno dos 26°C, o sergipano sente calor e, com isso, a necessidade de refrescar-se buscando o banho de mar, piscinas e outras alternativas, como água de coco, refrescos, picolés e sorvetes. Ao andar nas praias de Aracaju, pode-se perceber a variedade de alimentos gelados que são comercializados durante os finais de semana.

Aproveitando esta potencial demanda e consumo, surgiu a ideia da abertura de mais um negócio: a Doce Gelado Companhia de Picolé. Uma operação muito simples, que envolve a aquisição e a operação de carrinhos de picolé nas praias de Aracaju.

A empresa projeta trabalhar 26 dias por mês, comercializando 250 picolés por dia, a $ 1,00 cada um. Para poder vender as 250 unidades diárias, a empresa calcula que precisará comprar 300 unidades/dia. Assim, projeta uma perda na comercialização de 50 unidades por dia.

Os investimentos necessários serão integralmente financiados com recursos dos sócios. Para facilitar a análise, a empresa optou por estudar os números associados à operação de um único carrinho. Veja as informações apresentadas a seguir.

Investimentos: embora a Contabilidade apresente os números dos ativos segregados em Ativo Circulante, Realizável a Longo Prazo e Permanente, a empresa optou por realizar uma classificação alternativa. Separou seus investimentos necessários em itens de giro e itens de uso. Veja a classificação e os componentes apresentados a seguir.

Itens de giro: estão apresentados como itens de giro o dinheiro necessário para troco e pequenas despesas guardado no caixa e o estoque de 300 unidades de picolés.

Caixa: representa o dinheiro necessário para troco e pagamento de pequenas despesas, como a compra de guardanapos e produtos de limpeza. A empresa calcula a necessidade de manter, em média, $ 50,00 no caixa.

Picolés: formam o estoque principal da empresa. A empresa calcula que, por dia, comprará 300 unidades de picolés, sendo 75 de cada um dos grupos apresentados. As vendas nos dois dias dos finais de semana serão iguais às vendas dos quatro dias da semana (a empresa não funcionará nas segundas). Assim, a empresa calculou um custo médio ponderado por picolé igual a $ 0,27. Os únicos custos mensais incorridos na operação encontram-se associados aos picolés consumidos mensalmente.

Capítulo 1 • Os custos, a contabilidade e as finanças

Grupo	Descrição	Valor unitário semana	Valor unitário final de semana
A	Umbu, acerola, manga, limão e goiaba	0,18	0,20
B	Jaca, caqui, graviola, cajá e jamelão	0,22	0,24
C	Abacate, coco, tapioca, amendoim, doce de leite e chocolate	0,26	0,28
D	Morango, açaí e cupuaçu	0,38	0,40

Itens de uso: correspondem aos bens que não serão comercializados, investimentos da "estrutura" da operação, como equipamentos e utensílios. Os itens de uso são consumidos no tempo, mediante o reconhecimento de gastos com depreciação ou amortização. Assim, cada um dos itens de uso deve ter a sua respectiva vida útil apresentada: (a) carrinho: apresenta um investimento igual a $ 480,00 e vida útil igual a dois anos, sem valor residual; (b) guarda-sol: com investimento igual a $ 120,00, vida útil igual a um ano, sem valor residual; (c) fardamentos: dois conjuntos completos de fardamento apresentam um investimento igual a $ 120,00, vida útil igual a quatro meses.

Despesas: representam os gastos não produtivos da empresa. Estão apresentados como: (a) licença da Prefeitura, que deve ser renovada anualmente, no valor de $ 120,00; (b) consumo mensal de produtos de limpeza para a higienização do carrinho: $ 80,00 (como os produtos serão comprados e consumidos diariamente, a empresa não projeta a existência de estoques); (c) salário do funcionário: $ 300,00; (d) encargos e benefícios sobre salário: $ 300,00; (e) consumo mensal de guardanapos: $ 280,80 (1,20 $/pc × 9 pacotes por dia × 26 dias de trabalho), como os produtos serão comprados e consumidos diariamente, a empresa também não projeta a existência de estoques; (f) impostos: por se tratar de uma microempresa, a entidade considera o pagamento, apenas, de Imposto de Renda com percentual igual a 3%, incidente sobre as receitas. Também é preciso considerar as depreciações e amortizações como despesas mensais da empresa.

Os custos da operação correspondem apenas aos picolés consumidos no período. Todos os demais gastos são tratados como despesas. Pede-se apresentar o Balanço Patrimonial de abertura da empresa e a Demonstração de Resultado mensal para a empresa. Calcule: (a) ativos; (b) custos; (c) despesas; (d) resultado.

[C1] Classifique em verdadeiro ou falso as afirmações a seguir:

a) A análise do caixa enfatiza o confronto entre receitas e consumos.

b) Os métodos direto e indireto podem ser usados para apresentar o fluxo de caixa do período.

c) No método direto, partimos do resultado do exercício para obter o fluxo de caixa.

d) O método indireto constrói o fluxo de caixa a partir de entradas e saídas.

e) Despesas são sinônimos de desembolsos.

A Administração de Custos, Preços e Lucros • BRUNI

[C2] Componha a demonstração de fluxo de caixa em cada uma das situações a seguir. Posteriormente, calcule: (a) movimento de caixa; (b) saldo inicial de caixa; (c) saldo final de caixa. I (método direto). A Remanso Industrial possuía $ 30 mil em caixa. Ao longo do mês, recebeu $ 50 mil de vendas de períodos anteriores e outros $ 20 mil de vendas feitas no mês. Pagou $ 40 mil de gastos com pessoal e $ 25 mil a fornecedores. II (método indireto). A Sabará lucrou $ 40 mil no mês passado, após considerar depreciações de $ 5 mil. Ampliou seu capital de giro em $ 19 mil e tinha um saldo inicial de caixa igual a $ 3 mil. III (método direto e indireto). A Gorgeio Mercantil registrou no mês passado um faturamento igual a $ 110 mil (60% à vista) e um saldo inicial de caixa igual a $ 22 mil. Como nada tinha em estoque, comprou $ 50 mil junto a fornecedores, pagando 30% e consumindo 85%. Recebeu os $ 40 mil de vendas feitas em períodos anteriores e pagou os $ 20 mil devidos a fornecedores de compras feitas em períodos anteriores.

[D1] Classifique em verdadeiro ou falso as afirmações a seguir, que fazem referência aos custos:

a) Na Contabilidade Financeira estamos preocupados com o registro de informações de custos.

b) Na Contabilidade Gerencial estamos preocupados com a tomada de decisão com uso de informações de custos.

c) As normas contábeis são fundamentais para a Contabilidade Gerencial.

d) O bom senso rege a Contabilidade Financeira.

[D2] A Loque Mais compra e aluga equipamentos diversos. Recentemente, comprou por $ 210 mil uma pá carregadeira. Sob o ponto de vista da legislação do imposto de renda, sua vida é assumida como sendo igual a 10 anos. Contudo, em função das características operacionais de uso do equipamento, a Loque Mais acredita que poderá operar o equipamento com viabilidade por apenas sete anos. Calcule o valor anual da depreciação (em $ mil) que precisa ser considerado. Assuma as premissas da contabilidade: (a) financeira; (b) gerencial.

[E1] Classifique em verdadeiro (V) ou falso (F) as afirmações a seguir:

a) A compra de matéria-prima é uma despesa.

b) Quando a matéria-prima é consumida na produção, tem-se um custo.

c) A embalagem na fase final da produção é um custo.

d) Cada componente do processo de produção de uma empresa é uma despesa que, na venda dos produtos, transforma-se em perda.

e) Os principais componentes de custos de uma empresa industrial são os mesmos de uma empresa comercial.

f) Todo investimento se transforma em custo.

g) Só existem custos na empresa industrial; em qualquer outra empresa existem despesas.

h) Em empresas industriais, custos "vão para as prateleiras".

i) Se um sistema de custos funciona bem em uma determinada empresa, o mesmo ocorrerá se este for implantado em qualquer outra da mesma espécie.

j) Somente as empresas industriais devem utilizar-se da contabilidade de custos.

Capítulo 1 • Os custos, a contabilidade e as finanças

k) De um modo geral, todo custo se transforma em despesa.

l) Uma empresa com um lucro anual igual a $ 1.000.000,00 é um bom negócio.

m) Quando o próprio empresário gerencia o seu negócio, isso implica não incorrer em gastos com a sua própria mão de obra enquanto gerente.

n) Gastos incorridos são formados por custos, despesas e investimentos.

o) O investimento representa um gasto de consumo diferido.

p) Perdas rotineiras na área industrial devem ser classificadas como despesas.

q) Gastos com despesas não costumam ser associados aos valores em estoque.

r) Perdas são sempre despesas.

[E2] Os dados das Indústrias Químicas Macambira estão apresentados a seguir. Pede-se classificar os gastos apresentados a seguir em Custos, Despesas, Investimentos ou Perdas. Posteriormente, pede-se classificar as perdas em Custos ou Despesas. Gastos a classificar: (a) aquisição de um novo equipamento industrial; (b) gasto com depreciação de equipamentos da área comercial; (c) fretes de insumos produtivos consumidos na produção; (d) ociosidade do funcionário da produção; (e) consumo de matéria-prima; (f) aluguel de prédio comercial; (g) consumo de energia elétrica da planta industrial; (h) mão de obra industrial incorrida (ou consumida na produção); (i) aluguel de galpão industrial; (j) fretes de entregas de produtos vendidos; (k) gasto imprevisto com manutenção em função de acidente ocorrido na fábrica.

[E3] O Supermercado Preço Bom, uma empresa comercial, coletou as informações apresentadas a seguir. Pede-se classificar os gastos apresentados a seguir em Custos, Despesas, Investimentos ou Perdas. Posteriormente, pede-se classificar as perdas em Custos ou Despesas. Gastos a classificar: (a) pagamento de fretes de mercadorias adquiridas; (b) aquisição de novo expositor para a loja; (c) embalagens consumidas na loja; (d) aluguel mensal do ponto comercial; (e) amortização do fundo de comércio pago pelo direito de exploração do ponto comercial; (f) condomínio da loja alugada; (g) mercadorias entregues aos clientes (pós-venda); (h) compra de estoque de papel de embrulho; (i) salário de vendedor; (j) comissão de vendedores; (k) depreciação do emissor de cupom fiscal. Supondo que o Supermercado Preço Bom optasse por abrir uma seção de frios e uma padaria dentro de uma das suas lojas, aplicando fielmente a terminologia dos gastos, classifique os outros gastos apresentados a seguir. Gastos a classificar: (l) trigo consumido para a fabricação de pães; (m) aquisição de fatiador de frios; (n) depreciação do fatiador de frios.

[E4] O Hospital Bom Pastor, uma empresa de serviços hospitalares, gostaria de analisar as informações apresentadas a seguir. Pede-se classificar os gastos apresentados a seguir em Custos, Despesas, Investimentos ou Perdas. Posteriormente, pede-se classificar as perdas em Custos ou Despesas. Gastos a classificar: (a) pagamento de fretes de medicamentos adquiridos e consumidos; (b) salários de médicos envolvidos nos diversos atendimentos; (c) compra de medicamentos para posterior consumo nos serviços prestados; (d) salários de funcionários administrativos; (e) depreciação de equipamentos cirúrgicos; (f) depreciação de computador da área financeira; (g) descarte de equipamento eletrônico em função de vazamento acidental; (h) tarifas bancárias; (i) encargos sociais de enfermeiros; (j) gasto com lavagem de lençóis; (k) compra de equipamento de tomografia computadorizada; (l) filmes de raio X consumidos.

A Administração de Custos, Preços e Lucros • BRUNI

[E5] Os dados a seguir correspondem ao restaurante Saboroarte. Responda ao que se pede: (a) A abertura do restaurante demandou a aquisição de um forno a gás especial. Qual a classificação contábil deste fato? (b) Para fabricar quatro medalhões de filé especial com 200 gramas cada, o restaurante consome um quilo de filé comprado por $ 10,00. Qual o custo de cada medalhão? (c) Os gastos com profissionais envolvidos na cozinha do restaurante são classificados como custos, despesas ou investimentos? Justifique.

[E6] A cozinha do restaurante Saboroarte verificou que na preparação de um prato de filé com fritas são consumidos, em média, 400 gramas de carne de primeira e 200 gramas de batatas especiais. Cada quilo de carne de primeira custa para a empresa $ 12,00 e rende cerca de 900 gramas de bifes para o prato. Cada quilo de batata custa $ 2,00 e apresenta uma perda no processamento igual a 20%. Além dos dois ingredientes mencionados, a empresa verificou que gasta cerca de $ 6,00 com outros insumos por prato. Pede-se: (a) considerando os números apresentados, obtenha o custo médio do prato; (b) sabendo que a empresa usa um multiplicador (ou taxa de marcação) igual a 2,50, qual o preço do prato?

[E7] Após uma atenta leitura do primeiro capítulo deste livro, o nosso amigo Louro Freijó resolveu estudar melhor os números associados à abertura do carrinho dos Hot Dogs São Bernardo. A operação seria montada em um ponto bem localizado na cidade e contaria com a ajuda de funcionário contratado para a preparação dos cachorros-quentes. O próprio Freijó se incumbiria de todas as atividades comerciais e administrativas necessárias à operação. A única despesa mensal da operação seria a taxa cobrada pela prefeitura.

No primeiro mês de atividade, a empresa apresentou os números relatados a seguir: (a) estoque inicial e final de salsichas: $ 50,00; (b) encargos sobre salário do funcionário: $ 200,00; (c) estoque inicial e final de embalagens: $ 50,00; (d) salário do funcionário da produção: $ 250,00; (e) compra do carrinho de cachorro-quente: $ 2.400,00; (f) estoque inicial e final de pães: $ 50,00; (g) taxa mensal para permitir a comercialização: $ 300,00; (h) dinheiro para troco mantido no caixa: $ 40,00; (i) ICMS mensal: $ 60,00; (j) molho consumido: $ 60,00; (k) guardanapos comprados e consumidos: $ 60,00; (l) compra de utensílios variados: $ 360,00; (m) estoque inicial e final de molho: $ 60,00; (n) embalagens compradas e consumidas: $ 60,00; (o) Imposto de Renda mensal: $ 90,00; (p) pães comprados e consumidos: $ 400,00; (q) salsichas compradas e consumidas: $ 310,00; (r) estoque inicial e final de guardanapo: $ 50,00. Todos os gastos com funcionário e depreciações (carrinho e utensílios) são entendidos como produtivos. O carrinho tem uma vida útil igual a 24 meses e os utensílios têm uma vida útil igual a seis meses. Além dos dados fornecidos, sabe-se que a empresa vendeu no seu primeiro mês 3.000 cachorros-quentes, comercializados a $ 1,50.

Pede-se classificar os gastos apresentados em Investimentos (I), Dedução (De), Custo (C) ou Despesa (D). Posteriormente, pede-se elaborar a DRE para a empresa e, no DRE, calcular: (a) o custo de produção de cada unidade; (b) o lucro líquido da empresa. Após a DRE ter sido apresentada, pede-se calcular: (c) o movimento de caixa da operação, sem considerar o investimento inicial em estoques e em equipamentos.

Assista à **videoaula**

> "Nunca ande pelo caminho traçado, pois ele conduz somente até onde os outros foram."
> **Alexandre Graham Bell**

2.1 Objetivos de aprendizagem

A contabilidade financeira assume que os gastos devem ser classificados de acordo com a sua associação ao produto ou serviço elaborado. Gastos produtivos são classificados como custos. Gastos não produtivos, identificados com a administração, comercialização ou o financiamento do negócio, são classificados como despesas.

Para a contabilidade financeira, por definição legal, existe a necessidade do uso do custeio por absorção, que estabelece a prerrogativa de os estoques absorverem todos os custos. Assim, os gastos produtivos são sempre acumulados nos estoques.

Este capítulo possui o propósito de apresentar a visão da contabilidade financeira em relação ao registro e à acumulação dos custos, enfatizando os componentes de custos e a sua forma de agregação. Os objetivos de aprendizagem propostos para este capítulo envolvem:

- Entender os componentes dos custos;
- Empregar as diferentes formas para agregar de custos.

2.2 Diferentes classificações de componentes de custos

A contabilidade financeira costuma apresentar diferentes classificações e agrupamentos dos componentes dos custos. A depender do interesse e da metodologia empregada, diferentes são as classificações empregadas na contabilidade de custos.

De modo geral, os sistemas, as formas e as metodologias aplicados no controle e gestão de custos podem ser classificados em função da forma de associação dos custos aos produtos elaborados (unidade do produto), de acordo com a variação dos custos em relação ao volume de produtos fabricados (comportamento em relação ao volume),

A Administração de Custos, Preços e Lucros • BRUNI

em relação aos controles exercidos sobre os custos (controlabilidade), em relação a alguma situação específica (decisões especiais) e em função da análise do comportamento passado (base monetária).

Em relação à associação com a produção, sob a óptica contábil os gastos poderiam ser classificados em três grandes grupos de custos e um grupo de despesas. Os componentes podem ser descritos como:

- **material direto (MD):** todo material que pode ser identificado como uma unidade do produto que está sendo fabricado e que sai da fábrica incorporado ao produto ou utilizado como embalagem;
- **mão de obra direta (MOD):** salários e encargos devidos aos operários que trabalham diretamente no produto, cujo tempo pode ser identificado com a unidade que está sendo produzida;
- **outros custos direitos (OCD):** recursos consumidos, com mensuração objetiva, mas que não MD ou MOD.
- **custos indiretos de fabricação (CIF):** todos os custos relacionados com a fabricação, que não podem ser economicamente identificados com as unidades que estão sendo produzidas. Exemplos: aluguel da fábrica; materiais indiretos; mão de obra indireta; seguro; impostos; depreciação etc.

Outros gastos significativos, porém não classificados como custos, são agrupados como:

- **despesas diversas:** não podem ser alocadas ao produto final. Exemplos: despesas com vendas; salário do pessoal administrativo; água e luz do escritório.

2.3 Diferentes agregadores de custos

Em relação à associação com as unidades produzidas, outras terminologias podem ser empregadas na classificação de agregadores de componentes de custos.

Capítulo 2 • Os custos e a contabilidade financeira

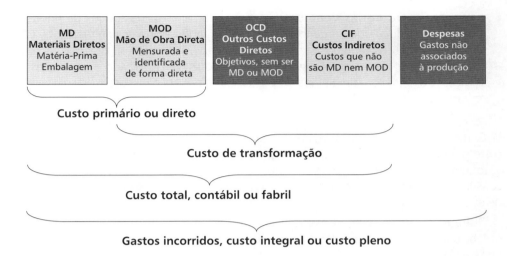

Figura 2.1 Diferença na contabilidade financeira entre custos e despesas.

Em relação à sua associação ao produto ou serviço elaborado, os custos podem ser representados segundo a Figura 2.1 e agrupados, recebendo novas denominações. Algumas das principais denominações consistem em:

- **custos primários ou diretos:** estão associados diretamente à produção, sendo aqueles incluídos de forma objetiva no cálculo dos produtos ou serviços comercializados. Consistem nos materiais diretos usados na fabricação do produto, mão de obra direta e outros custos diretos. Apresentam a propriedade de serem perfeitamente mensuráveis de maneira objetiva. Exemplos: aço para fabricar chapas, salários dos operários e outros;
- **custos de transformação ou de conversão:** representam o esforço da empresa para transformar o material adquirido do fornecedor em produto acabado. Igualmente denominados custos de conversão ou custos de agregação. Equivalem à soma da mão de obra direta mais os custos indiretos de fabricação;
- **custos integrais ou plenos ou gastos totais incorridos:** correspondem à soma de todos os valores consumidos pela empresa para a elaboração do produto ou prestação do serviço, incluindo custos e despesas.

Outras classificações e agrupamentos de custos, feitas com base nos componentes anteriores, podem ser apresentadas como:

- **custo fabril:** representa a soma dos três elementos do custo: material direto, mão de obra direta e custos indiretos de fabricação. São incorridos durante o processo de fabricação e incorporados aos estoques de produtos em processo. Quando os itens são finalizados, estes, custos e estoques, são transferidos para o estoque de produtos acabados;

A Administração de Custos, Preços e Lucros • BRUNI

- **custo das mercadorias vendidas:** representa a saída dos estoques da entidade para o comprador. Pode ser denominado CMV, quando a operação é mercantil, CPV (custo dos produtos vendidos), quando a operação é industrial, ou CSP ou CSV (custos dos serviços prestados ou vendidos), quando estiver associado a operações de serviços. Consiste na última etapa do processo de formação de custos. São os valores retirados dos estoques e entregues aos clientes.

Convém destacar que os custos das mercadorias vendidas estão associados ao período, correspondem a um sacrifício temporal para a obtenção de receitas. Logo, devem ser vistos, na verdade, como *despesas* – já que saem dos estoques e estão associados a um consumo temporal – e não como custos – que estão associados ao processo de formação de estoques.

Outra forma de agrupar e classificar os gastos pode estar de acordo com a sua controlabilidade. Ou seja, quanto ao fato de a decisão poder ou não afetar os custos, estes podem ser:

- **custos controláveis:** quando podem ser controlados por uma pessoa, dentro de uma escala hierárquica predefinida. A pessoa responsável poderá ser cobrada de eventuais desvios não previstos;
- **custos não controláveis:** quando fogem ao controle do responsável pelo departamento. Por exemplo, rateio do aluguel. Em uma escala hierárquica superior todos os custos são controláveis.

Outra classificação pode depender da situação analisada. Nestes casos, os custos podem ser agrupados em diferentes categorias, em função da necessidade de tomada de decisões especiais:

- **custos incrementais:** também denominados diferenciais ou marginais. Custos incorridos adicionalmente em função de uma decisão tomada;
- **custos de oportunidade:** benefício relegado em decorrência da escolha de outra alternativa;
- **custos evitáveis:** custos que serão eliminados se a empresa deixar de executar alguma atividade;
- **custos inevitáveis:** independentemente da decisão a ser tomada, os custos continuarão existindo.

Em relação à base monetária empregada na análise ou estimativa de custos, estes podem ser classificados da seguinte forma:

- **custos históricos:** custos em valores originais da época em que ocorreu a compra, de acordo com a Nota Fiscal;
- **custos históricos corrigidos:** custos históricos acrescidos de correção monetária, trazidos para o valor monetário atual;

Capítulo 2 • Os custos e a contabilidade financeira

- **custos correntes:** também denominados custos de reposição. Representam o custo necessário para repor um item no total;
- **custos estimados:** custos previstos para o futuro;
- **custos padrão:** custos estimados presumindo-se maior eficiência técnica e financeira. Correspondem a um valor ideal a ser alcançado pela empresa;
- **custos objetivo ou meta:** também denominados *target cost*. Representam metas de valores a serem obtidos em negociações ou no futuro.

Os custos podem também ser classificados quanto à responsabilidade. Neste caso, os custos são alocados em componentes organizacionais com decisões hierárquicas diferenciadas.

Além das definições apresentadas, diversas outras denominações podem ser encontradas na literatura de finanças associadas a custos, como os conceitos de custos irrecuperáveis ou afundados, do inglês *sunk costs*, ou custos de oportunidade. *Vide* as definições apresentadas a seguir:

- **custos irrecuperáveis ou afundados:** correspondem a custos sem recuperação possível. Por exemplo, quando uma empresa opta por realizar uma pesquisa de mercado para estimar a viabilidade do lançamento futuro de um novo produto, os gastos associados com a pesquisa são custos irrecuperáveis. Independentemente do resultado da pesquisa – favorável ou desfavorável –, a empresa nada poderá fazer para recuperar os gastos com a obtenção da informação. A identificação dos custos irrecuperáveis ou afundados possui extrema relevância no processo de tomada de decisões associadas a custos – já que são irrecuperáveis, seus valores devem ser, geralmente, excluídos dos processos de tomada de decisão;
- **custos de oportunidade:** já apresentados anteriormente, representam os custos associados a uma alternativa abandonada ou preterida. Por exemplo, se uma empresa pensa em aproveitar um resíduo industrial de seu processo produtivo na elaboração de um novo produto, mesmo nada desembolsando pelo resíduo, caso este possua um valor de mercado, esta importância deveria ser incluída no cálculo dos custos. Consiste em um *custo de oportunidade* – a alternativa de venda do resíduo foi preterida para uso na elaboração do novo produto. Os valores de mercado deveriam ser computados nos custos.

Destaca-se que algumas classificações de custos podem variar de empresa para empresa. Por exemplo, gastos com energia são quase sempre classificados como variáveis – aumentos dos volumes de produção estão associados a aumentos nos níveis consumidos de energia elétrica. Porém, os custos com energia podem ser classificados como custos diretos de produção de produtos intensivos em energia, como lâminas de alumínio, produtos metálicos em geral e vidros, como custos indiretos nos demais produtos –, que geralmente consideram como custos diretos apenas os gastos com matérias-primas, embalagens e materiais diretos.

41

A Administração de Custos, Preços e Lucros • BRUNI

2.4 O custeio por absorção

A contabilidade de custos, analisada sob a óptica da contabilidade financeira, preocupa-se com o registro formal e legal das informações sobre os custos. Neste processo, caracteriza-se pelo uso do método de custeio por absorção, que estabelece que todos os gastos produtivos, inclusive os indiretos, devem ser incorporados ao valor dos estoques.

Neste processo de acumulação de gastos produtivos nos valores dos estoques, existem a acumulação dos custos indiretos e a necessidade do uso de critérios de rateio ou divisão destes gastos que não diretos. A complexidade e a subjetividade existentes neste processo de divisão provocam, muitas vezes, distorções nas informações relevantes de custos obtidas pelo custeio por absorção.

Assim, na contabilidade gerencial, voltada para auxiliar o processo de tomada de decisões, surgem procedimentos alternativos de custeio, como o custeio variável, que evitam tocar na complexidade e subjetividade dos procedimentos de rateio de gastos indiretos.

2.5 Resumo do capítulo

O segundo capítulo deste livro ressaltou o registro e acumulação dos custos, enfatizando os componentes de custos e a sua forma de agregação. Sua leitura, seguida da resolução das atividades propostas deve ter permitido o alcance dos objetivos propostos:

- **Entender os componentes dos custos.** Vimos que os gastos incorridos ou consumidos podem ser decompostos em custos (consumos produtivos) ou despesas (consumos não produtivos, de natureza administrativa, comercial ou financeira). Os custos, por sua vez, podem ser formados por materiais diretos, mão de obra direta, outros custos diretos e custos indiretos.

- **Empregar as diferentes formas para agregar de custos.** Compreendemos que os componentes dos custos podem ser agregados em custos diretos ou primários (formados por materiais diretos, mão de obra direta e outros custos diretos), custos de transformação (mão de obra direta, outros custos diretos e custos indiretos) e custos plenos ou integrais (materiais diretos, mão de obra direta, outros custos diretos e custos indiretos e despesas).

Exercícios propostos

As atividades de aprendizagem aqui propostas exploram os blocos de conteúdos apresentados ao longo do capítulo. Estão organizadas em blocos que exploram: (A) componentes de custos, (B) agregadores de custos, (C) exercícios de revisão sobre todo o capítulo.

Capítulo 2 • Os custos e a contabilidade financeira

[A1] Classifique em verdadeiro ou falso as afirmações a seguir:

a) Os componentes de custos podem ser agregados em diretos e indiretos.

b) Os materiais diretos costumam envolver matéria-prima e embalagem.

c) A mão de obra direta costuma englobar todos os gastos com mão de obra.

d) Gastos administrativos costumam fazer parte dos custos indiretos.

[B1] Classifique em verdadeiro ou falso as afirmações a seguir:

a) O custo direto também é conhecido como custo primário.

b) O custo de transformação representa o esforço de conversão da matéria-prima no produto acabado.

c) O custo contábil representa a soma de todos os consumos produtivos para ter o produto final.

d) O custo direto envolve a soma de MOD e CIF.

e) O custo de transformação é soma entre custos diretos e CIFs, subtraída dos gastos com MD.

f) Despesas costumam fazer parte do custo contábil.

g) Despesas costumam fazer parte do custo pleno ou integral.

[B2] Alguns dados contábeis das Indústrias Oportunas Ltda. estão assim apresentados: mão de obra direta = $ 9.640,00; depreciação do parque industrial (máquinas) = $ 1.250,00; aquisição de novo veículo para fazer entregas = $ 12.000,00; seguro incorrido (consumido) da fábrica = $ 840,00; mão de obra fabril indireta = $ 1.430,00; aluguel da fábrica = 1.700,00; materiais produtivos requisitados diretos = $ 12.500,00; outros custos indiretos = $ 2.620,00. Empregando os números fornecidos, pede-se obter: (a) o custo direto ou primário; (b) o custo de transformação; (c) o custo contábil.

[B3] A Sonho Doce Suave Ltda. registrou os seguintes gastos (em $ mil): materiais indiretos requisitados pela produção = $ 15; depreciação do parque industrial = $ 3; seguro incorrido da área industrial = $ 5; receita de vendas = $ 110; aluguel de escritórios administrativos = $ 10; aquisição de nova empacotadeira = $ 50; mão de obra direta = $ 14; outros custos indiretos = $ 8; materiais diretos requisitados pela área industrial = $ 12; depreciação de computadores da diretoria = $ 1. Com base nos números apresentados, calcule para o volume total produzido no período: (a) o custo primário; (b) o custo de transformação; (c) o custo fabril; (d) o custo pleno ou integral; (e) o resultado (lucro ou prejuízo) unitário, sabendo que a empresa produz e vende 200 unidades por período.

[B4] A empresa Martelaria Thor produz e vende martelos formados por duas peças: uma haste de madeira de lei e um batedor de ferro galvanizado. A haste de madeira de lei é fabricada pela serraria da fábrica, havendo perda, no processo produtivo da haste, de 20% da matéria-prima. Sabe-se que 100 hastes prontas pesam 10 kg, e que o custo do quilo da madeira de lei é $ 2,00. O batedor é produzido pela metalurgia da empresa, que emprega aço da melhor qualidade. A perda média é de 10% da matéria-prima. Sabe-se que 100 batedores prontos pesam 15 kg e que o custo do quilo do ferro é de $ 3,00. A planta da fábrica trabalha com uma produção da ordem de 200 hastes de madeira por hora e de 120 batedores por hora, sendo o custo da mão de obra utilizada na serraria que produz as hastes igual a $ 50,00/hora, e o custo da mão de obra utilizada na usinagem que fabrica os batedores igual a $ 60,00/hora. Pede-se encontrar o custo primário ou direto para 50 unidades produzidas.

A Administração de Custos, Preços e Lucros • BRUNI

[B5] A empresa Transportadora Ônibus Seguros Ltda. consiste na principal operadora de transporte urbano, intermunicipal e interestadual de uma grande cidade do Sudeste do país. Sua frota consta, atualmente, de mais de 4.000 ônibus que, periodicamente, precisam ser revisados e ajustados. Com o objetivo de melhorar os serviços mecânicos da empresa, a direção optou por abrir uma nova filial, destinada exclusivamente às atividades de revisão. No início do ano passado, a empresa Oficina Mecânica dos Ônibus Seguros Ltda. foi aberta.

Os gastos incorridos durante todo o ano inicial foram: (a) compra de equipamentos mecânicos para as revisões = $ 1.500.000,00; (b) gastos com a aquisição de móveis e computadores para a área administrativa da nova empresa = $ 50.000,00; (c) gastos com a construção do prédio da oficina mecânica = $ 4.000.000,00; (d) salários e encargos do pessoal administrativo da nova empresa = $ 100.000,00; (e) aquisição de suprimentos para as revisões (80% foram consumidos) = $ 600.000,00; (f) salários e encargos de mecânicos = $ 400.000,00; (g) outros custos fixos da oficina = $ 200.000,00.

Os equipamentos da oficina e da área administrativa deverão ser depreciados em dez anos. O prédio é quase integralmente utilizado pela área de revisões da oficina e deve ser depreciado segundo a sua vida útil, estimada em 20 anos. No período analisado, foram feitas 5.000 revisões mecânicas, com características bastante similares.

Pergunta-se: (a) Qual o custo contábil médio por revisão mecânica? (b) Qual o gasto incorrido por revisão mecânica? (c) Outra empresa mecânica, não pertencente ao grupo dos Ônibus Seguros, propôs terceirizar os serviços dos ônibus, cobrando a importância de $ 280,00 por revisão mecânica. Sob a óptica da gestão de custos e considerando que, com a terceirização do serviço, a oficina seria fechada, não sendo vendida nem empregada para outros fins – neste caso, supõe-se que apenas os gastos com depreciações continuarão existindo –, quais deveriam ser os aspectos analisados pela empresa de Ônibus Seguros?

[C1] Pede-se classificar em verdadeiro (V) ou falso (F) as seguintes afirmações:

a) Encargos com mão de obra fabril são sempre diretos.

b) Custos de transformação são formados por MOD e MD.

c) Custos primários são formados por MD e CIF.

d) Custos diretos são formados por MD e MOD.

e) Comissões de vendedores são sempre custos indiretos.

f) A soma dos CIFs é sempre maior que os custos diretos.

g) Despesas caracterizam gastos fabris.

h) O custo contábil pode ser apresentado como a soma do custo primário e do custo de transformação.

i) Sob o ponto de vista da gestão dos gastos, a análise dos gastos indiretos é mais simples que a análise dos gastos diretos.

j) O custeio por absorção é característica da contabilidade financeira e exige que todos os gastos comerciais sejam incorporados ao valor dos estoques.

k) Custos de oportunidade são explícitos e registrados com base em documentação hábil e idônea.

3 Os custos e a contabilidade gerencial

Assista à **videoaula**

> "Não existe grandeza quando a simplicidade,
> a bondade e a verdade estão ausentes."
>
> **Léon Tolstoi**

3.1 Objetivos de aprendizagem

A contabilidade gerencial possui o objetivo principal de suprir com informações relevantes o processo de tomada de decisões da empresa. Assim, enquanto a contabilidade financeira costuma conjugar verbos no passado, referentes ao registro do que ocorreu, a contabilidade gerencial conjuga verbos no futuro, preocupando-se com o que ocorrerá, em função de uma decisão tomada.

O foco da contabilidade gerencial é a decisão e a análise das suas consequências. Assim, outras formas e mecanismos são empregados na compreensão e visão dos gastos. Enquanto para a contabilidade financeira existe a necessidade de distinção entre custos e despesas, para a gerencial existe a preocupação em separar gastos que sofrem os efeitos de uma decisão tomada dos gastos que nada sofrem.

Este capítulo discute a compreensão e a utilização dos custos sob a óptica da contabilidade gerencial. Os objetivos de aprendizagem propostos para este capítulo envolvem:

- Compreender a classificação volumétrica dos gastos;
- Aplicar a análise custo, volume, lucro;
- Usar os conceitos de ponto de equilíbrio;
- Calcular e interpretar o conceito de margens de segurança;
- Analisar a alavancagem.

3.2 Análise volumétrica dos gastos

A contabilidade financeira, em função de determinação legal, está preocupada com a avaliação adequada dos estoques. Neste propósito, preocupa-se com a distinção entre custos e despesas. Gastos associados à produção e acumulados nos estoques recebem a denominação custos e gastos associados à administração, comercialização; os pagamentos de juros são chamados de despesas.

A classificação dos gastos sob a óptica da decisão, porém, preocupa-se em separá-los não entre custos e despesas, mas mediante o emprego de uma classificação volumétrica – que analise os gastos em função dos efeitos de diferentes volumes de produção e vendas. Assim, os gastos podem ser classificados como fixos ou variáveis.

Característica	Contabilidade	
	Financeira	Gerencial
Objetivo principal	Custear estoques	Auxiliar no processo de tomada de decisão
Separação dos gastos	Custos *versus* Despesas	Fixos *versus* Variáveis

Uma decisão de curto prazo encontra-se, muitas vezes, associada à determinação de volumes de produção futuros. Nestes casos, o impacto da decisão tomada recai sobre os gastos que apresentam comportamento associado ao volume planejado de produção.

Assim, na análise gerencial dos gastos, a compreensão do comportamento destes em relação ao volume de produção torna-se importante. A evolução dos gastos em relação ao volume permite analisar as variações nos custos totais e unitários em relação a diferentes volumes de produção.

Os gastos podem ser genericamente classificados quanto à variabilidade volumétrica em fixos ou variáveis, cabendo ainda uma classificação transitória de semifixos ou semivariáveis.

Gastos fixos

Os gastos fixos são aqueles que não oscilam conforme os volumes de produção e vendas. Ou seja, em determinado período de tempo e em certa capacidade instalada não variam, qualquer que seja o volume de atividade da empresa. Existem mesmo que não haja produção ou vendas. Podem ser custos ou despesas.

Os custos fixos estão associados à produção e podem ser agrupados em: custo fixo de capacidade – custo relativo às instalações da empresa, refletindo a capacidade instalada da empresa, como depreciação, amortização etc.; custo fixo operacional – relativo à operação das instalações da empresa, como seguro, imposto predial etc.

Exemplos clássicos de custos fixos podem ser apresentados através dos gastos com aluguéis e depreciação – independentemente dos volumes produzidos, os valores registrados com ambos os gastos serão os mesmos. É importante destacar que a natureza de custos fixos ou variáveis está associada aos volumes produzidos e não ao tempo. Assim, se uma conta de telefone apresenta valores diferentes todos os meses, porém não correlacionados com a produção, esses gastos devem ser classificados como fixos – independentemente de suas variações mensais. Os custos fixos possuem uma característica interessante: são variáveis quando calculados unitariamente em função das economias de escala.

Para ilustrar, imagine o exemplo da Fábrica de Sorvetes Delícia, com capacidade produtiva igual a 10.000 kg mensais de sorvetes. Sabendo-se que a empresa apresenta custos fixos (salários, depreciações e outros) iguais a $ 1.000,00 por mês, independentemente do volume produzido, os custos fixos serão sempre iguais a $ 1.000,00. Veja a segunda coluna da tabela seguinte.

Tabela 3.1 Evolução dos custos fixos.

Volume	Custo Fixo Total	Custo Fixo Unitário
0	1.000,00	
10	1.000,00	100,00
50	1.000,00	20,00
100	1.000,00	10,00
500	1.000,00	2,00
1.000	1.000,00	1,00
5.000	1.000,00	0,20
10.000	1.000,00	0,10

A Figura 3.1 ilustra o comportamento dos custos fixos. São uniformes, independentemente dos volumes produzidos.

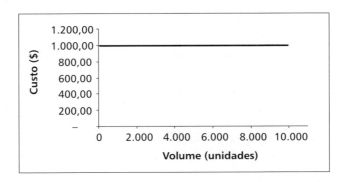

Figura 3.1 Custo fixo total em função do volume.

Porém, o custo fixo unitário será função da quantidade produzida. Quanto maior a quantidade, maiores os ganhos das economias de escala e menores serão os custos fixos unitários. Veja a terceira coluna da tabela anterior ou a Figura 3.2.

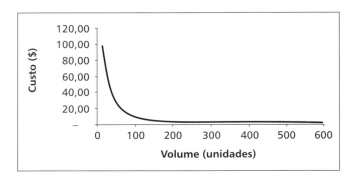

Figura 3.2 Custo fixo unitário em função do volume.

Em relação aos custos fixos, conforme apresentado na figura anterior, quanto maiores os volumes produzidos, menores os custos fixos unitários. A função dos custos unitários indica que estes tendem a zero para volumes de produção muito grandes.

De forma similar aos custos, as despesas também podem ser classificadas como fixas, quando não apresentarem variações em função do volume de vendas. Como exemplos, podem ser citados os gastos com aluguel ou seguro de pontos comerciais, além de gastos com salários e encargos administrativos ou comerciais.

A HISTÓRIA DE UM FAZENDEIRO POBRE QUE QUERIA SE LIVRAR DO SEU CAVALO[1]

"Eu quero construir um carro para as grandes multidões."

Henry Ford, 1903

A análise dos gastos fixos unitários permite uma curiosa constatação: à medida que os volumes de produção aumentam, os gastos fixos unitários são reduzidos. Existe uma economia dos gastos fixos unitários à medida que a escala de produção aumenta. Esta característica costuma receber a denominação *economias de escala*.

Pensar em economias de escala em Administração de Empresas é fazer referência ao nascimento da própria Administração, com a implementação dos conceitos de linha de produção e curvas de experiência. E falar em linha de produção, economias de escala e aumentos de produtividade é pensar na história de um fazendeiro pobre que queria se livrar do seu cavalo.

---

[1] Partes deste texto foram adaptadas de informações extraídas de diversas fontes, incluindo a Internet. Porém, durante a elaboração deste livro, a relação de fontes consultadas foi perdida e não pode ser aqui apresentada.

Capítulo 3 • Os custos e a contabilidade gerencial

O fazendeiro pobre, nascido em Dearborn, no Estado de Michigan, em 1863, com o nome Henry Ford, era filho de um modesto sitiante da periferia de Detroit. Seus avós, O'Hern-Ford, eram paupérrimos imigrantes irlandeses, que foram forçados a emigrar para os Estados Unidos da América, fugindo da grande fome que devastou a Ilha Esmeralda entre os anos de 1846 e 1848.

Ainda criança, Ford já mostrava os primeiros sinais de sua genialidade e intimidade com as máquinas. Costumava surpreender seu pai com aparatos por ele mesmo confeccionados que facilitavam as lides do campo. "Bem cedo", conta ele, "tive a impressão de que se trabalhava demais por muito pouco resultado e pensei que grande parte desse trabalho poderia ser feito de um modo mais fácil".

Aos 12 anos de idade, Ford se assustou quando, ao visitar Detroit com o pai, uma solitária locomotiva passou por ele. O fato que o surpreendeu consistiu na ideia de que nenhum cavalo a puxava, o que, para ele, parecia um milagre. Havia conhecido então o primeiro veículo sem tração animal. Este encontro o propeliu ao mundo dos transportes.

Após atormentar o maquinista com uma chuva de perguntas, o então garoto com apenas 13 anos de idade decidiu seu futuro ali mesmo: um dia se tornaria um construtor de uma "carruagem sem cavalos". Até então um adolescente curioso e metido a consertar tudo, dali em diante nunca mais deixou de lidar com ferramentas. Aos 17 anos, Ford abandonou a fazenda dos pais para trabalhar numa oficina como aprendiz de mecânico, não mais se desviando deste caminho.

Anos mais tarde, em 1891, Ford obteve um emprego na Edison Illuminating Company, tendo a sorte de colocar-se diretamente em contato com um dos maiores gênios inventivos da América: Thomas Alva Edison, seu patrão.

Nas suas horas vagas, começa a desenhar o seu próprio modelo do que chamava de carruagem sem cavalos. Em 1896, cinco anos após ter sido admitido por Edison, Ford conseguiu produzir seu primeiro veículo, um modesto quadriciclo. Na verdade, uma geringonça barulhenta e feiosa que, manivelada, sacudia-se toda sobre quatro magros pneus. Porém, a geringonça corresponderia ao embrião do futuro Modelo A, o primeiro e mais popular automóvel do século 20.

Em 1898, trabalhando cada vez mais e popularizando suas ideias, Ford e alguns investidores fundam a Detroit Automobile Co., que logo depois foi fechada. Ao vencer corridas, os grandes eventos automobilísticos da época, e tornar seu nome popular no meio, Ford consegue patrocínio para abrir, anos depois, a sua própria empresa.

Em 16 de junho de 1903 surgiu a Ford Motor Company, no Estado norte-americano de Michigan, um divisor de águas na história da indústria automobilística. Movido pelo sonho de fazer do automóvel um produto acessível para as multidões, Henry Ford, com o apoio de outros 11 empreendedores, revolucionou a produção e as relações de trabalho, com a adoção de um modelo de produtividade até hoje exemplar para o setor.

Das suas ideias e aplicações, nasceu o Fordismo – um conceito em Administração que consiste na separação das funções em dois níveis – planejamento e execução – e na segmentação máxima do trabalho, para se alcançar maior produção em menor tempo.

A fórmula da Ford Company baseou-se especialmente na divisão das funções da empresa em dois níveis, o do planejamento e o da execução. Ford cercou-se dos melhores profissionais para planejar sua indústria e administrá-la e, nas fábricas, promoveu a segmentação máxima do trabalho.

Com a aplicação das novas ideias, a Ford passou do *status* de uma pequena empresa, construída por Henry e seus outros 11 sócios, com um capital inicial de US$ 28 mil, para a posição de segunda maior companhia de automóveis do planeta, detentora das marcas Jaguar, Mazda, Volvo, Land Rover, Aston Martin, Mercury e Lincoln, um século mais tarde.

A revolução realizada por Ford pode ser resumida na busca por excelentes índices de eficiência, que podem ser notados já nas primeiras propagandas: "Construir e comercializar um automóvel especialmente projetado para o uso e abuso de todos os dias – nos negócios, na área profissional, na família [...]. Uma máquina que será admirada tanto pelos homens como pelas mulheres e pelas crianças, por ser compacta, simples, segura e por sua conveniência para tudo [...]. E por seu preço excepcionalmente razoável, que a coloca ao alcance de milhares que não poderiam sequer pensar nos preços comparativamente fabulosos da maioria das máquinas."

Para baratear o preço do automóvel, até então um artigo de luxo, fabricado para consumidores de alto poder aquisitivo, e poder fabricar um carro para as multidões, Ford precisaria aumentar como nunca os níveis de eficiência da produção, reduzindo ao máximo os custos produtivos. Na época, o automóvel custava caro em função de ser fabricado artesanalmente, apenas um de cada vez, com baixos níveis de eficiência e altos custos produtivos.

Os carros criados pelas companhias fabricantes de época eram considerados como luxo e símbolo de *status* por serem "feitos a mão" e, portanto, extremamente caros. Além disso, eram muito pesados. Este fato incomodava Ford, que dizia que preços altos dificultavam a expansão do mercado. São suas as palavras: "Eu vou construir um carro para as multidões", dizia ele. "Assim como um pino é igual a outro pino quando sai da fábrica, e um palito de fósforo é exatamente igual ao outro, assim sertão os carros."

A solução envolveria a produção de muitos carros, em uma estrutura caracterizada por grandes níveis de custos fixos, mas que seriam diluídos em função de altas escalas. Conta a lenda que, ao visitar um frigorífico, vendo as peças de carne passar por um trilho, Ford teve uma importante inspiração: adotaria a fabricação em série.

No frigorífico, o boi pendurado em um trilho passava por diversos homens, cada um ia tirando um corte de carne, até que, "no fim da linha", sobrava só a carcaça. Ford utilizou o mesmo princípio, só que ao contrário: seus operários ficariam parados agregando partes à carcaça do automóvel à medida que esse ia passando por eles sobre uma esteira – e mais tarde pendurado em trilhos.

Quando a técnica tornou-se amplamente utilizada nas fábricas de Ford, o tempo de montagem do chassis do Modelo T caiu de 12 horas e 30 minutos para 5 horas e 50 minutos. Em 1914, 13 mil trabalhadores na Ford produziram 260.720 automóveis. Em comparação, o resto da indústria usou 66 mil trabalhadores para produzir 286.350 automóveis.

Capítulo 3 • Os custos e a contabilidade gerencial

Os princípios da produção em série eram simples: máxima produção dentro de um período determinado, intensificação e aumento da velocidade rotatória do capital circulante, visando à pouca imobilização dele e à rápida recuperação do investimento, e economia, que diz respeito a reduzir ao mínimo o total de matéria-prima em estoque.

Além disso, o nível de eficiência e produtividade da mão de obra precisaria ser elevado, o que demandou difíceis mudanças, já que a transformação incluiu a introdução de uma cultura entre os trabalhadores, que passaram a exercer funções específicas e repetitivas nas linhas de montagem. Antes, vários funcionários trabalhavam conjuntamente para fabricar um veículo inteiro – com um baixo nível de eficiência da mão de obra. Com o novo modelo, o processo passava a ser segmentado, com uma produção em massa, em série e em cadeia contínua.

Embora vantajosa sob o ponto de vista dos custos, a linha de montagem de Ford recebeu a crítica de ser desumana. As repetitivas tarefas tornavam a maioria dos empregados de Ford autômatos não pensantes, e o ritmo das linhas de produção estava gradualmente transformando-os de novo em escravos. Os antigos artesãos e construtores de automóveis não mais necessitariam de quaisquer conhecimentos de mecânica. Tornaram-se meras engrenagens das linhas de produção.[2]

Porém, Ford rebateu as acusações, dizendo que agora este tipo de trabalho estava aberto a qualquer trabalhador. Assim, havia aumentado o número de empregos para pessoas menos qualificadas. Além disso, foi além, anunciou em 5 de janeiro de 1914 um novo salário mínimo: US$ 5 por oito horas diárias de trabalho, mais porcentagem nos lucros. O aumento era expressivo, face aos US$ 2,38 que os trabalhadores recebiam anteriormente por nove horas diárias de trabalho. A decisão foi espantosa: um aumento de mais de 100% dos salários, com redução das jornadas de trabalho.

O susto foi grande. Muitos anunciaram a quebra da Ford. Seus acionistas o acusaram de insensato. Mas Ford, reconhecendo o elemento humano na produção em massa, percebeu que, mantendo os empregados na empresa, ele estaria economizando dinheiro. A lógica desta nova inovação era simples. Para Ford, pouco importava se tinha de baixar o preço dos carros ou aumentar os salários dos funcionários, desde que as atividades continuassem dando lucros. Além disso, ao aumentar os salários, ele promoveria a motivação de seus empregados e a criação de uma massa de consumidores, já que, para que ocorra o consumo, é preciso que exista consumidor com dinheiro no bolso.

O modelo A, seguido por outros de letras de B a S, evoluiu para o modelo T, lançado em 1908 e que chegou ao mercado a um preço de US$ 850. Foi o único fabricado pela empresa durante 19 anos e seria comercializado, anos depois, por apenas US$ 269 dólares. Em 1927, quando o Ford T deixou de ser produzido, 15 milhões de unidades tinham sido vendidas, nada menos do que 50% do total comercializado no mundo.

A evolução da escala produtiva com a implementação da linha de produção foi notável. Em 1909, a Ford produziu 14 mil automóveis em um ano. Em 1914, o número saltou para

---

[2] Veja um exemplo no filme *Tempos modernos*, de Charles Chaplin.

A Administração de Custos, Preços e Lucros • BRUNI

240 mil, uma consequência direta da implantação da linha em série. Já naquele ano, com a primeira esteira de montagem, produzia-se um automóvel a cada 84 minutos. Os números falaram por si próprios: entre 1914 e 1916, o faturamento da empresa dobrou de US$ 30 milhões para US$ 60 milhões.

A linha de montagem, ou o conceito de que "o trabalho deve vir até o homem, e não o homem até o trabalho", permitiu que, em 1925, um carro a cada 15 segundos emergisse de suas linhas de montagem. Em 1926, A Ford Motor Company tinha 88 plantas, empregava 150 mil operários e produzia 2 milhões de automóveis.

Os três princípios norteadores do sistema proposto por Ford podem ser apresentados como: princípio da intensificação – diminuição do tempo desde a fabricação da matéria-prima até a colocação do produto no mercado; princípio da economicidade – reduzir ao mínimo o estoque de matéria-prima; princípio da produtividade – aumentar a capacidade de produção de um homem através da especialização e da linha de montagem.

De forma mais recente, em eleição realizada pela revista *Time* para a escolha das 100 maiores personalidades do século XX, Henry Ford ocupou uma das 20 posições destinadas à categoria construtores e Titãs. Em trecho da matéria dedicada a ele, escrita pelo ex-presidente da Ford, Lee Iacocca, descreve-se: "Produziu carros acessíveis, pagou altos salários e ajudou a criar a classe média. Nada mau para um autocrata."

Gastos variáveis

Os gastos variáveis são aqueles cujo comportamento depende dos volumes de produção e vendas. O seu valor total altera-se diretamente em função das atividades da empresa. Podem ser custos – quando produtivos – ou despesas – quando associados à administração ou vendas.

Quanto maior a produção, maiores serão os custos variáveis. Exemplos óbvios de custos variáveis podem ser expressos através dos gastos com matérias-primas e embalagens. Quanto maior a produção, maior o consumo de ambos. Assim como os custos fixos, os custos variáveis possuem uma interessante característica: são genericamente tratados como fixos em sua forma unitária.

Para ilustrar, imagine que, no exemplo da Fábrica de Sorvetes Delícia, o custo variável unitário com materiais e embalagem para cada quilo de sorvete fosse igual a $ 8,00. Naturalmente, quanto maior a quantidade, maiores os custos.

Tabela 3.2 Evolução dos custos variáveis.

Volume	Custo Variável Total	Custo Variável Unitário
0	–	8,00
10	80,00	8,00
50	400,00	8,00
100	800,00	8,00
500	4.000,00	8,00
1.000	8.000,00	8,00
5.000	40.000,00	8,00
10.000	80.000,00	8,00

A segunda coluna da tabela anterior, ilustrada na Figura 3.3, ilustra o comportamento dos gastos variáveis totais. Quanto maior a produção, maiores os gastos variáveis totais.

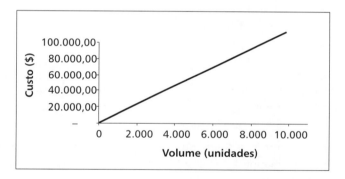

Figura 3.3 Custo variável total em função do volume.

Por outro lado, a terceira coluna da Tabela 3.2 ilustra o comportamento dos gastos variáveis unitários. No curto prazo, independentemente da quantidade produzida e vendida, eles serão sempre iguais. Veja a ilustração da Figura 3.4.

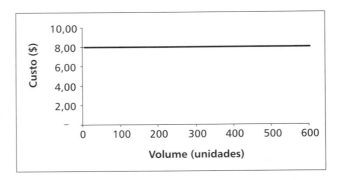

Figura 3.4 Custo variável unitário em função do volume.

Da mesma forma que os custos, as despesas podem ser classificadas como variáveis, quando variam de acordo com as vendas. Exemplos usuais podem ser vistos em comissões de vendedores ou gastos com fretes de entrega de mercadorias vendidas.

Outros tipos de gastos

Além da classificação entre fixos e variáveis, outras classificações intermediárias podem ser aplicadas aos gastos. Por exemplo, a depender do seu comportamento, alguns gastos podem ser denominados semifixos ou semivariáveis.

- **semifixos:** correspondem a custos que são fixos em determinado patamar, passando a ser variáveis quando este patamar for excedido. A Figura 3.5 ilustra um custo fixo, representado pela conta mensal do abastecimento de água. Quando o consumo é inferior a um patamar definido pela empresa fornecedora do serviço, a conta é faturada de acordo com o patamar (por exemplo, 10 m^3). Quando o consumo excede o valor do patamar, o valor cobrado torna-se variável de acordo com o consumo;
- **semivariáveis:** correspondem a custos variáveis que não acompanham linearmente a variação da produção, mas aos saltos, mantendo-se fixos dentro de certos limites. Exemplos de custos semivariáveis podem ser apresentados através dos gastos com contratação e pagamento de supervisores ou referentes ao aluguel de máquinas copiadoras. Dentro de certos limites, como o número de funcionários sob supervisão ou quantidade de cópias realizadas, os gastos são fixos. Porém, quando o patamar é excedido, os gastos variam, assumindo um novo patamar. Veja o exemplo da Figura 3.6.

Capítulo 3 • Os custos e a contabilidade gerencial

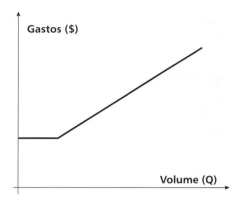

Figura 3.5 Gastos semifixos.

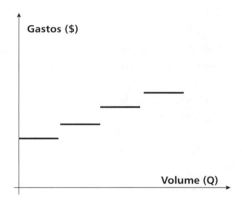

Figura 3.6 Gastos semivariáveis.

Gastos comparados

Uma análise conjunta dos diferentes gastos pode ser vista na Figura 3.7. Os gastos fixos totais, como o próprio nome revela, são constantes, fixos, independentemente dos volumes de produção e vendas. Os gastos variáveis totais são crescentes com os volumes de produção e vendas.

A Administração de Custos, Preços e Lucros • BRUNI

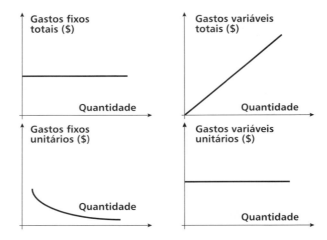

Figura 3.7 Gastos fixos e variáveis, totais e unitários.

Porém, a análise sob a forma unitária revela uma curiosa alteração. Gastos fixos unitários tornam-se variáveis, enquanto gastos variáveis unitários tornam-se fixos.

Para ilustrar a análise dos diferentes gastos, veja o exemplo do restaurante Bom de Garfo, estruturado com uma capacidade de atendimento de até 5.000 pratos por mês. A empresa apresenta um volume de vendas atual igual a 3.000 pratos servidos por mês. Seus custos fixos são iguais a $ 12.000,00 por mês e seus custos variáveis alcançam $ 15.000,00 mensais. Atualmente, a empresa pratica um preço de venda médio igual a $ 10,00 por prato.

Caso o custo por prato precisasse ser calculado, essa análise envolveria a soma dos custos fixos e variáveis.

Custo do prato = Soma dos custos ÷ Quantidade de pratos vendidos

Substituindo os valores fornecidos, o custo do prato é igual a $ 9,00.

Custo do prato = (12.000 + 15.000) ÷ 3.000 = $ 9,00

Porém, imagine que o estabelecimento tenha recebido uma proposta para o fornecimento de outras 1.000 refeições mensais a $ 6,00 por prato. Naturalmente, a análise da viabilidade da proposta passa pela compreensão dos custos da empresa. Um leigo seria seriamente tentado a rejeitar a proposta em função de o custo unitário do prato ser igual a $ 9,00. Porém, alguém com uma compreensão maior da análise gerencial dos custos analisaria o problema empregando a Figura 3.7.

Do total dos gastos da empresa, $ 12.000,00 se referem aos gastos fixos da empresa e relativos a uma capacidade igual a 5.000 pratos por mês. Logo, não sofrerão alterações caso o volume de produção e vendas aumente dos atuais 3.000 pratos para os pretendidos 4.000 pratos mensais.

Porém, os gastos variáveis, atualmente iguais a $ 15.000,00 mensais, sofrerão alterações em função da nova quantidade de pratos. Neste caso, a análise é facilitada pelo uso do gasto variável unitário, que, conforme apresentado nos gráficos anteriores, permanece fixo e, no caso, igual a $ 5,00. Veja a Figura 3.8.

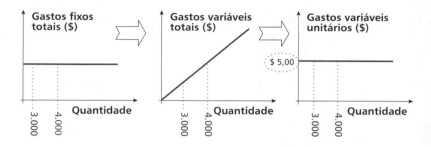

Figura 3.8 Análise dos diferentes gastos.

Como o gasto variável unitário permanece igual a $ 5,00 por prato, pode-se afirmar que a proposta de venda dos 1.000 pratos adicionais deve ser aceita.

A IMPORTÂNCIA DA ANÁLISE DA MARGEM DE CONTRIBUIÇÃO

A margem de contribuição, representada pela diferença entre receitas e gastos variáveis, consiste em um dos mais importantes indicadores para a tomada de decisão em custos, preços e lucros.

A contabilidade financeira exige que todos os gastos produtivos (ou custos) sejam absorvidos pelos estoques. Assim, custos diretos e indiretos devem ser empregados no custeio por absorção, formando os valores registrados nos estoques. A absorção dos custos diretos é simples, sem polêmicas. Porém, a absorção dos custos indiretos requer o uso de critérios subjetivos e externos ao objeto de custeio. Surgem os problemas decorrentes dos rateios de gastos indiretos.

Embora seja um requisito legal, a divisão dos gastos indiretos expressa no rateio gera grande distorção da informação de custos e suas consequências sobre a análise dos lucros. Assim, um procedimento alternativo e muito empregado na contabilidade gerencial, de suporte à tomada de decisão, consiste no uso e análise da margem de contribuição – que foge dos problemas decorrentes dos rateios.

3.3 Custo, volume e lucro

A classificação dos gastos na contabilidade gerencial diferencia-os em relação aos volumes de produção e vendas, apresentando-os como fixos, que não oscilam no curto prazo em função dos volumes, e variáveis, que oscilam conforme produção e vendas.

Porém, conforme apresentado anteriormente, quando analisados na sua forma unitária, o comportamento dos gastos sofre alteração. Gastos fixos unitários tornam-se inversamente proporcionais aos volumes de produção e vendas, enquanto gastos variáveis unitários tornam-se fixos no curto prazo. A compreensão do efeito decorrente deste comportamento dos gastos pode ser feita com o auxílio da análise gasto, volume e lucro.

QUANDO O POUCO É MUITO

Uma das considerações mais importantes na compreensão gerencial dos gastos, preços e lucros refere-se a um processo comparativo denominado análise custo-volume-lucro. Em muitas ocasiões é preferível ganhar pouco muitas vezes do que muito poucas vezes. Em outras situações, o inverso é preferível: ganhar muito poucas vezes.

Embora esse conceito seja discutido em diferentes áreas, como no posicionamento estratégico e competitivo de um negócio, na contabilidade gerencial ele assume um papel essencial. Para entender corretamente os resultados do negócio, é preciso compreender muito bem as consequências das análises custo-volume-lucro.

Imagine que determinada empresa, apresentada na tabela seguinte, possua vendas iguais a 100 unidades, comercializadas a $ 10,00 cada, com gastos fixos iguais a $ 200,00 e gastos variáveis unitários iguais a $ 3,00. Nesta situação, descrita como base, o resultado total da empresa seria igual a $ 500,00, com um resultado unitário igual a $ 5,00. O gasto variável total seria igual a $ 300,00 e o gasto fixo unitário seria igual a $ 2,00.

Descrição	Queda	50	Base	100	Aumento	150
	Total	Unitário	Total	Unitário	Total	Unitário
Receitas	500,00	10,00	1.000,00	10,00	1.500,00	10,00
(–) Gastos fixos	(200,00)	(4,00)	(200,00)	(2,00)	(200,00)	(1,33)
(–) Gastos variáveis	(150,00)	(3,00)	(300,00)	(3,00)	(450,00)	(3,00)
(=) Resultado	150,00	3,00	500,00	5,00	850,00	5,67

Capítulo 3 • Os custos e a contabilidade gerencial

Supondo queda e aumento de 50% nas vendas, os efeitos sobre gastos e lucros em decorrência das variações de volume seriam interessantes.

Com a queda das vendas, o gasto variável total cai de maneira proporcional, sendo reduzido de $ 300,00 para $ 150,00. Por outro lado, enquanto o gasto variável unitário mantém-se igual a $ 3,00, o gasto fixo unitário eleva-se de $ 2,00 para $ 4,00 (aumento de 100%). O resultado total cai 70%, de $ 500,00 para apenas $ 150,00. O resultado unitário registra uma queda de 40%, sendo reduzido de $ 5,00 para $ 3,00.

O aumento em 50% das vendas provocaria um aumento igual nos gastos variáveis, que seriam elevados de $ 300,00 para $ 450,00. Porém, os gastos fixos unitários seriam reduzidos em cerca de 33%, de $ 2,00 para apenas $ 1,33. Os efeitos sobre o resultado indicariam uma elevação de 70% do resultado total (de $ 500,00 para $ 850,00) e 13,64% do resultado unitário (de $ 5,00 para $ 5,67).

3.4 Ponto de equilíbrio

A separação e a classificação volumétrica dos gastos permitem obter o ponto de equilíbrio do negócio, representado pelo volume mínimo de operação que possibilita a cobertura dos gastos. Existem diferentes conceitos de ponto de equilíbrio, como o ponto de equilíbrio contábil, financeiro ou econômico.

O ponto de equilíbrio contábil apresenta o volume de vendas ou faturamento que determinado empreendimento precisa obter para cobrir todos os seus gastos. No ponto de equilíbrio contábil, o lucro é nulo. Matematicamente, pode-se apresentar a seguinte equação:

Receita Total – Gastos Totais = 0

Como a Receita Total é igual ao Preço multiplicado pela Quantidade, e os Gastos Totais são iguais ao Gasto Fixo mais o Gasto Variável Unitário multiplicado pela Quantidade, a equação anterior pode ser reescrita da seguinte forma:

Preço × Quantidade – [Gasto Fixo + (Gasto Variável Unitário × Quantidade)] = 0

Removendo parênteses e colchetes, é possível obter a seguinte equação:

Preço × Quantidade – Gasto Fixo – Gasto Variável Unitário × Quantidade = 0

Colocando-se a Quantidade em evidência, pode-se obter a seguinte equação:

(Preço – Gasto Variável Unitário) × Quantidade = Gasto Fixo

Assim, a Quantidade a ser produzida e comercializada para um lucro nulo, ou o Ponto de Equilíbrio Contábil em Quantidade (PECq), pode ser apresentada por meio da seguinte equação:

59

$$PECq = \frac{\text{Gasto Fixo}}{\text{Preço} - \text{Gasto Variável Unitário}}$$

Caso se deseje obter o Ponto de Equilíbrio Contábil expresso em unidades monetárias (PEC$), basta multiplicar o preço anterior pelo preço. Algebricamente, pode-se apresentar a seguinte equação:

$$PEC\$ = PECq \times \text{Preço}$$

Substituindo-se o preço na equação anterior, tem-se que:

$$PEC\$ = \frac{\text{Gasto Fixo} \times \text{Preço}}{\text{Preço} - \text{Gasto Variável Unitário}}$$

A equação anterior pode ser reescrita como:

$$PEC\$ = \frac{\frac{\text{Gasto Fixo}}{\text{Preço} - \text{Gasto Variável Unitário}}}{\text{Preço}}$$

A relação [(Preço − Gasto Variável Unitário)/Preço] costuma ser apresentada como margem de contribuição percentual. Assim, a expressão anterior pode ser igualmente apresentada como:

$$PEC\$ = \frac{\text{Gasto Fixo}}{\text{Margem de Contribuição \%}}$$

A representação gráfica dos Pontos de Equilíbrios Contábeis em Quantidades (PECq) e em Unidades Monetárias (PEC$) pode ser vista na Figura 3.9.

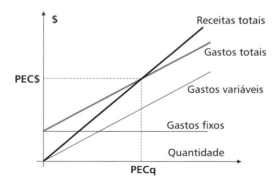

Figura 3.9 Ponto de equilíbrio contábil.

Capítulo 3 • Os custos e a contabilidade gerencial

Em relação ao exemplo da Fábrica de Sorvetes Delícia, assumindo um preço de venda por quilo igual a $ 10,00 e um volume de vendas mensais igual a 600 quilos, a obtenção do ponto de equilíbrio contábil em quantidade e em unidades monetárias pode ser vista nas equações seguintes:

$$PECq = \frac{\text{Gasto Fixo}}{\text{Preço} - \text{Gasto Variável Unitário}} = \frac{1.000}{10 - 8} = 500$$

$$PEC \, \$ = \frac{\text{Gasto Fixo} \times \text{Preço}}{\text{Preço} - \text{Gasto Variável Unitário}} = \frac{1.000 \times 10}{10 - 8} = \$ \, 5.000,00$$

Ou seja, para cobrir todos os seus gastos, não tendo lucro nem prejuízo, a Fábrica de Sorvetes Delícia deveria produzir e vender 500 quilos de sorvetes por mês, faturando $ 5.000,00 por mês. Como a empresa encontra-se vendendo 600 quilos, a $ 10,00 cada um, com um faturamento igual a $ 6.000,00 por mês, percebe-se que ela encontra-se operando de forma lucrativa, acima do ponto de equilíbrio contábil.

ANÁLISES AGREGADAS DE CUSTOS, PREÇOS E LUCROS

Muitas análises de custos, preços e lucros são marcadas pela presença de produtos ou serviços vendidos de forma agregada, em pacotes. Por exemplo, um restaurante ou uma lanchonete vende rotineiramente conjuntos de produtos e serviços. Por exemplo, diferentes combinações de lanches ou refeições e bebidas.

Nestas situações, o uso das informações sobre custos, preços e lucros torna-se facilitado pelo conceito de indicador agregado. Por exemplo, no lugar de analisar os custos, preços e lucros médios dos diferentes alimentos e bebidas comercializados, uma lanchonete pode optar por analisar o seu *ticket* médio. Ou seja, a média das suas vendas por cliente.

O uso de análises agregadas facilita o processo de compreensão dos custos e a definição de inúmeros parâmetros de controle. Por exemplo, se um restaurante precisar definir seu ponto de equilíbrio, ficaria difícil especificar a quantidade de cada prato ou bebida que deveria ser vendida. Nestas situações, apenas o ponto de equilíbrio em unidades monetárias costuma ser empregado.

Porém, para os gestores da empresa, seria importante expressar o número de refeições servidas. Em função da heterogeneidade das opções comercializadas, o uso de uma média, formada por alimentos e bebidas, facilitaria o processo. Assim, sabendo o valor da compra ou do consumo médio do cliente, o restaurante poderia determinar o número de refeições necessárias para a cobertura de seus gastos.

É importante destacar que, além do ponto de equilíbrio contábil, que apresenta volumes de vendas ou faturamentos para lucros iguais a zero, existe o conceito de ponto de equilíbrio financeiro e ponto de equilíbrio econômico.

Ponto de Equilíbrio Financeiro

O ponto de equilíbrio financeiro (PEF), ou ponto de equilíbrio de caixa, apresenta o volume de vendas, em quantidades ou em unidades monetárias, para uma geração de caixa igual a zero. Para ser calculado, devem-se, basicamente, subtrair os gastos não desembolsáveis, como depreciações, do volume de gastos fixos. Algebricamente, pode ser apresentado como:

$$PEFq = \frac{\text{Gasto Fixo} - \text{Depreciação}}{\text{Preço} - \text{Gasto Variável Unitário}}$$

$$PEF\$ = \frac{(\text{Gasto Fixo} - \text{Depreciação}) \times \text{Preço}}{\text{Preço} - \text{Gasto Variável Unitário}}$$

Em relação ao exemplo da Fábrica de Sorvetes Delícia, imaginando que os gastos com depreciação da empresa sejam iguais a $ 100,00 por mês, o cálculo do ponto de equilíbrio financeiro ou de caixa indicaria a necessidade de vendas mensais iguais a 450 kg ou um faturamento igual a $ 4.500,00.

$$PEFq = \frac{\text{Gasto Fixo} - \text{Depreciação}}{\text{Preço} - \text{Gasto Variável Unitário}} = \frac{1.000 - 10}{10 - 8} = 450,00$$

$$PEF\$ = \frac{(\text{Gasto Fixo} - \text{Depreciação}) \times \text{Preço}}{\text{Preço} - \text{Gasto Variável Unitário}} = \frac{(1.000 - 100) \times 10}{10 - 8} = \$\ 4.500,00$$

Ponto de Equilíbrio Econômico

O ponto de equilíbrio econômico, PEE, apresenta o volume de vendas, em quantidades ou em unidades monetárias, para um resultado econômico igual a zero. Por resultado econômico igual a zero entende-se que todos os fatores serão remunerados, incluindo, principalmente, a remuneração sobre o capital próprio, empregado no negócio.

Para calcular o PEE, deve-se, basicamente, adicionar aos gastos fixos a remuneração desejada sobre o capital próprio. Algebricamente, pode ser apresentado como:

Capítulo 3 • Os custos e a contabilidade gerencial

$$PEEq = \frac{\text{Gasto Fixo + Remuneração do Capital Próprio}}{\text{Preço − Gasto Variável Unitário}}$$

$$PEE\$ = \frac{(\text{Gasto Fixo + Remuneração do Capital Próprio}) \times \text{Preço}}{\text{Preço − Gasto Variável Unitário}}$$

Para a Fábrica de Sorvetes Delícia, imaginando um investimento inicial feito pelos sócios no valor de $ 4.000,00 e considerando uma rentabilidade desejada igual a 10% ao ano, tem-se uma remuneração desejada para o capital próprio igual a $ 400,00 por ano. Assim, o ponto de equilíbrio econômico mensal da empresa seria igual a 700 quilos ou $ 7.000,00. Veja as equações seguintes.

$$PEEq = \frac{\text{Gasto Fixo + Remuneração do Capital Próprio}}{\text{Preço − Gasto Variável Unitário}} = \frac{1.000 + 400}{10 - 8} = 700,00$$

$$PEE\$ = \frac{(\text{Gasto Fixo + Remuneração do Capital Próprio}) \times \text{Preço}}{\text{Preço − Gasto Variável Unitário}} = \frac{(1.000 + 400) \times 10}{10 - 8} =$$

$PEE\$ = \$ 7.000,00$

É importante ressaltar a diferença de conceitos entre o ponto de equilíbrio contábil e o econômico. O primeiro expressa o volume para um lucro contábil nulo, enquanto o segundo expressa o conceito para um lucro econômico nulo. O lucro econômico supõe a remuneração do capital próprio investido na operação pelo seu custo de oportunidade.

Logo, vendendo 600 quilos por mês ou $ 6.000,00, a Fábrica de Sorvetes Delícia estará superando o seu ponto de equilíbrio contábil, com um lucro contábil registrado. Porém, este lucro não seria suficiente para remunerar o capital investido pelos sócios, considerando o custo de oportunidade. O ponto de equilíbrio econômico igual a 700 quilos por mês não seria superado com um volume igual a 600 quilos mensais.

ANÁLISE DE MARGEM DE CONTRIBUIÇÃO E PONTO DE EQUILÍBRIO COM MÚLTIPLOS PRODUTOS OU SERVIÇOS

Quando múltiplos produtos ou serviços são analisados, a margem de contribuição considerada no cálculo do ponto de equilíbrio deve ser a ponderada, resultante da ponderação das margens de contribuição percentuais individuais pela participação nas vendas dos diferentes produtos. Como múltiplos produtos ou serviços estão sendo considerados, não faz sentido falar em ponto de equilíbrio em quantidades individuais e diferentes. Deve-se usar, basicamente, o ponto de equilíbrio em unidades monetárias.

A Administração de Custos, Preços e Lucros • BRUNI

O cálculo dos diferentes pontos de equilíbrio deve ser feito mediante o uso das margens ponderadas. Assim, é necessário ajustar as fórmulas.

Ponto de Equilíbrio Contábil em $ = Gastos fixos / Margem de contribuição ponderada

Ponto de Equilíbrio Financeiro em $ = (Gastos fixos – Depreciação) / Margem de contribuição ponderada

Ponto de Equilíbrio Econômico em $ = (Gastos fixos + Retorno do Capital) / Margem de contribuição ponderada

Para ilustrar, imagine o exemplo de uma lanchonete que desejasse calcular o seu ponto de equilíbrio financeiro. Basicamente, a empresa comercializa refrigerantes (com margem de contribuição percentual igual a 30% dos preços) e sanduíches (com margem de contribuição igual a 50% dos preços). Os gastos fixos da empresa são iguais a $ 840,00 por mês e as vendas são distribuídas entre refrigerantes e sanduíches com percentuais respectivamente iguais a 40% e 60%.

Com base nos dados fornecidos, pode-se obter a margem de contribuição média ponderada da empresa. No caso, ponderam-se as margens individuais pela participação nas vendas de cada um dos produtos.

Margem de contribuição ponderada = 0,30 × 0,40 + 0,50 × 0,60 = 0,42 ou 42%

A margem de contribuição ponderada permite obter o ponto de equilíbrio contábil em unidades monetárias. Veja o cálculo apresentado a seguir.

Ponto de Equilíbrio Contábil em $ = Gastos fixos / Margem de contribuição ponderada = 840/0,42

Ponto de Equilíbrio Contábil em $ = $ 2.000,00 (por mês)

Assim, o ponto de equilíbrio contábil em unidades monetárias prevê a necessidade de um faturamento igual a $ 2.000,00 por mês.

3.5 Margens de segurança

As margens de segurança apresentam o quanto a empresa pode perder em vendas, expressas em quantidade ou unidades monetárias, sem ultrapassar para baixo o ponto de equilíbrio. Algebricamente, pode ser expressa como Margem de Segurança em Quantidade, em Unidades Monetárias ou em Percentual. Veja as representações seguintes.

Capítulo 3 • Os custos e a contabilidade gerencial

Margem de segurança (em q) = Vendas (em q) – Ponto de Equilíbrio (em q)

Margem de segurança (em $) = Vendas (em $) – Ponto de Equilíbrio (em $)

Margem de segurança (em %) = [Vendas (em $) –
Ponto de Equilíbrio (em $)] / Vendas (em $)

Por exemplo, considerando o ponto de equilíbrio contábil da Fábrica de Sorvetes Delícia, é possível calcular as margens de segurança:

Margem de segurança (em q) = Vendas (em q) –
Ponto de Equilíbrio (em q) = 600 – 500 = 100

Margem de segurança (em $) = Vendas (em $) –
Ponto de Equilíbrio (em $) = 6.000 – 5.000 = $ 1.000,00

Margem de segurança (em %) = [Vendas (em $) – Ponto de Equilíbrio (em $)] /
Vendas (em $) = 1.000/6.000 = 16,67%, aproximadamente.

As margens de segurança da Fábrica de Sorvetes Delícia indicam que ela pode perder vendas no volume de 100 quilos por mês, ou $ 1.000,00 por mês, ou ainda 16,67% das suas vendas atuais sem incorrer em prejuízos contábeis.

3.6 Alavancagem

O conceito financeiro de alavancagem associa-se ao conceito físico, no qual uma pequena força em um grande braço de alavanca consegue provocar uma força muito maior do outro lado. Em linhas, apresenta o fato de que uma menor variação nas vendas costuma provocar variações mais graves no lucro operacional próprio (sem considerar despesas financeiras) e no lucro operacional, calculado antes do Imposto de Renda.

Para ilustrar o uso do conceito de alavancagem, imagine o exemplo de três empresas, que apresentam em uma situação-base as mesmas receitas, iguais a $ 100, e mesmo percentual de gastos variáveis, igual a 40%. As características de cada uma estão apresentadas a seguir.

Empresa	Características
Brisa	Apresenta gastos fixos iguais a $ 20 por período e não possui endividamento.
Vento	Apresenta gastos fixos iguais a $ 40 por período e não possui endividamento.
Tempestade	Apresenta gastos fixos iguais a $ 40 por período e possui endividamento que provoca o pagamento de juros iguais a $ 5 por período.

A Administração de Custos, Preços e Lucros • BRUNI

Assim, na situação base, os números das três empresas podem ser apresentados conforme a tabela seguinte.

Descrição	Empresa		
	Brisa	Vento	Tempestade
Receita	100	100	100
(–) Gastos fixos	– 20	– 40	– 40
(–) Gastos variáveis	– 40	– 40	– 40
(=) LAJIR	40	20	20
(–) Juros	–	–	– 5
(=) LAIR	40	20	15

A empresa Brisa é a mais lucrativa, com um lucro operacional igual a $ 40 por período, seguida da empresa Vento, com $ 20, e da Tempestade, com apenas $ 15.

Para poder analisar os efeitos da alavancagem sobre os números das empresas Brisa, Vento e Tempestade, supuseram-se variações positivas e negativas iguais a 20% das receitas da empresa. Naturalmente, os efeitos das variações são imediatamente sentidos nos gastos variáveis, não sendo percebidos nos gastos fixos. Veja a tabela seguinte.

Descrição	Brisa			Vento			Tempestade		
	– 20%	Base	20%	– 20%	Base	20%	– 20%	Base	20%
Receita	80	100	120	80	100	120	80	100	120
(–) Gastos fixos	– 20	– 20	– 20	– 40	– 40	– 40	– 40	– 40	– 40
(–) Gastos variáveis	– 32	– 40	– 48	– 32	– 40	– 48	– 32	– 40	– 48
(=) LAJIR	28	40	52	8	20	32	8	20	32
(–) Juros	–	–	–	–	–	–	– 5	– 5	– 5
(=) LAIR	28	40	52	8	20	32	3	15	27

O efeito da alavancagem pode ser visto na maior variação do lucro operacional próprio e do lucro operacional. Em relação à empresa Brisa, para uma variação na Receita igual a 20%, a variação sobre o lucro operacional próprio e sobre o lucro operacional foi igual a 30%. Para a empresa Vento, a variação de 20% na Receita provocou variações iguais a 60% para lucro operacional próprio e para o lucro operacional. Já no caso da empresa Tempestade, a variação de 20% nas receitas provocou variações de 60% para o lucro operacional próprio e de 80% para o lucro operacional.

Capítulo 3 • Os custos e a contabilidade gerencial

Variações	Brisa			Vento			Tempestade		
	– 20%	Base	20%	– 20%	Base	20%	– 20%	Base	20%
Receitas	– 20%		20%	– 20%		20%	– 20%		20%
LAJIR	– 30%		30%	– 60%		60%	– 60%		60%
(=) LAIR	– 30%		30%	– 60%		60%	– 80%		80%

A análise das variações relativas torna possível apresentar os diferentes graus de alavancagem do negócio, apresentados como Graus de Alavancagem Operacional, Financeira e Combinada. Veja a tabela seguinte.

Graus de alavancagem	Conceito	Fórmula*
Operacional (GAo)	Apresenta o efeito multiplicador da variação percentual do lucro operacional próprio sobre as vendas	
Financeira (GAf)	Apresenta o efeito multiplicador da variação percentual do lucro operacional sobre o lucro operacional próprio	
Combinada (GAc)	Apresenta o efeito multiplicador da variação percentual do lucro operacional sobre as vendas	

* Supondo uma alíquota constante de IR sobre lucro real, poderíamos substituir LAIR pelo LL.

O grau de alavancagem operacional, GAo, apresenta o efeito multiplicador da variação percentual das Vendas sobre o Lucro Operacional Próprio ou Lucro Antes dos Juros e IR, LAJIR. Um GAo igual a 2 indica que cada ponto percentual de variação das Vendas estará associado a dois pontos percentuais de variação no Lucro Operacional Próprio. Decorre, basicamente, da estrutura de gastos fixos operacionais da empresa. Por gastos fixos operacionais entendem-se aqueles associados às operações, aos ativos da empresa – como salários, depreciações e outros.

O grau de alavancagem financeira apresenta o efeito multiplicador da variação percentual do Lucro Operacional sobre o Lucro Operacional Próprio. Um GAf igual a 3 indica que cada ponto percentual de variação no Lucro Operacional Próprio estará associado a três pontos percentuais de variação no Lucro Operacional, calculado após o registro dos juros. Decorre, basicamente, da estrutura de gastos fixos financeiros da empresa, associados ao reconhecimento de despesas financeiras, originárias dos passivos, dos financiamentos contraídos pela empresa.

A Administração de Custos, Preços e Lucros • BRUNI

O grau de alavancagem combinada apresenta o efeito multiplicador da variação percentual das Vendas sobre o Lucro Operacional. Um GAc igual a 6 indica que cada ponto percentual de variação nas Vendas estará associado a seis pontos percentuais de variação no Lucro Operacional. Como o próprio nome revela, o GAc resulta da combinação, ou seja, da multiplicação, dos graus de alavancagem operacional e financeira. Expressa a consequência sobre as variações do Lucro Operacional em função das diferentes estruturas de gastos fixos, de ativos e de passivos.

$$GAc = GAo \times Gaf$$

Para as três empresas analisadas, os graus de alavancagem podem ser vistos na tabela seguinte.

Graus de alavancagem	Brisa	Vento	Tempestade
Operacional	1,5	3	3
Financeira	1	1	1,3333
Combinada	1,5	3	4

Algumas conclusões podem ser extraídas da tabela anterior:

a) pelo fato de apresentar maior gasto fixo operacional em relação à empresa Brisa, a empresa Vento apresenta maior grau de alavancagem operacional;

b) como não apresentam gastos fixos financeiros, ou seja, não pagam juros, as empresas Brisa e Vento não apresentam alavancagem financeira. O grau de alavancagem financeira das duas empresas é igual a 1, indicando a inexistência de efeito multiplicador;

c) o grau de alavancagem da Vento é ampliado na empresa Tempestade, que possui gastos fixos decorrentes do pagamento de juros e iguais a 5 por período. O grau de alavancagem financeira da empresa Tempestade é igual a 1,3333, que eleva sua alavancagem combinada para 4.

Alavancagem Financeira

Em finanças, a análise da alavancagem financeira merece um cuidado especial. O pagamento de juros, comumente fixos em relação às variações de receitas, apresenta a capacidade de acentuar os efeitos das oscilações das vendas sobre os resultados.

Para ilustrar os efeitos da alavancagem de forma objetiva, veja o exemplo da empresa apresentada a seguir. A empresa possui ativos totais iguais a $ 200,00, financiados em uma situação original com a totalidade de recursos próprios. Seu lucro operacional próprio, sem considerar despesas financeiras, é de $ 100,00.

Capítulo 3 • Os custos e a contabilidade gerencial

Ativo	$	Passivo	$
Circulante	60,00	Dívidas	0,00
Permanente	140,00	PL	200,00
Soma	200,00	Soma	200,00

Conforme apresentado no balanço patrimonial anterior, não existem dívidas. Assim, inexiste o pagamento de despesas financeiras, e o lucro antes do Imposto de Renda é igual ao lucro operacional próprio. Conforme apresentado a seguir, igual a $ 100,00. Considerando a incidência de uma alíquota de Imposto de Renda igual a 30%, obtém-se um lucro líquido igual a 70,00.

Descrição	$
Lucro operacional próprio	100,00
(–) Despesas financeiras	–
Lucro antes do IR	100,00
(–) IR	(30,00)
Lucro líquido	70,00

Supondo a inexistência de dívidas, o Retorno sobre o Investimento (do inglês *return on investment*, ROI), representado pela relação entre o lucro líquido e os investimentos da operação, é igual a 35%. O Retorno sobre o Patrimônio Líquido (do inglês *return on equity*, ROE), representado pela relação entre o lucro líquido e o patrimônio líquido da operação, é também igual a 35%. A igualdade do ROI e do ROE é explicada pela inexistência de dívidas, que faz com que os investimentos sejam iguais ao patrimônio líquido. Veja os cálculos apresentados a seguir.

Descrição	$
Lucro líquido (a)	70,00
Investimentos (b)	200,00
ROI (a/b)	**35%**
Lucro líquido (a)	70,00
PL (c)	200,00
ROE (a/c)	**35%**

A Administração de Custos, Preços e Lucros • BRUNI

Os efeitos da alavancagem financeira podem ser claramente percebidos à medida que se supõe uma elevação gradual dos níveis de endividamento. Supondo que a empresa pudesse captar livremente empréstimos a uma taxa aparente igual a 20%, diferentes seriam os efeitos sobre os lucros da empresa.

Caso existissem dívidas no valor total de $ 100,00, existiria uma redução do lucro líquido da empresa para $ 56,00, apenas. Caso o volume do endividamento fosse ampliado para $ 150,00, o lucro líquido seria ainda mais reduzido, igual a $ 49,00. Veja a tabela seguinte.

Endividamento percentual	0%	50%	75%
Dívidas	–	100,00	150,00
PL	200,00	100,00	50,00
Soma	200,00	200,00	200,00
Lucro operacional próprio	100,00	100,00	100,00
(–) Despesas financeiras	–	(20,00)	(30,00)
Lucro antes do IR	100,00	80,00	70,00
(–) IR	(30,00)	(24,00)	(21,00)
Lucro líquido	70,00	56,00	49,00

Embora o lucro líquido em termos absolutos tenha apresentado uma redução substancial, é importante analisar seus efeitos de forma relativa, sobre o ROI e o ROE. Ambos estão apresentados na tabela seguinte.

Endividamento percentual	0%	50%	75%
ROI	35%	28%	25%
ROE	35%	56%	98%

A elevação do nível do endividamento, associada a um maior pagamento de juros, provoca uma redução no retorno sobre os investimentos totais, ROI, de 35% para 25%. Porém, o retorno sobre o capital investido pelos acionistas, ROE, eleva-se de 35% para 98%.

Capítulo 3 • Os custos e a contabilidade gerencial

3.7 Resumo do capítulo

Este capítulo enfatizou o uso das informações sobre custos no contexto da contabilidade gerencial, preocupada em gerar informações relevantes para o processo de tomada de decisões da empresa. A leitura do texto e a resolução das atividades propostas devem ter permitido o alcance dos objetivos de aprendizagem propostos:

- **Compreender a classificação volumétrica dos gastos.** Sob o ponto de vista da decisão, os gastos podem ser classificados de diferentes formas, indo além da distinção entre custos (gastos produtivos) e despesas (gastos não produtivos). É possível classificar os gastos como fixos (que não oscilam conforme produção e vendas) e variáveis (que oscilam conforme produção e vendas).
- **Aplicar a análise custo, volume, lucro.** Vimos os diferentes efeitos sobre gastos fixos (totais e unitários) e variáveis (totais e unitários) em função das variações nos volumes de produção e vendas.
- **Usar os conceitos de ponto de equilíbrio.** Aprendemos que podemos calcular volumes específicos de produção e vendas para lucro nulo (ponto de equilíbrio contábil), desembolso nulo (ponto de equilíbrio financeiro) ou retorno justo (ponto de equilíbrio econômico).
- **Calcular e interpretar o conceito de margens de segurança.** Compreendemos que as vendas acima do ponto de equilíbrio caracterizam as margens de segurança, que podem ser apresentadas em quantidade, valor ou percentual.
- **Analisar a alavancagem.** Estudamos os efeitos das variações de vendas sobre os resultados em função da existência de gastos fixos operacionais, financeiros e combinados.

Exercícios propostos

As atividades de aprendizagem aqui propostas exploram os blocos de conteúdos apresentados ao longo do capítulo. Estão organizadas em blocos que exploram: (A) classificação volumétrica dos gastos, (B) análise custo, volume, lucro, (C) ponto de equilíbrio, (D) margens de segurança, (E) alavancagem, (F) exercícios de revisão sobre todo o capítulo.

[A1] Classifique em verdadeiro ou falso as afirmações a seguir:

a) Gastos variáveis são aqueles que oscilam conforme produção ou vendas.

b) Gastos fixos são sempre constantes.

c) Consumo de matéria-prima é custo variável.

d) Gastos com depreciação costumam ser calculados como fixos.

e) Comissões sobre vendas costumam ser custos variáveis.

A Administração de Custos, Preços e Lucros • BRUNI

[A2] Os dados seguintes foram obtidos na Calhambeque Indústria Automobilística S.A.: (1) apropriação, à produção, de honorários da diretoria industrial; (2) salários do gerente industrial; (3) salário total de linha de produção específica; (4) transferência de matérias-primas de produto específico do almoxarifado para a produção; (5) gastos com pessoal da contabilidade de custos (suporte à produção); (6) pagamento de prêmios de seguro, referentes à fábrica e aos imóveis da gerência de produção, com vigência de dois anos a partir da contratação; (7) matéria-prima indireta consumida; (8) consumo de energia do prédio administrativo; (9) compra de materiais secundários; (10) gasto com fretes e carretos sobre materiais secundários consumidos; (11) aquisição de máquinas; (12) aquisição de marcas e patentes; (13) compra de lubrificante industrial; (14) transferência de materiais secundários do almoxarifado para a produção; (15) gasto referente ao 13º salário do pessoal indireto da fábrica; (16) gasto com mão de obra da fábrica em um período de greve; (17) consumo de matéria-prima de produto específico; (18) apropriação dos gastos de mão de obra (inclusive encargos sociais) relativos ao pessoal da produção de uma linha específica; (19) depreciação de móveis e utensílios da área industrial; (20) gasto com fretes e carretos sobre produtos vendidos pela fábrica; (21) consumo de combustível dos veículos de entrega; (22) gasto com energia elétrica relativa às instalações industriais; (23) consumo de combustível de máquina de produção; (24) constituição de provisões para 13º e férias do pessoal de fábrica que trabalha com um produto específico; (25) gastos com pesquisas para o desenvolvimento de novos produtos; (26) danificação de matérias-primas em função de incêndio; (27) apropriação do seguro da fábrica à produção em determinado mês; (28) fretes de matéria-prima direta consumida na produção de determinado produto; (29) embalagem utilizada em produto no decorrer do processo de produção; (30) compra e aplicação de material isolante térmico no prédio da fábrica; (31) depreciação do prédio comercial da empresa; (32) desperdício de matérias-primas de produto específico em um processo normal de produção; (33) retiradas de insumo do almoxarifado para a utilização na fabricação de determinado produto; (34) consumo de água industrial por uma linha específica de produtos.

Pede-se classificar os itens em Dedução, Custo (MD, MOD, OCD ou CIF), Despesa, ou Investimento, destacando as Perdas. Posteriormente, classifique os gastos com custos e despesas como fixos ou variáveis.

[A3] A Mercantil Soares Ltda. apresentou os seguintes dados: (1) gasto com energia elétrica relativa ao escritório central; (2) gastos com propaganda; (3) honorários da administração da rede de lojas; (4) gastos com depreciação de móveis das lojas; (5) aquisição de fundo de comércio (luvas) para abertura de novo ponto de vendas; (6) compra de novo emissor de cupom fiscal; (7) deterioração de estoque de mercadorias por enchente; (8) tempo do pessoal remunerado em greve; (9) constituição de provisões para 13º e férias do pessoal da área comercial; (10) embalagem da loja utilizada em produto após o processo de produção; (11) salários e encargos de vendedores; (12) embalagens consumidas nas lojas; (13) transporte do pessoal da área administrativa; (14) perda de mercadorias em função de má estocagem; (15) apropriação de prêmio de seguro das instalações comerciais referente ao mês anterior; (16) gasto com combustível do pessoal de vendas; (17) gastos com encargos financeiros de empréstimo; (18) fretes de mercadorias compradas; (19) gastos com refeições do pessoal de vendas.

Pede-se classificar os itens em Dedução, Custo (MD, MOD, OCD ou CIF), Despesa, ou Investimento, destacando as Perdas. Posteriormente, classifique os gastos com custos e despesas como fixos ou variáveis.

Capítulo 3 • Os custos e a contabilidade gerencial

[A4] O Hospital Bom Samaritano apresentou as seguintes informações: (1) pintura rotineira da hotelaria hospitalar; (2) depreciação de móveis e utensílios da área comercial e administrativa; (3) consumo de materiais diversos da administração; (4) gastos com pessoal do faturamento; (5) ISS incorrido; (6) gastos com refeições do pessoal da contabilidade; (7) treinamento de funcionários para uso de novo equipamento; (8) gastos com supervisão médica (atendimento a pacientes); (9) reforma de equipamento cirúrgico que amplia sua vida útil; (10) gasto com manutenção dos computadores do setor financeiro; (11) apropriação de mão de obra e encargos sociais relativos ao pessoal do setor de recursos humanos; (12) gastos com depreciação de camas hospitalares; (13) gastos com pessoal do controle de qualidade ligado à Administração Geral; (14) gastos com pessoal da contabilidade geral (suporte à administração geral); (15) honorários da diretoria; (16) gasto com taxas sobre talões de cheques nos bancos; (17) gastos de alimentação de médicos e enfermeiros; (18) aquisição e instalação do computador da diretoria; (19) material de limpeza consumido pela hotelaria hospitalar; (20) compra de um veículo; (21) conta mensal de telefone da área comercial (SAC); (22) aquisição de lençóis e fronhas para a hotelaria hospitalar; (23) gastos com pessoal da limpeza da unidade de terapia intensiva; (24) apropriação do seguro da administração; (25) manutenção periódica de máquinas e equipamentos do hospital; (26) medicamentos consumidos; (27) lençóis lavados.

Pede-se classificar os itens em Dedução, Custo (MD, MOD, OCD ou CIF), Despesa, ou Investimento, destacando as Perdas. Posteriormente, classifique os gastos com custos e despesas como fixos ou variáveis.

[B1] Classifique em verdadeiro ou falso as afirmações a seguir:

a) Gastos fixos totais podem ser representados como constantes em relação aos volumes de produção e vendas.

b) Gastos fixos unitários costumam ser representados como crescentes em relação aos volumes de produção e vendas.

c) Gastos variáveis unitários costumam ser representados como crescentes em relação aos volumes de produção e vendas.

d) Gastos variáveis totais costumam ser representados como crescentes em relação aos volumes de produção e vendas.

e) Uma empresa tem um gasto fixo de $ 5.500,00, o preço (p) igual a três vezes o gasto variável, e vende X unidades. A função lucro L(X) pode ser apresentada como $L(X) = 3pX - (pX + 5.500)$.

f) Para obter lucro operacional, uma empresa precisa necessariamente ter mais receita que o custo fixo.

g) Para obter lucro operacional, uma empresa precisa necessariamente ter um preço pelo menos duas vezes maior que o custo variável.

h) Para obter lucro operacional, uma empresa precisa necessariamente ter pouco endividamento.

i) Para obter lucro operacional, uma empresa precisa necessariamente ter uma margem de contribuição total maior que o gasto fixo.

j) A Comercial Preço Baixo S.A. verificou que o preço de um produto é duas vezes o custo de compra C da mercadoria, sendo que a empresa paga impostos de 25% sobre a receita de vendas e seu custo fixo é 100 vezes o preço atual de venda. Para ter um lucro igual a $ 500, ela precisará vender $400 + 1.000/C$ unidades.

A Administração de Custos, Preços e Lucros • BRUNI

k) O preço de um produto é igual a duas vezes e meia o custo de compra C da mercadoria. A empresa paga impostos iguais a 18% da receita de vendas. Dado que seu custo fixo total é igual a 80 vezes o preço atual de venda, para não ter prejuízo operacional terá que vender, no mínimo, 191 unidades.

[B2] A Comercial de Água Mineral Gasosa Ltda. compra seus produtos a $ 3,00, revendendo-os por $ 5,00. Sabendo que a empresa apresenta gastos fixos operacionais desembolsáveis da ordem de $ 70,00 por mês, depreciações iguais a $ 20,00 e incorre em despesas financeiras mensais iguais a $ 30,00. Pede-se calcular os gastos totais, unitários e resultado total para a empresa, supondo um volume de comercialização em unidades por mês igual a: (a) 40; (b) 80; (c) 120.

[B3] A Companhia dos Doces Gulosos Ltda. verificou que seu volume de produção e vendas tem sido igual a 20 mil unidades por mês. Seu custo fixo mensal é igual a $ 60 mil e seu custo variável unitário é igual a $ 6,00. Pede-se: (a) Determine o preço mínimo a ser cobrado pela empresa para obter um resultado nulo (lucro igual a zero). (b) Sabendo que área financeira da empresa deseja um lucro igual a $ 40.000,00, calcule o preço a ser praticado pela empresa.

[B4] Classifique como fixos ou variáveis os gastos da Fábrica de Amaciantes Conforto Ltda., assim apresentados: consumo de matérias-primas = $ 10.000,00; conta de telefone = $ 500,00; salários e encargos dos funcionários industriais = $ 3.500,00; depreciação de equipamentos industriais = $ 2.000,00; depreciação de equipamentos administrativos = $ 4.000,00; compra de uma nova autoclave industrial = $ 50.000,00; consumo de embalagens = $ 8.000,00; fretes de entrega dos produtos = $ 12.000,00. Sabe-se que no período analisado a produção da empresa foi igual a 20.000 litros, comercializada a $ 2,50 por litro. Pede-se calcular: (a) os gastos variáveis unitários; (b) os gastos fixos totais. Adicionalmente, se a produção da empresa dobrar, calcule: (c) a variação percentual do lucro.

[B5] A cadeia de restaurantes Sabor da Velha Lisboa Ltda. está planejando a fabricação de um novo e especial tipo de espaguete para a sua rede de lojas espalhadas por todo o Nordeste do Brasil. Foram-lhe apresentadas duas alternativas para a produção das pastas representadas por uma máquina automática e uma semiautomática. Enquanto isso, os restaurantes costumam comprar seus espaguetes de fornecedores externos por $ 0,80 por quilo. Os gastos associados às máquinas semiautomática e automática são respectivamente estimados: custo fixo anual = $ 45,00 e $ 75,00; custo variável por unidade = $ 0,30 e $ 0,20. Pede-se: (a) Determinar para cada máquina o número anual mínimo de quilos de espaguete que se deve vender para que os custos totais anuais sejam iguais aos custos de compra de fornecedores externos. (b) Qual é a opção mais lucrativa para uma produção de 300 quilos por ano? (c) Qual é a opção mais lucrativa para uma produção de 600 quilos por ano? (d) Qual é o nível de produção em que o tipo de máquina automática produziria 15% mais lucro que a semiautomática?

[B6] A Radiolla Confecções atua no varejo popular e precisa determinar qual o ponto de equilíbrio da sua operação. Sabe-se que o preço médio de cada peça que comercializa é igual a $ 15,00,

Capítulo 3 • Os custos e a contabilidade gerencial

sobre o qual incide 17% de ICMS e 3% de comissões sobre vendas. Cada peça é comprada por $ 6,00, pagos ao fornecedor, mais $ 2,00 a título de seguro e frete da mercadoria. Atualmente, são comercializadas 1.400 peças por mês, em média. Os gastos fixos mensais associados à loja envolvem: aluguel = $ 800,00, juros = $ 200,00, salários e encargos = $ 2.400,00, condomínio, água, energia e telefone = $ 800,00. Os sócios investiram $ 12 mil na operação, esperando um retorno justo de 1% ao mês. Sabe-se que uma das suas peças mais vendidas, uma bermuda infantil de brim, chamou a atenção dos proprietários de um importante colégio da cidade, que propuseram comprar um grande lote da peça, com o objetivo de incorporarem ao fardamento distribuído para os seus alunos. Porém, o potencial comprador, após muita negociação, deixou claro que apenas faria a aquisição caso recebesse um desconto igual a 20% sobre o preço de venda. Qual deveria ser a decisão do dono da Radiolla Confecções? Admite-se nesta situação que não existiria a necessidade do pagamento da comissão sobre vendas.

[B7] A Companhia do Palito Gelado S.A. acabou de ser formada. Ela tem um processo patenteado que fará da empresa a única distribuidora do produto Abafabanca de Limão. Sabe-se que, durante o primeiro ano de atividades, a capacidade de sua fábrica será de 9.000 unidades anuais – quantidade que os diretores julgam poder vender. Os gastos da empresa são assim estimados: mão de obra direta = $ 3,00 por unidade; matéria-prima = $ 1,50 por unidade; outros gastos variáveis = $ 1,50 por unidade; gastos fixos = $ 36 mil por ano. Com base nos números fornecidos, pede-se determinar: (a) Qual deve ser o preço de venda do produto, para obter um lucro líquido de $ 30.000,00 no primeiro ano? (b) No fim do primeiro ano, a empresa desejará aumentar o seu volume de operação. Para aumentar a capacidade para 80.000 unidades, será preciso aumentar os gastos fixos anuais em $ 40.000,00. O lucro almejado é igual a $ 20.000,00 e, para tanto, precisarão ser investidos em publicidades outros $ 30.000,00. Quantas unidades a empresa precisará vender para realizar este lucro, se seu preço de venda por unidade for igual a $ 12,00?

[B8] Uma fábrica de computadores compra o componente eletrônico Tronic por $ 18,00. A empresa está estudando a possibilidade de montar o componente na própria empresa, gastando $ 7,00 por unidade a título de materiais diretos. Porém, caso opte pela fabricação própria, ampliará seus custos fixos industriais em cerca de $ 12.100,00 por mês. Analise a possibilidade da fabricação própria do componente sob o ponto de vista da Contabilidade Gerencial. A fabricação própria reduzirá os custos da empresa?

[B9] A rede de lojas Bolsas Douradas Ltda. opera uma grande cadeia de pontos comerciais alugados. As lojas vendem dez modelos de bolsas femininas, com preços de venda e custos de aquisição idênticos. A empresa está tentando descobrir se vale a pena abrir outra loja, que teria as seguintes informações: preço de venda = $ 10,00; custo de cada bolsa = $ 7,50; comissão dos vendedores = $ 0,50 por bolsa vendida. Os gastos fixos anuais envolvem: aluguel = $ 10 mil, salários = $ 12 mil; água, luz e telefone = $ 2 mil; outros gastos fixos = $ 5 mil. Com base nos números apresentados, pede-se: (a) A quantidade e o valor das vendas para um resultado nulo. (b) Se forem vendidas 10.000 bolsas por ano, qual será o resultado líquido da loja? (c) Se o gerente da loja receber $ 0,04 por bolsa vendida a título de comissão, qual será o novo ponto de equilíbrio em termos monetários e em unidades físicas? (d) Baseando-se nos dados originais, se o

A Administração de Custos, Preços e Lucros • BRUNI

pagamento de comissões do gerente for substituído por um valor fixo igual a $ 14.000,00, qual será o novo ponto de equilíbrio em termos monetários e em unidades?

[C1] Classifique em verdadeiro ou falso as afirmações a seguir:

a) A ideia de ponto de equilíbrio está associada a ganho nulo.

b) O ponto de equilíbrio contábil considera todos os gastos, incluindo depreciações.

c) O ponto de equilíbrio econômico costuma ser menor que o ponto de equilíbrio contábil.

d) O ponto de equilíbrio financeiro costuma ser menor que o ponto de equilíbrio contábil.

e) O aumento dos gastos fixos, mantidos os preços e os gastos variáveis inalterados, costuma elevar o ponto de equilíbrio.

f) O ponto de equilíbrio contábil independe das vendas isoladas de cada produto quando as margens de contribuição unitárias são iguais. Ela depende do total dos produtos vendidos.

g) O ponto de equilíbrio contábil é sempre dado em valor monetário toda vez que dividimos o gasto fixo pelo percentual de margem de contribuição unitária.

h) Quando uma empresa não apresentar gasto fixo significa que seu ponto de equilíbrio contábil é a margem de contribuição unitária.

[C2] Considerando os números do exercício sobre a Comercial de Água Mineral Gasosa Ltda., apresentado anteriormente neste capítulo, e sabendo que os sócios demandam um retorno mensal igual a $ 20,00, pede-se obter o ponto de equilíbrio mensal da empresa, considerando: (a) contábil em unidades; (b) financeiro em valor ($); (c) econômico em valor ($).

[C3] Pede-se obter o ponto de equilíbrio mensal da operação da Radiolla Confecções (apresentada em exercício anterior deste capítulo). Calcule em quantidade e em unidades monetárias. Considere o ponto de equilíbrio: (a) contábil; (b) financeiro; (c) econômico.

[C4] A Loja dos Brinquedos Educativos comercializa variados jogos de madeira. Os investimentos na operação alcançaram $ 300 mil, sendo 40% bancados pelos sócios que esperavam uma taxa de retorno ANUAL igual a 18%. Os demais recursos vieram de terceiros, com taxa de juros ANUAL igual a 12%. Os jogos apresentam custo igual a $ 17,00 e são vendidos por $ 30,00. Os gastos com aluguéis, salários e demais itens classificados como fixos e desembolsáveis são iguais a $ 7 mil por mês. Depreciações são estimadas em $ 1 mil mensais. A empresa paga 3% das vendas a título de comissão e outros 7% a título de impostos. Calcule o ponto de equilíbrio mensal da empresa, em unidades e em valor, considerando: (a) contábil; (b) financeiro; (c) econômico.

[C5] As empresas Abacaxi Azedo Ltda. e Abacate Amargo S.A. apresentam as respectivas informações: Preço de venda por unidade = $ 2,00 e $ 2,00; Custo variável por unidade = $ 0,40 e $ 1,20; Custo fixo por ano = $ 10 mil e $ 5 mil. Pede-se obter: (a) O ponto de equilíbrio contábil para cada empresa. (b) Os lucros de cada empresa com vendas 10% acima do ponto de equilíbrio. (c) Qual das empresas fica em melhor situação se as vendas caírem para 5.000 unidades? Por quê?

Capítulo 3 • Os custos e a contabilidade gerencial

[C6] A Supérfluos e Desnecessários Ltda. apresentou as seguintes informações referentes às suas operações do mês de outubro do ano passado, pressupondo-se que todas as unidades produzidas foram efetivamente vendidas: produção e vendas = 4.000 unidades; preço unitário = $ 20,00; material direto = $ 12.000,00; MOD = $ 8.000,00; custos indiretos variáveis da fábrica = $ 6.000,00; custos indiretos fixos da fábrica = $ 4.000,00; despesa fixa de aluguel do escritório = $ 8.000,00; despesa fixa de salários do escritório= $ 20.000,00; despesa fixa de publicidade e propaganda = $ 12.000,00.

Para o mês de novembro do ano anterior, a empresa estimava aumentar a produção (e as vendas) em 50%. Isto ocorrendo, o preço unitário de venda poderá ser reduzido para $ 15,00. Sabe-se que os custos e as despesas fixas não são alterados, e que os custos e as despesas variáveis se alteram na mesma proporção que a variação da produção.

Pede-se: (a) Construa a DRE (Demonstração do Resultado do Exercício), para o mês de outubro do mesmo ano, apurando, em $ mil, o resultado bruto e líquido; (b) O ponto de equilíbrio contábil em unidades para outubro do mesmo ano; (c) Elabore a demonstração do resultado do exercício para o mês de novembro apurando o resultado bruto e líquido (em $ mil); (d) O ponto de equilíbrio, em quantidade e em unidades monetárias, para o mês de novembro.

[C7] Um grupo de investidores está pensando em construir a pousada Refúgio da Lua no litoral norte no Estado da Paraíba. O empreendimento terá 20 quartos iguais e os gastos necessários para o empreendimento envolvem: construção do imóvel da pousada = $ 240.000,00 (vida útil estimada em 10 anos); aquisição de móveis = $ 48.000,00 (vida útil estimada em 10 anos); aquisição de utensílios e equipamentos diversos = $ 12.000,00 (vida útil estimada em 5 anos).

Para poder operar o empreendimento, a empresa prevê a contração da seguinte relação de funcionários, com a respectiva quantidade e o respectivo salário-base mensal unitário: Gerente = 01, $ 400,00; Camareiras = 02, $ 280,00; Cozinheiro = 01, $ 300,00; Ajudantes gerais = 03, $ 250,00; Auxiliar administrativo = 01, $ 300,00. Sobre os salários-base, a empresa calcula a necessidade de provisionar 110% a título de encargos e benefícios sociais.

Outros gastos mensais associados ao empreendimento são: conta de água = $ 200,00, conta de energia elétrica = $ 200,00, IPTU = $ 100,00, manutenções diversas = $ 300,00, consultor de gestão = $ 240,00, gastos diversos = $ 160,00.

Além de todos os gastos mencionados, é preciso considerar os custos com o serviço de café da manhã, iguais a $ 8,00 por diária vendida, e o pagamento de comissões sobre vendas para agências de viagens da ordem de 20% do valor da diária. Para o cálculo da taxa de ocupação e das receitas, prevê-se que o empreendimento será operado, em média, 30 dias por mês, com uma taxa média de ocupação igual a 80% e uma diária de balcão igual a $ 80,00.

Pede-se: (a) Quais os valores dos gastos fixos e variáveis mensais associados ao empreendimento? (b) Qual o resultado mensal previsto para o empreendimento? (c) Mantendo-se todos os demais dados inalterados, qual a taxa de ocupação mínima para assegurar a lucratividade do empreendimento (ponto de equilíbrio expresso sob a forma de taxa de ocupação)?

[C8] A Banca de Impressos Fornecedora de Cultura Ilimitada foi montada por Sérgio Gerador com o objetivo de fornecer uma complementação de renda para a sua família. O negócio, estruturado de forma muito simples, consistia em uma pequena banca de jornais, revistas e doces, instalada em uma importante avenida de Belo Horizonte, Minas Gerais.

A Administração de Custos, Preços e Lucros • BRUNI

Os investimentos necessários à operação envolveram a aquisição do ponto comercial, no valor de $ 2.000,00 (neste caso, o empresário considera um investimento sem depreciação, já que pode ser vendido no futuro), do equipamento no valor de $ 7.200,00 (que corresponde à estrutura metálica da própria banca de revistas, com vida útil igual a dez anos) mais capital de giro no valor de $ 800,00 (para abastecer a banca com produtos de bomboniere, além de permitir a manutenção de um saldo médio de caixa para o pagamento de pequenas despesas e o fornecimento de troco para clientes). Sobre os investimentos feitos, Sérgio Gerador gostaria de auferir uma rentabilidade igual a 2% a.m.

Os gastos periódicos associados ao empreendimento envolvem uma taxa de licenciamento mensal igual a $ 30,00, uma conta de energia elétrica mensal no valor de $ 15,00, salário mensal de um funcionário no valor de $ 300,00, além de encargos sobre salário com um percentual de 80%.

O empreendimento comercializará revistas, jornais e artigos de bomboniere, que apresentam margens de contribuição diferenciadas, bem como participações desiguais nas vendas da empresa. Os números a seguir trazem as categorias de produtos, seguidas da margem de contribuição e percentual nas vendas, respectivamente: revistas = 25% e 36%, jornais = 15% e 54%, artigos de bomboniere = 50% e 10%. Com base nas informações fornecidas, pede-se calcular para a empresa o seu ponto de equilíbrio em unidades monetárias: (a) contábil; (b) econômico; (c) financeiro.

[D1] Classifique em verdadeiro ou falso as afirmações a seguir:

a) O conceito de margem de segurança geralmente expressa vendas acima do ponto de equilíbrio;

b) A margem de segurança pode ser apresentada de três diferentes formas.

c) Se determinado gasto aumentar, mantidos o preço e os demais gastos constantes, é possível que a margem de segurança aumente.

d) A margem de segurança percentual indica o percentual das vendas acima do ponto de equilíbrio que podem ser perdidas sem ocasionar prejuízo.

[D2] Uma empresa comercial compra determinada mercadoria por $ 40,00 e a revende por $ 80,00. Sobre o preço de venda, a empresa considera a existência de impostos iguais a 17% e comissões iguais a 8%. Gastos fixos com aluguel, salário, condomínio e diversos são iguais a $ 1.800,00 por mês. Calcule o ponto de equilíbrio contábil da empresa: (a) em quantidade; (b) em unidades monetárias. Suponha, agora, que a empresa compre e venda 120 unidades em um mês. Calcule, nesta situação, as margens de segurança: (c) em unidades; (d) em $; (e) em %.

[D3] Uma pequena loja de cartões postais compra uma centena de cartões por $ 40,00, vendendo-os a $ 1,00 por unidade. Os gastos fixos da loja são iguais a $ 1.000,00 por mês e os vendedores, além dos salários já incluídos nos gastos fixos, recebem 10% de comissão sobre vendas. Pede-se: (a) Qual a margem de contribuição unitária da empresa? (b) Qual o ponto de equilíbrio contábil mensal da empresa em unidades vendidas? Sabendo que a empresa vende 2.800 cartões por mês, calcule as margens de segurança da operação. Considere as margens: (c) em unidades; (d) em $; (e) em %.

78

Capítulo 3 • Os custos e a contabilidade gerencial

[D4] Uma pequena pousada costuma cobrar uma diária igual a $ 60,00. Sabe-se que os gastos fixos anuais associados à operação da pousada são iguais a $ 24.000,00. Gastos variáveis associados ao consumo de energia elétrica do ar-condicionado e chuveiros dos quartos, café da manhã e lavagem de toalhas e lençóis são iguais a $ 8,00 por diária. Para poder vender os seus pacotes de diárias e hospedagens, a pousada paga comissões sobre o preço de vendas iguais a 10%. Pede-se obter: (a) o ponto de equilíbrio contábil em diárias por ano; (b) o lucro anual da operação, caso a empresa venda 800 diárias por ano; (c) a margem de segurança percentual da operação.

[D5] A fábrica de salsichas Hot Dog produz e comercializa seus produtos em unidades uniformes contendo sempre 1 kg. A empresa apresentou os seguintes números no mês passado: matéria-prima consumida = $ 70 mil, aquisição de nova autoclave industrial no fim do mês = $ 100 mil, volume produzido mensalmente em kg = 200 mil, gastos variáveis com mão de obra direta = $ 40 mil, embalagens consumidas = $ 20 mil, preço praticado por kg = $ 1,00, depreciação de equipamentos industriais ao longo do mês = $ 30 mil, outros custos indiretos (todos fixos) = $ 10 mil. De forma peculiar, sabe-se que os gastos destacados com mão de obra ($ 40.000,00) são assumidos como variáveis pela empresa. Com base nos valores fornecidos, pede-se: (a) Qual o ponto de equilíbrio contábil em quantidade e em unidades monetárias da empresa? (b) Qual margem de segurança percentual da empresa?

[E1] Classifique em verdadeiro ou falso as afirmações a seguir: (a) A alavancagem operacional analisa, essencialmente, o efeito associado aos gastos fixos operacionais; (b) A alavancagem financeira analisa, essencialmente, o efeito incremental associado aos gastos fixos operacionais e financeiros; (c) A alavancagem combinada analisa, essencialmente, o efeito conjunto associado aos gastos fixos operacionais e financeiros; (d) Um grau de alavancagem financeira igual a um indica custo fixo operacional nulo; (e) Quando o grau de alavancagem financeira de determinada empresa é igual a zero, esta empresa não paga juros.

[E2] A Comercial Tiro Liro consiste em uma tradicional loja de artefatos de cozinha, situada na cidade de Vitória – ES. A empresa costuma comprar seus produtos por um custo médio igual a $ 20,00, aplicando uma taxa de marcação igual a 1,50 para a formação dos seus preços. Atualmente, a empresa vende uma média de 20.000 unidades por mês. Sobre o preço de venda, a empresa considera o pagamento de impostos (ICMS) com uma alíquota igual a 10% (líquida, já considerando eventuais créditos fiscais). Os gastos fixos mensais da loja alcançam $ 90.000,00, o que inclui aluguel do ponto de venda, salários, encargos, energia elétrica, água e outros. Atualmente, a empresa possui um empréstimo de $ 100.000,00, sobre o qual paga 1% a. m. a título de juros. Caso o número de unidades vendidas aumente em 15%, calcule para a empresa seus graus de alavancagem: (a) operacional; (b) financeira; (c) combinada.

[F1] Classifique em verdadeiro (V) ou falso (F) as afirmações apresentadas a seguir:

a) Comissões sobre vendas costumam ser gastos variáveis.

b) Gastos variáveis unitários são reduzidos em função do aumento do volume de produção.

c) Um empresário sente-se confortável quando opera no ponto de equilíbrio contábil.

A Administração de Custos, Preços e Lucros • BRUNI

d) Os gastos fixos unitários são reduzidos em função do aumento dos volumes de produção e vendas.

e) A economia de escala é caracterizada pela redução do gasto fixo total em função do aumento de produção.

f) Costuma-se assumir que, no longo prazo, todos os gastos fixos se tornam unitários.

g) Depreciação costuma ser um gasto fixo.

h) Margem de contribuição representa o conceito de receitas menos gastos fixos.

i) Uma empresa vende 1.000 unidades de um único produto por $ 8,00, registrando margem de contribuição unitária igual a $ 6,00 e lucro total igual a $ 2.000,00. Caso a venda dobre, pode-se dizer que o lucro aumentará em 300%.

j) Em relação ao exemplo anterior, pode-se dizer que os gastos fixos são iguais a $ 5.000,00.

k) Em relação ao exemplo anterior, uma redução de 50% nas vendas em relação à situação original ocasionará um prejuízo igual a $ 2,00 por unidade.

l) A fábrica de bonés Cuca Fresca Ltda. verificou que seus custos fixos mensais são iguais a $ 400 mil. Os preços de venda dos bonés são sempre iguais a $ 6,50. Os gastos variáveis alcançam $ 800,00 para lotes formados por 200 unidades. Pode-se dizer que o ponto de equilíbrio contábil da empresa é igual a 160 mil unidades.

m) Em relação aos dados da fábrica de bonés Cuca Fresca Ltda., a margem de contribuição unitária da empresa é igual a $ 1,50.

n) Uma pequena fábrica de pranchas de surfe verificou que o custo fixo anual de operação da fábrica era igual a $ 1.500,00. O custo unitário variável por prancha era de $ 100,00. Sabendo que a empresa pensa em praticar um preço igual a $ 200,00, pode-se dizer que o ponto de equilíbrio anual da empresa é igual a 75 unidades.

o) Um pequeno varejista de camisetas tem custos fixos operacionais de $ 30.000,00 anuais, seu preço de venda por unidade é de $ 15,00 e seus custos variáveis são de $ 10,00 por unidade. Pode-se dizer que a margem de contribuição unitária é de $ 10,00.

p) Em relação ao enunciado anterior, pode-se dizer que ponto de equilíbrio contábil da empresa é atingido em 600 unidades.

[F2] Em outubro do ano passado, a dupla de empreendedores Paulo Pensativo e Carolina Realizadora, um casal de engenheiros recém-formados, resolveu abrir um pequeno negócio destinado à confecção de cartões de visita e pequenos panfletos. O negócio consistia na abertura de um pequeno ponto comercial, onde os pedidos seriam feitos, o *layout* do cartão ou panfleto seria elaborado e finalizado e as encomendas, depois de impressas, poderiam ser retiradas. Para isso, pensavam em alugar uma pequena loja em um dos vários shoppings de bairro existentes na cidade de Sapucaia do Sul, onde instalariam a empresa.

A principal vantagem competitiva do negócio residiria no fato de executarem os serviços em uma gráfica em São Paulo que, em função da larga escala de produção que conseguia manter, praticava preços dos serviços de impressão muito mais baixos que os potenciais concorrentes de Sapucaia do Sul. Os sócios estimavam que os lotes comercializados com 1.000 cartões ou folhetos seriam vendidos por $ 100,00, valor bem inferior aos $ 150,00 cobrados, em média, pela concorrência.

Capítulo 3 • Os custos e a contabilidade gerencial

Alguns dados previstos para o empreendimento estão assim apresentados: aquisição de dois microcomputadores, com vida útil igual a dois anos = $ 2.400,00; aquisição de móveis e utensílios diversos, com vida útil igual a cinco anos= $ 24.000,00; comissão sobre vendas = 10% das vendas; salários mensais de funcionários (devem-se acrescentar 80% a título de encargos) = $ 800,00; contas mensais de água, energia elétrica e telefone = $ 600,00; outros gastos fixos mensais = $ 1.000,00; custo da impressão do lote de cartões ou folhetos (inclui frete) = $ 50,00.

Para poder instalar a empresa, duas alternativas para locação estão disponíveis: (I) Shopping Gaivota: loja com aluguel fixo igual a $ 800,00 por mês; (II) Shopping Beira Rio: loja com aluguel fixo igual a $ 300,00 por mês, mais 2% sobre as vendas.

Sabendo que os sócios preveem a comercialização de 105 lotes de cartões por mês, determine com base nos pontos de equilíbrio contábil de cada alternativa de locação: (a) Qual seria a melhor opção para a abertura do empreendimento? (b) Calcule os limites entre os quais cada uma das alternativas disponíveis apresenta-se como a que apresenta maior lucro. Lembre-se de que os empresários desejam ter uma operação lucrativa.

[F3] A Fábrica de Cera D'Abelha Ltda. foi criada no início do ano passado. Seus produtos aproveitavam a grande demanda por bens "politicamente corretos", sendo feitos com ingredientes 100% naturais, muitos dos quais adquiridos de reservas indígenas extrativistas da Amazônia, devidamente autorizadas por entidades reguladoras brasileiras.

A indústria possuía capacidade anual instalada para produção e venda de 80.000 unidades da Cera Brilha Brilhante. Para a criação da empresa, foram necessários os seguintes investimentos (em $ mil), 90% financiados com recursos dos sócios e o restante com capital de terceiros (com taxa de juros igual a 12% ao ano): prédio da fábrica (com vida útil de 20 anos) = $ 400; equipamentos industriais (com vida útil de 10 anos) = $ 300; utensílios fabris diversos (com vida útil de 5 anos) = $ 100.

Durante o seu primeiro ano de atividades, a empresa produziu 40 mil unidades e incorreu em alguns gastos (em $ mil): aquisição de matérias-primas (o consumo foi de apenas 60%) = $ 200; embalagens (consumo igual a 80%) = $ 80; salários industriais fixos = $ 66; outros custos indiretos (fixos) = $ 24; conta de telefone anual da área administrativa = $ 10; salários de funcionários administrativos e comerciais = $ 16, juros (que precisam ser calculados). A empresa pratica um preço de venda unitário igual a $ 10.

Parte I. Considerando os números apresentados, calcule: (a) gasto fixo total; (b) gasto variável unitário; (c) margem de contribuição unitária; (d) resultado total.

Parte II. Considerando a análise custo, volume, lucro, calcule o resultado projetado para a operação supondo os volumes de produção anuais (em mil unidades) apresentados a seguir: (a) 10; (b) 30; (c) 70.

Parte III. Em relação aos investimentos feitos na empesa, os sócios demandam um retorno justo igual a 14% ao ano. Considerando os conceitos sobre ponto de equilíbrio, calcule: (a) PECq; (b) PEF$; (c) PEEq.

Parte IV. Assumindo uma venda de 40 mil unidades anuais e considerando as margens de segurança, calcule: (a) MSq; (b) MS$; (c) MS%.

Parte V. Assumindo uma venda de 40 mil unidades e supondo variações de 20% (positiva e negativa), calcule os graus de alavancagem: (a) Gao; (b) Gaf; (c) GAc.

A Administração de Custos, Preços e Lucros • BRUNI

Parte VI. Suponha que, no seu primeiro ano, a empresa tenha produzido 40.000 unidades comercializadas a $ 10,00 por unidade. Também suponha que, no início deste mesmo ano, uma grande rede europeia de supermercados, com lojas apenas na França e na Inglaterra, se propôs a importar anualmente 20.000 unidades dos produtos da empresa em um contrato de cinco anos. As vendas seriam totalmente adicionais. Porém, não aceitaria pagar mais que $ 6,00 por unidade – valor que poderia ser ajustado durante a vigência do contrato em função de alterações de preços dos insumos produtivos. Se você fosse diretor financeiro da empresa, qual deveria ser a sua decisão: assinar ou não o contrato?

4 Os custos e seus componentes

Assista à **videoaula**

> "Se seus sonhos estiverem nas nuvens, não se preocupe, pois eles estão no lugar certo; agora construa os alicerces."
>
> **Anônimo**

4.1 Objetivos de aprendizagem

A contabilidade financeira preocupa-se com a incorporação no valor dos estoques de todos os recursos consumidos com a produção e que podem ser apresentados, segundo a sua natureza, em quatro grandes grupos: materiais diretos, mão de obra direta, outros custos diretos e custos indiretos.

Os materiais diretos representam os gastos com matéria-prima e embalagem, mensurados de forma objetiva em relação aos diferentes produtos fabricados. A análise dos gastos com materiais diretos envolve tópicos relativos a avaliação, programação e controle.

Gastos com mão de obra direta representam o esforço produtivo dos funcionários da produção, mensurada de forma objetiva. No Brasil, devem ser analisados de forma peculiar em função da relevância dos encargos e benefícios sobre folha de pagamento.

Os outros custos diretos correspondem a consumos produtivos, objetivos ou específicos, não associados a materiais ou a mão de obra.

Custos indiretos representam todos os demais gastos produtivos, não incluídos na relação de materiais diretos ou mão de obra direta. São gastos sem mensuração objetiva e específica. A sua associação aos diferentes produtos ou serviços costuma ser um dos mais importantes desafios da gestão de custos.

Este capítulo preocupa-se em apresentar cada um dos componentes dos custos, discutindo os principais tópicos associados à sua gestão, ao seu registro e controle. Os seus objetivos de aprendizagem envolvem:

- Compreender a apuração de custos com materiais diretos;
- Analisar os aspectos relativos à avaliação de estoques;
- Estudar os custos associados à gestão de estoques com ressuprimentos periódicos;

A Administração de Custos, Preços e Lucros • BRUNI

- Calcular custo com mão de obra direta;
- Tratar os procedimentos relativos à apuração e ao rateio de custos indiretos.

4.2 Os três ingredientes dos custos

Custos contábeis representam todos os valores consumidos na elaboração de um produto ou na prestação de um serviço. Por outro lado, despesas correspondem a recursos consumidos no tempo para a obtenção de receitas. Em linhas gerais, custos representam consumos para estoques, enquanto despesas representam consumos no tempo.

Quando analisados na contabilidade financeira, os custos podem ser apresentados na forma de três componentes principais, representados pelos materiais diretos, mão de obra direta e custos indiretos de fabricação, apresentados na Figura 4.1.

MD **Materiais** **Diretos** Matéria-prima Embalagem	MOD **Mão de obra Direta** Mensurada e identificada de forma direta	OCD **Outros Custos** **Diretos** Objetivos, sem ser MD ou MOD	CIF **Custos Indiretos** Custos que não são MD nem MOD

Figura 4.1 Componentes contábeis dos custos.

Em relação aos quatro componentes, os custos diretos são aqueles associados à produção de forma objetiva, sem subjetividades ou "regras de três". Podem envolver materiais, mão de obra ou outros custos diretos.

Tradicionalmente, materiais diretos representam os gastos com matéria-prima ou embalagem associados a cada um dos produtos fabricados. Em serviços, correspondem aos materiais consumidos de forma objetiva em cada um dos serviços prestados. Em operações comerciais, correspondem às mercadorias adquiridas para a posterior revenda.

Por outro lado, a mão de obra direta corresponde ao esforço do trabalho produtivo, associado aos diferentes produtos ou serviços de forma objetiva. Por objetiva entende-se que o esforço foi associado de forma específica. Por exemplo, as horas de um funcionário da área industrial associadas a uma determinada ordem de produção ou as horas de um médico ou enfermeiro associadas a um determinado procedimento. Quando a associação não é objetiva, como o salário de um gerente industrial, por exemplo, estes gastos devem estar associados aos custos indiretos.

Os custos indiretos, por sua vez, correspondem aos gastos não identificados de forma objetiva a um produto ou serviço específico. Por tradição, costumam ser apresentados como custos indiretos de fabricação, CIF, mesmo em operações de serviços. Por serem indiretos, apresentam um desafio para a contabilidade de custos: como devem ser associados aos diferentes produtos ou serviços comercializados. Os

Capítulo 4 • Os custos e seus componentes

mecanismos de divisão ou de rateio de custos indiretos são sempre um desafio para o processo de gestão de custos.

Cada um dos componentes contábeis dos custos está apresentado a seguir.

4.3 Material direto

O material direto, ou, simplesmente, MD, é formado por matérias-primas, embalagens, componentes adquiridos prontos e outros materiais utilizados no processo de fabricação, que podem ser associados diretamente aos produtos.

De modo geral,[1] a gestão de materiais diretos por uma determinada empresa costuma envolver problemas relacionados a três campos: avaliação – qual o montante a atribuir quando várias unidades são compradas por preços diferentes, como contabilizar sucatas etc.; controle – como distribuir as funções de compra, pedido, recepção e uso, como organizar o "kardex" de controle, como inspecionar para verificar o efetivo consumo; programação – quanto comprar, como comprar, fixação de lotes econômicos de aquisição, definição de estoques mínimos de segurança etc.

Em relação ao primeiro campo, avaliação de materiais diretos, destaca-se a existência de, basicamente, dois sistemas para controle de estoques:

- **Sistema de inventário periódico:** quando a empresa não mantém um controle contínuo dos estoques. O consumo só pode ser verificado após os inventários (contagem física dos estoques), em geral quando do fechamento do Balanço Patrimonial, e posterior avaliação de acordo com critérios legais. O consumo pode ser calculado em uma empresa industrial mediante o emprego da seguinte equação:

> **Consumo de material direto = Estoque Inicial + Compras – Estoque Final**

- **Sistema de inventário permanente:** existe o controle contínuo da movimentação do estoque. Solicitações de produção e vendas são controladas individualmente. Estoque e CPV podem ser calculados em qualquer momento pela contabilidade. Periodicamente, a contagem física pode ser feita para fins de auditoria e controle interno. Encontrando eventuais sobras ou faltas, novos ajustes devem ser feitos nos registros contábeis.

Para uma empresa que aplica um sistema de inventário permanente, a apuração dos custos pode ser feita pela contagem e tabulação das requisições ao estoque ou almoxarifado. Porém, uma empresa que controla seus estoques por meio de inventários periódicos precisará aplicar a equação anterior.

---

[1] Martins (1998, p. 125).

85

A Administração de Custos, Preços e Lucros • BRUNI

Por exemplo, se a fábrica de fogões Aquece Bem Ltda., que aplica um sistema de controle periódico de estoques, desejasse estudar o custo dos materiais diretos empregados nos fogões fabricados, precisaria fazê-lo empregando a equação. Sabe-se que suas compras de materiais diretos no período foram iguais a $ 50.000,00, seu estoque final era igual a $ 20.000,00 e o estoque inicial foi igual a $ 30.000,00.

Neste caso, o custo com materiais diretos seria igual ao consumo de materiais diretos pelo processo produtivo, ou:

Consumo de material direto = Estoque Inicial + Compras – Estoque Final

Consumo de material direto = 30.000,00 + 50.000,00 – 20.000,00 = $ 60.000,00

Ou seja, o consumo de materiais, parcela agregada ao custo dos produtos em elaboração (ou produtos em processo), foi igual a $ 60.000,00.

Analisando as transferências de custos da empresa, tem-se que os gastos com materiais diretos são incorporados à conta de produtos em processo, onde são agregados gastos com mão de obra direta e demais custos indiretos de fabricação. Os gastos agregados aos produtos em processo são genericamente denominados de custo fabril.

Quando os produtos em processo são finalizados, estes, assim como os seus custos, são transferidos para a conta de produtos elaborados. Quando os produtos elaborados são vendidos, deixam o Balanço Patrimonial, onde figuravam como Estoques de Produtos Acabados, e passam a fazer parte da conta Custo dos Produtos Vendidos, presente no Demonstrativo de Resultado do Exercício.

Outra forma didática[2] de representar a movimentação dos custos da empresa pode ser visto na Figura 4.2. Através das três *caixas* apresentadas como Materiais diretos, Produtos em Processo e Produtos Acabados, pode-se perceber o processo de migração dos custos através de diferentes grupos de contas contábeis.

Por exemplo, para controlar os seus custos incorridos, uma empresa apurou que suas compras de materiais diretos haviam sido iguais a $ 800,00, para um estoque inicial igual a $ 200,00 e um estoque final igual a $ 150,00. O custo com materiais diretos encontra-se representado no primeiro quadro da Figura 4.2. Seu valor totalizou $ 850,00.

Aos custos com materiais diretos transferidos para a conta de produtos em processo foram agregados mais alguns gastos, presentes no custo fabril e no valor de $ 1.150,00. A conta de produtos em processo apresentava um saldo inicial no valor de $ 300,00 e um saldo final no valor de $ 350,00. O valor dos custos com produtos em processo, finalizados e transferidos para a conta de produtos acabados, alcançou $ 1.950,00.

---

[2] Embora leitores ou alunos com formação contábil talvez prefiram usar os razonetes na escrituração e acumulação dos custos, outros alunos ou leitores com formação mais genérica podem ter certa dificuldade no uso dos razonetes. Como o objetivo deste livro consiste em ilustrar o processo da *gestão* de custos e formação de preços, os autores optaram por evitar a escrituração em razonetes. Explanações acerca do uso de razonetes e das proposições do frade Lucca Paccioli, acompanhadas de exemplos didáticos simples e exercícios diversos, podem ser vistas em outra obra da série *Desvendado as finanças*, de BRUNI, A. L.; FAMÁ, R. *A contabilidade empresarial*. São Paulo: Atlas, 2005.

Capítulo 4 • Os custos e seus componentes

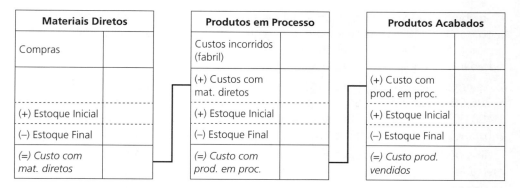

Figura 4.2 Interpretação das transferências de custos.

A conta de estoques de produtos acabados possuía um saldo inicial no valor de $ 600,00 e um saldo final igual a $ 300,00. Após serem computados os $ 1.950,00 recebidos da conta Produtos em Processo, deduz-se que o Custo dos Produtos Vendidos da empresa foi igual a $ 2.250,00.

As transferências e o processo de formação dos custos estão ilustrados na figura abaixo.

Materiais Diretos	
Compras	800,00
(+) Estoque Inicial	200,00
(−) Estoque Final	(150,00)
(=) Custo com mat. diretos	850,00

Produtos em Processo	
Custos incorridos (fabril)	1.150,00
(+) Custos com mat. diretos	850,00
(+) Estoque Inicial	300,00
(−) Estoque Final	(350,00)
(=) Custo com prod. em proc.	1.950,00

Produtos Acabados	
(+) Custo com prod. em proc.	1.950,00
(+) Estoque Inicial	600,00
(−) Estoque Final	(300,00)
(=) Custo prod. vendidos	2.250,00

A questão da avaliação dos estoques

No inventário permanente, a conta Mercadorias representa, a cada momento, o valor das mercadorias em estoque, existindo um contínuo acompanhamento das operações de compra e venda. Quando os preços unitários de compra e venda são uniformes, este controle é razoavelmente simples. Porém, quando existem alterações nos preços de compra e venda, a complexidade da operação de controle aumenta.

A Administração de Custos, Preços e Lucros • BRUNI

Imagine, por exemplo, que uma loja de móveis tenha comprado um conjunto estofado por $ 200,00. Uma semana depois, comprou outra unidade, exatamente igual à anterior, por $ 300,00. Posteriormente, vendeu uma unidade por $ 400,00. Qual teria sido o lucro do lojista nesta operação?

Se empregasse o primeiro custo, o seu resultado seria igual a $ 400,00 – $ 200,00 = $ 200,00. Caso empregasse o custo da segunda aquisição, o resultado seria igual a $ 400,00 – $ 300,00 = $ 100,00. Assim, a apuração dos custos e resultados dependerá substancialmente do critério empregado na apuração e controle de estoques.

Três podem ser os critérios empregados na apuração de custos com operações de mercadorias:

- **UEPS:** último a entrar, primeiro a sair, ou, em inglês, LIFO, *last in, first out*. O custo a ser contabilizado em decorrência de consumo no processo produtivo é feito *"da frente para trás"*. São baixados, em primeiro lugar, os materiais diretos adquiridos mais recentemente e, depois, os mais antigos, nesta ordem. A legislação fiscal brasileira não permite o emprego deste critério em decorrência da "antecipação" dos benefícios fiscais, decorrentes do cálculo de custos maiores, especialmente em épocas de altas taxas de inflação.

- **PEPS:** primeiro a entrar, primeiro a sair, ou, em inglês, FIFO, *first in, first out*. O custo a ser contabilizado em decorrência de consumo no processo produtivo é feito *"de trás para a frente"*. São baixados, em primeiro lugar, os materiais diretos adquiridos há mais tempo e, depois, os mais novos, nesta ordem.

- **Custo Médio Ponderado:** pode ser móvel ou fixo. O custo a ser contabilizado representa uma média dos custos de aquisição.

Algumas das vantagens e desvantagens de cada um dos métodos poderiam ser descritas na Figura 4.3, especialmente em períodos de alta inflação, com preços e custos ascendentes.

Método	Estoque	Lucro	Imposto de Renda	Fluxo de Caixa
UEPS	Menos estoque	Menos lucro	Menor	Maior
Custo Médio	Equilíbrio entre UEPS e PEPS	Equilíbrio entre UEPS e PEPS	Intermediário	Intermediário
PEPS	Mais estoque	Mais lucro	Maior	Menor

Figura 4.3 Comparação entre os diferentes métodos.

Um exemplo simples que revela o efeito dos diferentes métodos de composição de custos sobre estoques e lucros pode ser dado pela Aroma Comércio de Perfumes

Capítulo 4 • Os custos e seus componentes

Importados Ltda. As últimas compras da empresa do produto Perfume Saara podem ser vistas na tabela seguinte.

Mês	Compra de uma unidade por
Fevereiro	$ 20,00
Junho	$ 30,00
Julho	$ 40,00

Porém, em agosto, o fornecedor havia informado à empresa que, em função de uma oscilação no câmbio, o custo do produto teria sido reajustado para $ 50,00.

Sabendo que em setembro uma única unidade do Perfume Saara foi vendida à vista por $ 45,00, pede-se para calcular o valor do custo da mercadoria vendida, o resultado líquido da transação e o valor do estoque remanescente para a empresa, empregando os critérios PEPS, UEPS e Custo Médio. Deve-se considerar o pagamento de Imposto de Renda no valor de 20% do Resultado.

Independentemente do critério empregado para a formação do custo, sabe-se que o fluxo de caixa da empresa será sempre igual aos $ 45,00, recebidos da venda à vista, deduzidos do valor pago ao Imposto de Renda.

Caso a empresa optasse pelo uso do critério PEPS, primeiro a entrar, primeiro a sair, o custo seria o do produto mais antigo. No caso, $ 20,00. Assim, o lucro bruto seria igual a $ 45,00 – $ 20,00 = $ 25,00. O Imposto de Renda a ser pago seria igual a 20% de $ 25,00, igual a $ 5,00. O resultado líquido seria igual a $ 25,00 – $ 5,00 = $ 20,00. O estoque contabilizado corresponderia à soma das duas unidades remanescentes: $ 30,00 + $ 40,00, valor total igual a $ 70,00.

O uso do critério UEPS envolveria a consideração do custo do produto mais recente, no valor de $ 40,00. O resultado bruto seria igual a $ 45,00 – $ 40,00, igual a $ 5,00. O Imposto de Renda pago seria igual a 20% de $ 5,00, ou $ 1,00. O lucro líquido corresponderia a $ 5,00 – $ 1,00 = $ 4,00. O estoque contabilizado seria igual à soma das duas unidades remanescentes, ou $ 20,00 + $ 30,00 = $ 50,00.

O emprego do custo médio, como o nome sugere, indica o cálculo com valores intermediários. Por exemplo, o custo corresponderia a uma média ponderada das três unidades: ($ 20,00 + $ 30,00 + $ 40,00) / 3 = $ 30,00. O resultado bruto corresponderia a $ 45,00 – $ 30,00, ou $ 15,00. O valor do Imposto de Renda corresponderia a 20% de $ 15,00 ou $ 3,00 e o resultado líquido seria igual a $ 15,00 – $ 3,00, ou $ 12,00.

Um resumo dos diferentes valores obtidos pode ser visto na figura seguinte.

A Administração de Custos, Preços e Lucros • BRUNI

Método	PEPS	UEPS	Custo Médio
Demonstração de Resultado do Exercício			
Receita	45,00	45,00	45,00
(–) CMV	(20,00)	(40,00)	(30,00)
(=) Resultado bruto	25,00	5,00	15,00
(–) IR	(5,00)	(1,00)	(3,00)
(=) Resultado líquido	20,00	4,00	12,00
Balanço Patrimonial			
Estoque no final do período	70,00	50,00	60,00

Assim, um leigo na análise dos números contábeis seria tentado a achar que o melhor critério para a apuração dos números seria o PEPS, que fornece o maior dos lucros.

Porém, uma análise mais cuidadosa revelaria que um maior lucro também estaria associado a um maior desembolso com o Imposto de Renda. Assim, a análise do fluxo de caixa seria essencial para a escolha do melhor método.

A construção do fluxo de caixa deveria levar em consideração o recebimento à vista das receitas, deduzido do pagamento do Imposto de Renda (supondo que os estoques já estejam integralmente pagos). Desta forma, o movimento de caixa associado a cada um dos critérios pode ser visto na tabela seguinte.

Método	PEPS	UEPS	Custo Médio
Fluxo de Caixa			
Recebimentos	45,00	45,00	45,00
(–) Desembolsos	(5,00)	(1,00)	(3,00)
(=) Movimento de caixa	40,00	44,00	42,00

Da tabela anterior pode-se constatar:

a) para o método PEPS: o fluxo de caixa seria igual a $ 45,00 – $ 5,00 = $ 40,00;

b) para o método UEPS: o fluxo de caixa seria igual a $ 45,00 – $ 1,00 = $ 44,00;

c) para o método Custo Médio: o fluxo de caixa corresponderia a $ 45,00 – $ 3,00 = $ 42,00.

Percebe-se que o grande e significativo efeito decorrente do uso de um dos critérios mencionados diz respeito ao impacto sobre o movimento ou fluxo de caixa decorrente do pagamento de Imposto de Renda. Naturalmente, quanto maior o custo

Capítulo 4 • Os custos e seus componentes

da mercadoria vendida, menor o estoque, menor o resultado e menor o Imposto de Renda a pagar. Quanto maior o Imposto de Renda a pagar, menor o fluxo de caixa da empresa.

Assim, para evitar práticas *lesivas* ao Fisco, a legislação brasileira proíbe o uso do método UEPS para a apuração dos custos das mercadorias ou produtos vendidos. Assim, recomenda-se o uso do custo médio ponderado, que, além de apresentar uma grande simplificação na apuração dos custos, permite o ganho financeiro – expresso no maior fluxo de caixa e na postergação do imposto devido.

Embora, naturalmente, seja de aplicação impossível na Contabilidade Financeira, um outro critério de uso muitas vezes recomendado consiste no PREPS (Próximo a Entrar, Primeiro a Sair).[3] Em relação ao exemplo mencionado, destaca-se que, na data da venda da unidade do produto Perfume Saara, o fornecedor já havia informado que o custo de reposição do item havia sido reajustado para $ 50,00. Logo, a reposição do estoque deveria considerar o custo da nova unidade que será adquirida para recompor o estoque, igual a $ 50,00. Assim, o resultado da operação indicaria um prejuízo no valor de $ 5,00, caso o critério PREPS fosse adotado.

Método	PREPS
Demonstração de Resultado do Exercício	
Receita	(45,00)
(–) CMV	(50,00)
(=) Resultado bruto	(5,00)
(–) IR	–
(=) Resultado líquido	(5,00)
Fluxo de Caixa	
Recebimentos	(45,00)
(–) Desembolsos	(50,00)
(=) Movimento de caixa	(5,00)

As fichas de controle de estoque

Uma alternativa didática para a apuração de custos de mercadorias vendidas mediante os diferentes critérios pode ser vista com o auxílio das Fichas de Controle de Estoques, que apresentam as movimentações com mercadorias no sistema de inventário permanente. Embora o registro das movimentações de mercadorias seja feito atualmente em

---

[3] Em inglês, aparece expresso como NIFO, iniciais de *Next In, First Out*.

A Administração de Custos, Preços e Lucros • BRUNI

grande parte com o apoio de sistemas eletrônicos, as fichas consistem em um importante recurso didático, facilitando a compreensão das movimentações.

Data	Entrada			Saída			Saldo		
	Qtde.	Unit.	Subtotal	Qtde.	Unit.	Subtotal	Qtde.	Unit.	Subtotal

Figura 4.4 Exemplo de Ficha de Controle de Estoque.

A Figura 4.4 apresenta um exemplo de Ficha de Controle de Estoque. De modo geral,
a ficha é formada por três grandes divisões que registram Entradas, Saídas e Saldo, sub-
divididas em Quantidade (Qtde.), Valor Unitário (Unit.) e Subtotal. Os componentes da
ficha podem ser apresentados como:

- **Data:** corresponde à data da operação, que pode ser de compra, venda, devolução
  de compra ou devolução de venda;
- **Quantidade (Qtde.):** refere-se à quantidade de mercadorias compradas, vendidas
  ou devolvidas. Pode ser apresentada em diferentes unidades, como quilos, metros,
  litros, unidades, dúzias e outras;
- **Valor Unitário (Unit.):** apresenta o valor por unidade da quantidade mencionada.
  Ou seja, o custo de aquisição por quilo, por litro, por metro e outros;
- **Subtotal:** produto da quantidade pelo valor unitário;
- **Entradas:** registra as operações de compras de mercadorias, com sinais positivos e
  mais comum, ou de devoluções de compras, com sinais negativos e menos comum;
- **Saídas:** registra as operações de vendas de mercadorias, com sinais positivos e mais
  corriqueiras, ou as operações de devoluções de vendas, com sinais negativos e
  mais raras;
- **Saldo:** apresenta o saldo final do estoque em quantidade e valores na respectiva
  data.

Algumas observações importantes em relação ao uso da Ficha de Controle de Estoques
devem ser mencionadas.[4]

a) Apenas valores associados à compra devem ser apresentados na Ficha. Valores de
   venda não são registrados na Ficha de Controle de Estoques;

---

[4] Nagatsuka e Teles (2002, p. 81).

Capítulo 4 • Os custos e seus componentes

b) Para cada item de estoque deve-se elaborar uma Ficha individualizada;

c) As entradas de valores no estoque sempre ocorrem de forma líquida, excluindo-se os impostos recuperáveis, que serão abordados mais adiante.

Para ilustrar, imagine que a Mercantil Secos e Molhados Ltda. apresentasse no dia 5 de agosto um estoque formado por 60 unidades do produto Xis, com custo unitário igual a $ 40,00. Supondo a aquisição de mais 40 unidades em 12 de agosto e a venda de 50 unidades em 15 de agosto por $ 5.000,00, poderiam ser apresentadas as fichas de controle de estoque seguintes.

Caso o método PEPS fosse empregado, a empresa poderia elaborar a Ficha de Controle de Estoques apresentada a seguir. Note que, em 15 de agosto, a empresa contabilizará como saída 40 das 60 unidades mais antigas registradas em estoque.

Data	Entrada			Saída			Saldo		
	Qtde.	Unit.	Subtotal	Qtde.	Unit.	Subtotal	Qtde.	Unit.	Subtotal
5/ago.							60	40,00	2.400,00
12/ago.	40	80,00	3.200,00				60	40,00	2.400,00
							40	80,00	3.200,00
							100		5.600,00
15/ago.				50	40,00	2.000,00	10	40,00	400,00
							40	80,00	3.200,00
							50		3.600,00

Figura 4.5 Exemplo de Ficha da Mercantil Secos e Molhados com PEPS.

O custo das mercadorias vendidas corresponde ao valor retirado do estoque: $ 2.000,00. O estoque final em 15 de agosto apresenta um valor igual a $ 3.600,00.

O registro com base no critério UEPS está apresentado a seguir. Em 15 de agosto, a empresa deve registrar uma saída igual a 50 unidades, sendo 40 das mais recentes e 10 das mais antigas. O valor retirado do estoque corresponde a $ 3.600,00.

A Administração de Custos, Preços e Lucros • BRUNI

Data	Entrada			Saída			Saldo		
	Qtde.	Unit.	Subtotal	Qtde.	Unit.	Subtotal	Qtde.	Unit.	Subtotal
5/ago.							60	40,00	2.400,00
12/ago.	40	80,00	3.200,00				60	40,00	2.400,00
							40	80,00	3.200,00
							100		5.600,00
15/ago.				40	80,00	3.200,00			
				10	40,00	400,00	50	40,00	2.000,00
				50		3.600,00	50		2.000,00

Figura 4.6 Exemplo de Ficha da Mercantil Secos e Molhados com UEPS.

Mediante o emprego do critério PEPS, o estoque final em 15 de agosto é igual a $ 2.000,00.

Caso o método do Custo Médio fosse empregado, no dia 15 de agosto a empresa registraria a saída de 50 unidades. O custo unitário de cada uma dessas unidades deve corresponder ao custo médio ponderado de aquisição. Como existem 100 unidades no estoque, compradas por $ 5.600,00 no total, o custo unitário é igual a $ 56,00.

Data	Entrada			Saída			Saldo		
	Qtde.	Unit.	Subtotal	Qtde.	Unit.	Subtotal	Qtde.	Unit.	Subtotal
5/ago.							60	40,00	2.400,00
12/ago.	40	80,00	3.200,00				60		2.400,00
							40		3.200,00
							100	56,00	5.600,00
15/ago.				50	56,00	2.800,00	50	56,00	2.800,00

Figura 4.7 Exemplo de Ficha da Mercantil Secos e Molhados com Custo Médio.

Mediante o emprego do método do Custo Médio, percebe-se o registro de Custo das Mercadorias Vendidas no valor de $ 2.800,00 e um estoque final em 15 de agosto no valor de $ 2.800,00.

Capítulo 4 • Os custos e seus componentes

Aplicações na HP 12C

A calculadora HP 12C possui um recurso interessante para o cálculo de médias, representado pelas teclas [g] [$\overline{X}$] e [g] [$\overline{X}$w]. Os recursos permitem obter a média aritmética simples e a ponderada, respectivamente.

Por exemplo, imagine que uma empresa tenha comprado três unidades de um determinado item por preços iguais a $ 45,00, $ 52,00 e $ 61,00. Para calcular a média aritmética simples, bastaria usar o recurso [g] [$\overline{X}$] da HP 12C. Veja a sequência de procedimentos apresentados a seguir.

MUITOS *SLIDES*!

O *site* **www.MinhasAulas.com.br** oferece para *download* muitos *slides* adicionais que ajudam na consolidação dos conceitos apresentados neste livro. Visite o *site* e conheça os recursos à sua disposição!

Passo	Teclas	Descrição
01	f [Σ]	Limpa os registradores estatísticos.
02	45 [Σ +]	Digita-se o primeiro dado e se o acrescenta aos registradores estatísticos.
03	52 [Σ +]	Digita-se o segundo dado e se o acrescenta aos registradores estatísticos.
04	61 [Σ +]	Digita-se o terceiro dado e se o acrescenta aos registradores estatísticos.
05	[g] [$\overline{X}$]	Solicita-se a média aritmética simples.
06	Visor: 52,6667	O visor da HP 12C fornece o resultado: a média simples é igual a 52,6667, aproximadamente.

Em outro exemplo, imagine a compra de um outro item de estoque, onde três unidades foram adquiridas por $ 15,00 cada uma, depois outras cinco unidades foram compradas por $ 18,00 cada e, por fim, outras duas unidades foram compradas por $ 20,00 cada. De forma similar ao exemplo anterior, para calcular a média aritmética ponderada, bastaria usar o recurso [g] [$\overline{X}$w] da HP 12C. Veja a sequência de procedimentos apresentados a seguir.

Passo	Teclas	Descrição
01	f [Σ]	Limpa os registradores estatísticos.
02	15 [ENTER] 3 [Σ +]	Digita-se o primeiro par de dados e se o acrescenta aos registradores estatísticos. Note que o primeiro valor a ser digitado é o custo e o segundo é a quantidade (ou peso).
03	18 [ENTER] 5 [Σ +]	Digita-se o segundo par de dados e se o acrescenta aos registradores estatísticos.
04	20 [ENTER] 2 [Σ +]	Digita-se o terceiro par de dados e se o acrescenta aos registradores estatísticos.
05	[g] [$\bar{X}w$]	Solicita-se a média aritmética ponderada.
06	Visor: 17,5000	O visor da HP 12C fornece o resultado: a média ponderada é igual a 17,50.

Programação de compras e estoques de materiais diretos

A aplicação de técnicas e métodos à programação de materiais diretos envolve outras técnicas oriundas de áreas diversas da Contabilidade ou da Contabilidade de Custos, como a Administração da Produção, de Materiais e da Pesquisa Operacional.

Os dois principais custos decorrentes da gestão de materiais diretos podem ser apresentados como:

a) **custo de estocagem:** decorre de gastos com armazenagem, seguros, refrigeração etc. Aumenta em função do custo unitário de estocagem e do volume armazenado;

b) **custo do pedido:** surge de gastos com trabalhos de elaboração do pedido, cotação junto a fornecedores, transporte, conferência e posterior pagamento. Aumenta em função do número de pedidos efetuados no período analisado.

Assumindo algumas prerrogativas, como demanda, custo de estocagem e custo de pedidos constantes, é possível estabelecer uma política ideal de gestão de materiais diretos. A variável a ser otimizada pode ser apresentada como **Q**, quantidade ideal solicitada em cada pedido que minimiza os custos totais de estocagem.

A Figura 4.8 mostra o comportamento dos estoques de um material direto com demanda constante igual a 120 unidades/mês e um estoque inicial igual a 120 unidades. Caso novas aquisições não fossem feitas, no final do primeiro mês o estoque se anularia. A partir daí, existiria uma projeção negativa de estoques.

Capítulo 4 • Os custos e seus componentes

Demanda	Estoque Inicial	Ressuprimento
120	120	120

Período	Ressuprimento	Estoque
0		120
1		0
2		– 120
3		– 240
4		– 360
5		– 480
6		– 600
7		– 720
8		– 840

Os dados apresentados na tabela anterior podem ser representados no gráfico seguinte.

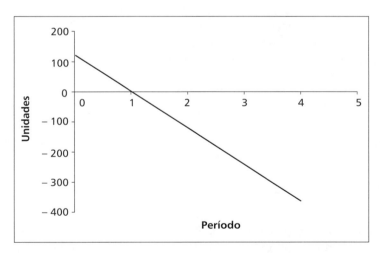

Figura 4.8 Perfil de estoque sem ressuprimentos.

Sendo a demanda constante, o estoque decai linearmente com o tempo. Para que não existam estoques *negativos* ou ausência de produtos, a empresa necessitará de ressuprimentos periódicos. Assim, ao final de cada mês, pode-se imaginar a necessidade de aquisição das quantidades necessárias para a demanda do período seguinte.

O gráfico resultante é conhecido como perfil de estoque e é definido em função da quantidade **Q** solicitada em cada ressuprimento.

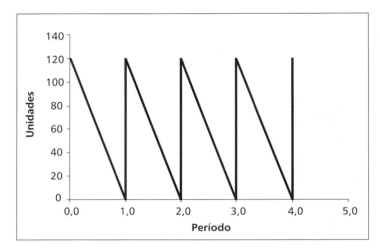

Figura 4.9 Perfil de estoque com ressuprimento periódico: o gráfico dente de serra.

Do gráfico de perfil de estoques pode ser extraída uma série de informações importantes. Por exemplo, dado que o estoque inicial é considerado igual a Q e o estoque final é nulo, com queda linear, pode-se apresentar o estoque médio como a média entre Q e 0. Por exemplo, se são sempre comprados lotes de 500 unidades, o estoque médio será igual a (500 + 0)/2 = 250 unidades. A fórmula do estoque médio (EMe) pode ser apresentada como:

$$EMe = Q/2$$

Onde:

EMe = estoque médio

Q = quantidade constante solicitada em cada pedido

O intervalo entre ressuprimentos é dado como a relação entre a quantidade adquirida e a demanda do período. Por exemplo, se 100 unidades de um determinado produto são compradas e a demanda for de 10 unidades por mês, o intervalo entre ressuprimentos será igual a 100/10 = 10 meses. Expressando algebricamente, o intervalo entre ressuprimentos ou pedidos (IP) pode ser apresentado como:

Capítulo 4 • Os custos e seus componentes

$$IP = Q/D$$

Onde:

IP = intervalo entre pedidos (expresso na unidade do período analisado)

Q = quantidade constante solicitada em cada pedido

D = demanda no período analisado

O número de ressuprimentos a serem solicitados no período analisado é igual ao inverso do intervalo entre ressuprimentos. Por exemplo, se são feitos ressuprimentos a cada 15 dias ou 0,5 mês, o número de ressuprimentos a serem feitos em um mês será igual a 1/0,5 = 2 ressuprimentos. Matematicamente, o número de ressuprimentos ou pedidos necessários no período (NP) pode ser apresentado como:

$$NP = D/Q$$

Onde:

NP = número de pedidos no período analisado

D = demanda no período analisado

Q = quantidade constante solicitada em cada pedido

O período corresponde ao intervalo de tempo estudado, que pode ser expresso em ano, mês, semana etc.

Sabe-se que os custos totais de pedidos aumentam em decorrência do número de solicitações feitas. Quanto maior a quantidade solicitada por pedido, menor o número de pedidos necessários para atender à demanda. Algebricamente, o custo total dos pedidos pode ser apresentado como:

$$Ctp = Cp \times NP = Cp \times D/Q$$

Onde:

Ctp = custo total de pedidos no período analisado

Cp = custo unitário de pedidos

NP = número de pedidos realizados

O gráfico do custo total de pedido revela que este diminui à medida que **Q** aumenta. *Vide* a Figura 4.10.

Por exemplo, imagine a seguinte situação: o gerente de suprimentos da filial da Indústria de Calçados Passo Macio Ltda. enfrenta um importante problema: minimizar os seus custos de estocagem **anuais**. Estudos preliminares indicam que o custo de cada pedido colocado junto ao fornecedor da empresa é igual a $ 68,00 (incluindo gastos com transporte, conferências etc.). Cada par de sapato mantido em estoque custa $ 0,22 por mês. A demanda da empresa é constante e uniforme, igual a 36 unidades por dia.

O custo anual total de pedidos (Ctp) da Indústria de Calçados Passo Macio Ltda. se encontra apresentado na tabela seguinte.

Q	150	300	450	600	750	900	1.050	1.200	1.350	1.500	1.650	1.800	1.950	2.100
Ctp	5.875,2	2.937,6	1.958,4	1.468,8	1.175,04	979,2	839,31	734,4	652,8	587,52	534,11	489,6	451,94	419,66

Os dados da tabela anterior podem ser mais bem analisados com o auxílio da Figura 4.10. Percebe-se que, quanto mais unidades forem solicitadas em cada pedido, menor o custo total dos pedidos no período analisado.

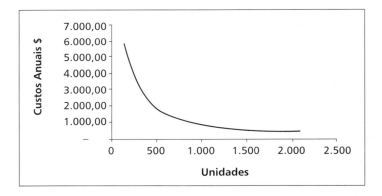

Figura 4.10 Custo total do pedido.

Por outro lado, o custo total de estocagem aumenta em função de **Q**. Quanto maior **Q**, maior será o estoque médio e, portanto, maior o custo de estocagem. Algebricamente, o custo total de manutenção de estoques pode ser expresso como função do custo unitário de estocagem e do volume do estoque médio. Algebricamente:

$$Cte = Ce \times EMe = Ce \times Q/2$$

Onde:
Cte = custo total de estocagem
Ce = custo unitário de estocagem

EMe = estoque médio

Q = quantidade constante solicitada em cada pedido

Para a Indústria de Calçados Passo Macio Ltda., o custo anual total de estoques (Cte) pode ser visto na tabela seguinte e na Figura 4.11.

Q	150	300	450	600	750	900	1.050	1.200	1.350	1.500	1.650	1.800	1.950	2.100
Cte	198	396	594	792	990	1.188	1.386	1.584	1.782	1.980	2.178	2.376	2.574	2.772

O gráfico seguinte representa os números da tabela anterior: quanto maior o volume adquirido em cada pedido, maior o custo total de estocagem no período.

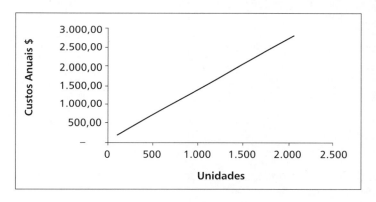

Figura 4.11 Custo total de estocagem.

Os custos gerais totais decorrentes da gestão de materiais diretos (CT) resultam da soma dos custos totais de pedidos e estocagem. Algebricamente são iguais à soma entre os custos totais dos pedidos e os custos totais de estocagem, ou:

$$CT = Cte + Ctp$$

Onde:
CT = custo total da gestão de materiais diretos
Cte = custo total de estocagem
Ctp = custo total dos pedidos

Para a Indústria de Calçados Passo Macio Ltda., os custos anuais gerais e totais da gestão de materiais diretos podem ser vistos na Tabela 4.1.

Tabela 4.1 Custos anuais da gestão de materiais diretos.

Q	Cte	Ctp	CT
150	198,00	5.875,20	6.073,20
300	396,00	2.937,60	3.333,60
450	594,00	1.958,40	2.552,40
600	**792,00**	**1.468,80**	**2.260,80**
750	**990,00**	**1.175,04**	**2.165,04**
900	**1.188,00**	**979,20**	**2.167,20**
1.050	**1.386,00**	**839,31**	**2.225,31**
1.200	1.584,00	734,40	2.318,40
1.350	1.782,00	652,80	2.434,80
1.500	1.980,00	587,52	2.567,52
1.650	2.178,00	534,11	2.712,11
1.800	2.376,00	489,60	2.865,60
1.950	2.574,00	451,94	3.025,94
2.100	2.772,00	419,66	3.191,66

Os dados da Tabela 4.1 podem ser representados na Figura 4.12. Nota-se a existência de um ponto de custo total mínimo.

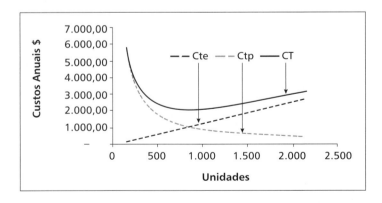

Figura 4.12 Custos do pedido, de estocagem e totais.

Nota-se na Tabela 4.1 que para valores de Q situados entre 600 e 1.050 unidades o custo total é mínimo. Genericamente, para se determinar o ponto que minimiza o

Capítulo 4 • Os custos e seus componentes

Custo Total, pode-se aplicar um procedimento simples de cálculo: encontrar a derivada do custo total em função de Q e igualá-la a zero. Desta forma, obtém-se a quantidade que minimiza os custos totais de armazenagem de materiais diretos, denominado de Lote Econômico de Compra, ou, simplesmente, LEC.

O custo total de gestão de materiais diretos pode ser apresentado como:

$$CT = Cte + Ctp = Ce \times Q/2 + Cp \times D/Q$$

Derivando a equação anterior em função de Q e igualando a zero, tem-se que:

$$Ce/2 - Cp \times D/Q2 = 0$$

Isolando o valor de Q na equação anterior, é possível obter o Lote Econômico de Compra, ou LEC:

Fórmula do Lote Econômico de Compra: $LEC = \sqrt{\dfrac{2C_p D}{C_E}}$

Para o exemplo da Indústria de Calçados Passo Macio Ltda., o LEC será igual a:

$$LEC = \sqrt{\frac{2C_p D}{C_E}} = \sqrt{\frac{2\ 68\ (36\ 360)}{0,22\ 12}} = 817,09 = 817 \text{ unidades}$$

Em outras palavras, se a empresa desejar minimizar seu custo total anual com materiais diretos, deve solicitar em cada pedido a quantidade de 817 unidades. Note que, para poder usar a fórmula, todos os valores devem ser expressos na mesma base anual.

4.4 Mão de obra direta

A mão de obra direta ou, simplesmente, MOD consiste no segundo grande componente de custos contábeis. Corresponde aos esforços produtivos das equipes relacionadas à produção dos bens comercializados ou dos serviços prestados. Refere-se apenas ao pessoal que trabalha diretamente sobre o produto em elaboração, desde que seja possível a mensuração do tempo despendido e a identificação de quem executou o trabalho, sem necessidade de qualquer apropriação indireta ou rateio.

As análises de custos de mão de obra direta no Brasil devem considerar fundamentalmente os gastos associados aos encargos trabalhistas sociais, que incidem sobre as folhas de pagamento. É comum dizer que no Brasil o trabalhador ganha muito pouco, porém custa muito caro.

A Administração de Custos, Preços e Lucros • BRUNI

No Brasil, em decorrência dos altos níveis de encargos sociais, estes devem ser incorporados no custo horário da MOD de forma variável: quanto maior a MOD, maiores são alguns encargos. Da mesma forma, embora, no Brasil, seja possível contratar funcionários remunerados com base no número de horas trabalhadas, a legislação assegura um mínimo de 220 horas – o que torna a MOD um custo fixo, na maior parte dos casos. Um exemplo[5] da magnitude dos encargos sociais no Brasil está apresentado a seguir:

Supondo a semana não inglesa, com trabalho em seis dias, portanto, sem compensação dos sábados, e considerando o regime constitucional de 44 horas semanais, chega-se à conclusão de que o dia comum trabalhado possui 44/6 = 7,3333 horas ou 7h20 min.

Considerando 48 domingos remunerados, 30 dias de férias e 12 feriados ou faltas abonadas em um ano, deduz-se que um funcionário "médio" teria um número máximo de dias à disposição para o trabalho igual a 275.

Número de dias por ano	365
(–) Repousos semanais remunerados	– 48
(–) Férias	– 30
(–) Feriados (em média)	– 12
(=) Número máximo de dias à disposição	275

Supondo um salário por hora igual a $ 100,00, o cálculo do total do salário, mais benefícios e encargos, pode ser determinado com o auxílio da tabela seguinte.

Descrição	Dia	h/dia	$/h	Subtotal
Salários	275	7,3333	100,00	201.666,67
Repousos semanais	48	7,3333	100,00	35.200,00
Férias	30	7,3333	100,00	22.000,00
1/3 Férias*	(22.000,00/3) =			7.333,33
13º Salário	30	7,3333	100,00	22.000,00
Feriados e faltas abonadas	12	7,3333	100,00	8.800,00
Soma				297.000,00

* A Constituição Federal de 1988 estabeleceu o acréscimo legal de 1/3 sobre férias.

---

[5] Originalmente apresentado por Martins (1998, p. 145) e adaptado por Bruni e Famá (2003).

Capítulo 4 • Os custos e seus componentes

Além das parcelas anteriores, é necessário acrescentar uma série de contribuições obrigatórias, apresentadas a seguir.

Contribuições percentuais	%
Previdência Social	20,0
Fundo de Garantia	8,0
Multa sobre o FGTS	4,0
Salário-educação	2,5
SESI ou SESC	1,5
SENAI ou SENAC	1,2
INCRA	0,2
SEBRAE	0,6
Total	**41**

A soma de cada uma das parcelas anteriores, acrescida das contribuições obrigatórias, fornece o custo total de salários por ano. *Vide* o resumo na tabela seguinte.

Descrição	$
Subtotal anteriormente obtido	**297.000,00**
Acréscimo legal de outras contribuições (41%)	721.770,00
Total com contribuições	**418.770,00**
Número de horas trabalhadas por ano	2.016,67
Total geral por hora	**207,65**

Assim, um salário básico de $ 100,00 por hora revela que, após serem acrescidas todas as contribuições e os encargos, resulta um total igual a $ 207,65. Portanto, um acréscimo de 107,65% ao valor original.

Quando a análise for feita considerando salários mensais, que já incluem gastos não associados diretamente à produção, como repousos semanais remunerados, feriados ou faltas abonadas, um novo cálculo pode ser feito. Veja a tabela seguinte.

No ano	$	Meses	Total
Salários	100,00	11	1.100,00
Férias	100,00	1	100,00
1/3 Férias	33,33	1	33,33
13º Salário	100,00	1	100,00
Subtotal			1.333,33
Contribuições %			41
Contribuições $			546,67
Total anual			1.880,00
Número de meses trabalhados			11
Total mensal			170,91

Assumindo um salário mensal no valor de $ 100,00, temos um custo total anual igual a $ 1.880,00. Dividindo pelos 11 meses trabalhados, chegamos a um custo mensal igual a $ 170,91. Logo, um acréscimo de 70,91%.

Considerando um salário mensal igual a $ 100,00, o percentual acrescido para a formação dos custos alcançaria 64,24%. Com a consideração de um elevado *turnover*, deveriam ser acrescentados mais 4,00% ao percentual anterior, o que elevaria o total das provisões para 68,24% do salário-base.

Convém destacar que, embora altos, estes ainda poderiam ser considerados cálculos didáticos e simplificados. Afinal, a legislação trabalhista brasileira apresenta complexidade e particulares que, se fossem apresentadas de forma completa, fugiriam ao escopo deste livro.

De forma complementar, alguns *sites* de associações e entidades profissionais disponibilizam tabelas atualizadas sobre encargos sociais no Brasil. Um exemplo pode ser visto no *site* da Associação Brasileira de Engenharia Industrial, Abemi.[6] Para profissionais mensalistas, a Abemi considera um percentual de provisões e encargos igual a 84,78%. Veja a Tabela 4.2.

---

[6] Disponível em: <www.abemi.org.br/tabe4.html>. Acesso em: 19 jul. 2004.

Capítulo 4 • Os custos e seus componentes

Tabela 4.2 Tabela de Encargos Sociais para profissionais mensalistas da Associação Brasileira de Engenharia Industrial.

Grupo "a"	% incidente sobre horas normais:
INSS	20,00
Sesi	1,50
Senai	1,20
Sebrae	0,60
Incra	0,20
Salário-educação	2,50
Seguro de acidente do trabalho	3,00 (*)
FGTS	8,50
Seconci	1,00 (**)
Total grupo "a"	38,50
Grupo "b"	**% incidente sobre horas normais:**
Repouso semanal remunerado	–
Feriados	–
Férias normais	9,01
1/3 férias	3,00
13º salário	9,01
Aviso-prévio trabalhado	–
Faltas justificadas	0,60
Total do grupo "b"	21,62
Grupo "c"	**% incidente sobre horas normais:**
Multa de 50% por rescisão sem justa causa	5,17
Indenização da Lei 7.238, art. 9º	1,08
Indenização por estabilidade acidentado	1,08
Aviso-prévio indenizado	9,01
Total do grupo "c"	16,34

(continua)

A Administração de Custos, Preços e Lucros • BRUNI

(continuação)

Grupo "d"	% incidente sobre horas normais:
Grupo "a" × Grupo "b"	8,32
Total do grupo "d"	8,32
Total geral	**84,78**

Observações: * Sat: (1 – alíquotas variáveis, conforme o ramo da empresa; 2 – não foi considerado, na tabela acima, o acréscimo destinado a financiamento da aposentadoria especial, instituído pela Lei nº 9.732/98); ** Seconci (1 – não é devido por todas as empresas; 2 – tem empresas com convênio de assistência médica; 3 – empregados casados recolhimento de 2%, conforme convenção coletiva no estado de São Paulo).

Tabela 4.3 Dados básicos da tabela mensalista.

Descrição	Valores	
Horas efetivamente trabalhadas	178	
Horas semanais de descanso	8	
Jornada semanal legal	44	
Jornada diária	7,33	
Turnover ano	100%	
13º salário	30	
Aviso-prévio indenizado	30	
Aviso-prévio trabalhado (redução 2h/dia)	25	
Definição da quantidade de dias trabalhados por ano		
Total dias ano		365
Repouso semanal remunerado	0	
Feriados	0	
Férias	30	
Faltas por enfermidade ou acidente	0	
Faltas justificadas conforme lei	2	32
Dias úteis trabalhados por ano	12	333
Memória de cálculo do grupo "b"		
Repouso semanal remunerado		0,00
Feriados		0,00

(continua)

Capítulo 4 • Os custos e seus componentes

(continuação)

Férias	9,01
Faltas justificadas	0,60
13º salário	9,01
Aviso-prévio trabalhado	2,51

Mão de obra indireta e ociosidade

É importante observar que, embora a mão de obra direta seja tratada como variável – já que está associada aos volumes produzidos – no Brasil, em função das restrições legais, os salários e encargos devem ser considerados como **fixos**. A eventual diferença entre o gasto total com mão de obra e a mão de obra direta, alocada ao produto, representa a ociosidade ou perda do trabalho pago, porém não utilizado – podendo ser agrupado genericamente na categoria de mão de obra indireta.

Por exemplo, imagine que a Fábrica de Velas Luminosas Ltda. tenha contratado um operário para sua linha de produção, com um gasto mensal igual a $ 352,00 (já incluindo encargos e benefícios) e um regime de trabalho igual a 176 horas mensais (8 horas por dia, 22 dias trabalhados por mês). Logo, o valor a ser computado como custo da hora de mão de obra direta será igual a $ 2,00 (igual a $ 352,00 dividido pelas 176 horas).

No mês de maio, a empresa apontou que o funcionário trabalhou 60 horas na fabricação das Velas Perfumadas e 100 horas na fabricação das Velas Coloridas. O custo a ser associado aos produtos em função do uso de mão de obra pode ser visto na tabela seguinte.

Descrição	Horas	Valor ($)
MOD – Velas Perfumadas	60	120,00
MOD – Velas Coloridas	100	200,00
Soma MOD	*160*	*320,00*
MOI	16	32,00
Soma Mão de obra	**176**	**352,00**

Dos $ 352,00 referentes ao gasto total mensal com mão de obra, $ 120,00 (60 horas) foram apropriados ao produto Velas Perfumadas, $ 200,00 (100 horas) foram apropriados ao produto Velas Coloridas e $ 32,00 (16 horas) foram considerados como perdas no emprego de mão de obra do período e farão parte dos Custos Indiretos de Fabricação.

4.5 Outros custos diretos

Os custos primários são formados, essencialmente, por materiais diretos e mão de obra direta. No entanto, recursos com consumo objetivo ou específico e que não estejam associados a materiais ou mão de obra podem receber a denominação de outros custos diretos.

Por exemplo, imagine a situação dos equipamentos de uma linha de produção específica. Os gastos com manutenção e depreciação destes equipamentos são específicos da linha e não correspondem a materiais ou mão de obra. Assim, deveriam ser classificados como outros custos diretos.

4.6 Custos indiretos de fabricação

Os custos indiretos de fabricação ou, simplesmente, CIFs, correspondem ao terceiro grande grupo de componentes dos custos contábeis. Representam os gastos identificados com a função de produção ou elaboração do serviço a ser comercializado e que, como o próprio nome já revela, não podem ser associados diretamente a um produto ou serviço específico. Exemplo: alguns gastos de depreciação, salários de supervisores de diferentes linhas de produção e outros.

Os custos indiretos de fabricação podem receber, também, a denominação de Despesas Indiretas de Fabricação (DIFs), Gastos Gerais de Fabricação (GGFs) ou Despesas Gerais de Fabricação (DGFs). Em outras palavras, correspondem a um *"balaio de gato"*, onde todos os outros custos, não agrupados como componentes de materiais diretos (MD) ou mão de obra direta (MOD), são colocados. Os componentes dos CIFs visam proporcionar que os materiais diretos, através da mão de obra direta, sejam transformados em novos produtos.

Como o próprio nome revela, custos indiretos são aqueles que não podem ser alocados diretamente aos produtos. Sob a sua classificação, agrupam-se inúmeros gastos de diversas naturezas produtivas, como depreciações industriais, gastos com mão de obra indireta, materiais consumidos de forma indireta e muitos outros.

Quando uma empresa produz e comercializa um único produto, a alocação dos custos indiretos é razoavelmente simples: jogam-se todos os custos em um grande funil, que os transfere diretamente para os produtos. Porém, quando múltiplos produtos são elaborados e comercializados, a aplicação de rateios de custos – divisões e alocações aos diferentes produtos ou serviços – torna-se necessária. Neste momento, novas dúvidas podem surgir.

Um dos maiores problemas da contabilidade consiste em como transferir os custos indiretos de fabricação aos produtos, processo genericamente denominado rateio. Comumente, os critérios de rateio podem envolver horas-máquina, mão de obra direta, materiais diretos, custo primário ou alguma outra referência básica. Para ilustrar a questão dos rateios, imagine o exemplo da Companhia de Brinquedos Alfabeto S.A., que fabrica e comercializa dois produtos principais, denominados Alfa e Beto.

Capítulo 4 • Os custos e seus componentes

Os gastos diretos mensais associados aos dois produtos estão apresentados na tabela seguinte. Somados, os gastos alcançam $ 1.000,00 para o produto Alfa e $ 400,00 para o produto Beto.

Descrição	Alfa	Beto	Soma
Materiais diretos	700,00	300,00	1.000,00
Mão de obra direta	300,00	100,00	400,00
Custos diretos	1.000,00	400,00	1.400,00

Além dos custos diretos, a direção da empresa apurou o consumo de cada um dos produtos em relação às horas-máquina mensais. A produção e a comercialização mensal costumam ser iguais a 20 unidades do produto Alfa e 30 unidades do produto Beto. Veja a tabela seguinte.

Descrição	Alfa	Beto	Soma
Horas-máquina	60	140	200
Unidades produzidas	20	30	50

Além dos custos diretos apresentados, a empresa verificou que os custos indiretos associados aos dois produtos chegam a $ 1.500,00 por mês. De acordo com as normas da contabilidade financeira, é preciso distribuir os gastos indiretos para os dois produtos comercializados, mediante um processo de rateio ou divisão dos mesmos.

Processos de rateio costumam ser aplicados como "regra de três". Ou seja, assume--se um parâmetro para a divisão, que é cumprido para a divisão dos custos indiretos. Veja o exemplo da tabela seguinte.

Descrição	Alfa	Beto	Soma
Mão de obra direta	300,00	100,00	400,00
Mão de obra direta %	*300/400 = 75%*	*100/400 = 25%*	*75% + 25% = 100%*
Custos indiretos rateados	*75% × 1500 =*	*25% × 1500 =*	1.500,00
	1.125,00	375,00	

A empresa poderia, por exemplo, imaginar que, quanto maior fosse o consumo de mão de obra direta, maiores seriam os níveis de consumo dos custos indiretos. Assim, poderia empregar a mão de obra direta como critério de rateio. No caso, o total da

A Administração de Custos, Preços e Lucros • BRUNI

MOD corresponderia a 100%, e os percentuais de cada um dos produtos seriam obtidos. O produto Alfa consumiu 75% (300/400) da MOD total, enquanto o produto Beto consumiu 25% (100/400) da MOD total.

Tendo obtido os percentuais, bastaria aplicá-los sobre o total dos custos indiretos para a realização dos rateios. O valor dos CIFs rateados para o produto Alfa corresponderia a 75% de $ 1.500,00, ou $ 1.125,00. Os CIFs rateados para o produto Beto corresponderiam a 25% de $ 1.500,00, ou $ 375,00.

Com o rateio efetuado, seria possível obter os custos totais por produto, conforme apresentado na tabela seguinte.

Descrição	Alfa	Beto	Soma
Materiais diretos	700,00	300,00	1.000,00
Mão de obra direta	300,00	100,00	400,00
Custos diretos	1.000,00	400,00	1.400,00
Custos indiretos rateados com base na MOD	1.125,00	375,00	1.500,00
Soma dos custos	2.125,00	775,00	2.900,00

Naturalmente, a depender do critério empregado para o rateio dos custos indiretos, diferentes seriam os efeitos sobre os custos totais obtidos. Veja a tabela seguinte.

Descrição	Alfa	Beto	Soma
Materiais diretos %	70%	30%	100%
Custos indiretos rateados (MD)	1.050,00	450,00	1.500,00
Soma dos custos (rateio: MD)	2.050,00	850,00	2.900,00
Mão de obra direta %	75%	25%	100%
Custos indiretos rateados (MOD)	1.125,00	375,00	1.500,00
Soma dos custos (rateio: MOD)	2.125,00	775,00	2.900,00
Custos diretos %	71,43%	28,57%	100%
Custos indiretos rateados (CD)	1.071,45	428,55	1.500,00
Soma dos custos (rateio: CD)	2.071,45	828,55	2.900,00

(continua)

Capítulo 4 • Os custos e seus componentes

(continuação)

Horas-máquina	30%	70%	100%
Custos indiretos rateados (HM)	450,00	1.050,00	1.500,00
Soma dos custos (rateio: HM)	1.450,00	1.450,00	2.900,00
Unidades produzidas	40%	60%	100%
Custos indiretos rateados (un.)	600,00	900,00	1.500,00
Soma dos custos (rateio: un.)	1.600,00	1.300,00	2.900,00

Por exemplo, caso o volume de horas-máquina fosse empregado como critério de rateio dos custos indiretos, o custo do produto Alfa seria de $ 1.450,00 e o custo do produto Beto seria idêntico, igual a $ 1.450,00. Porém, caso o critério empregado fosse o apresentado anteriormente, baseado na mão de obra direta, os valores seriam iguais a $ 2.125,00 e $ 775,00, com variações positivas e negativas, respectivamente iguais a 47%, aproximadamente.

Os efeitos dessas variações provocadas sobre os números obtidos para os custos dos diferentes produtos tornariam claras as dificuldades provocadas pelo rateio de custos indiretos sobre o processo de tomada de decisões.

Os centros de custos

Uma alternativa empregada para melhorar o controle dos custos indiretos e refinar sua associação aos produtos, melhorando a qualidade da informação de custos gerada, consiste na criação da figura dos departamentos ou centros de custos.

Um departamento corresponde a uma unidade operacional representada por um conjunto de homens ou máquinas de características semelhantes, desenvolvendo atividades homogêneas dentro de uma mesma área. O departamento seria a unidade mínima administrativa para a contabilidade de custos, porque sempre há ou deveria haver um responsável para cada departamento. A existência de um responsável pelo departamento e pelas decisões tomadas permite a aplicação da contabilidade de custos por responsabilidades.

Os departamentos podem ser genericamente divididos em dois grandes grupos:

a) Departamento de serviços: corresponde a uma parte essencial da organização, não trabalhando, porém, na elaboração dos produtos ou serviços. Sua função consiste em atender às necessidades dos departamentos de produção ou de outros departamentos de serviços;

A Administração de Custos, Preços e Lucros • BRUNI

b) Departamento de produção: elabora diretamente os produtos, transformando fisicamente as unidades em processamento. Como os departamentos de produção recebem os benefícios executados pelos departamentos de serviços, os custos destes últimos devem ser também incorporados à produção. Logo, o custo de produção será a soma dos custos dos departamentos de produção e dos departamentos de serviços.

A segmentação da entidade em setores ou departamentos não consiste em um fato isolado da área industrial, podendo ser aplicada, também, às áreas administrativas, comerciais e financeiras.

Embora, geralmente, cada departamento corresponda a um centro de custo, onde são acumulados os gastos incorridos para a posterior transferência aos produtos ou a outros centros de custos, em algumas ocasiões um departamento pode ser subdividido em diversos centros de custos.

Se, por exemplo, o setor de cromação de uma indústria metalúrgica for constituído de duas máquinas diferentes, às vezes operadas, até mesmo, por um único funcionário, porém com características variadas e independentes de produção, para um melhor controle, os custos associados a cada uma poderiam ser gerenciados de forma isolada. Assim, o departamento de cromação poderia apresentar dois centros de custos, um para cada processo produtivo, mesmo que possuísse um único responsável.

As vantagens da departamentalização poderiam ser expressas sob dois aspectos principais: melhoria dos controles internos e redução dos problemas decorrentes dos rateios dos custos indiretos. A melhoria dos controles internos associados a custos deve-se ao fato de cada centro de custos ou departamento possuir um responsável. Por sua vez, este exerce uma ação direta sobre os resultados de seu departamento, podendo, através de sua gestão, aumentar ou diminuir seus gastos.

As vantagens associadas aos controles podem ser ilustradas pelo exemplo de uma pequena fábrica de confecções. Os grupos de funcionários e equipamentos da empresa poderiam ser agrupados em setores caracterizados pelas atividades de corte do tecido, costura e acabamento. Controlando os custos segmentados pelos departamentos fica muito mais fácil para os gestores da entidade controlar, analisar e ajustar eventuais desvios – como gastos excessivos, por exemplo – ou propor melhorias. Além disso, a identificação da absorção de recursos pelos produtos fabricados seria facilitada. Se todos os custos fossem agrupados em uma única cesta (o balaio de gato), seria bastante difícil distinguir as distorções ou os pontos carentes de melhorias.

Outra vantagem consiste na melhor identificação e alocação dos custos indiretos de fabricação. O maior problema dos custos indiretos de fabricação consiste na sua alocação aos produtos fabricados. A depender do critério de rateio empregado, diferentes serão as distorções nos resultados. A departamentalização dos custos pode permitir uma melhoria dos rateios realizados, fornecendo dados mais precisos.

Por exemplo, em relação ao exemplo da Companhia de Brinquedos Alfabeto S.A., imagine que a empresa tivesse verificado que os seus custos indiretos poderiam ser apresentados conforme a tabela seguinte.

Capítulo 4 • Os custos e seus componentes

Descrição	$
Aluguel do galpão	600,00
Depreciação de equipamentos	200,00
Outros custos indiretos	700,00
Soma	1.500,00

Para auxiliar no controle dos gastos e no rateio dos custos indiretos, foram criados dois centros, destinados aos produtos Alfa e Beto.

A empresa verificou que o aluguel apresentado na tabela anterior corresponde, basicamente, ao galpão industrial alugado para a instalação das linhas de produção. O galpão possui cerca de 200 m², dos quais 120 m² (60% da área total) são utilizados para a fabricação do produto Alfa, enquanto 80 m² (40% da área) são empregados para a produção do produto Beto.

Descrição	Alfa	Beto	Soma
Área ocupada pela produção (em m²)	120	80	200
Área ocupada pela produção (em %)	60%	40%	100%

Em relação à depreciação de equipamentos, apresentada na descrição dos custos indiretos, a empresa verificou que ela é consequência direta dos investimentos em imobilizados, relacionados aos dois equipamentos, conforme a tabela seguinte. Os investimentos em equipamentos alcançam $ 8.000,00, dos quais $ 1.000,00 (12,5%) são de equipamentos relacionados à produção de Alfa, enquanto $ 7.000,00 (87,5%) referem-se exclusivamente ao produto Beto.

Descrição	Alfa	Beto	Soma
Valor dos equipamentos (em $)	1.000,00	7.000,00	8.000,00
Valor dos equipamentos (em %)	12,5%	87,5%	100%

Com a criação dos centros de custos, a atividade de rateio poderia ser melhorada, fazendo com que os procedimentos se tornem mais objetivos. Conforme os percentuais calculados, 60% dos gastos com aluguel serão transferidos para o produto Alfa, enquanto 40% serão destinados ao produto Beto. Em relação aos gastos com depreciação, 12,5% serão associados a Alfa, enquanto 87,5% serão transferidos para Beto.

Para os demais custos, não identificados a nenhum dos dois produtos, e no valor de $ 700,00, deve-se aplicar o procedimento do rateio indireto, empregando-se a "regra

115

A Administração de Custos, Preços e Lucros • BRUNI

de três" e utilizando-se os gastos com mão de obra direta, por exemplo, como base para a divisão dos gastos.

O rateio completo está apresentado na tabela seguinte.

Descrição	Alfa	Beto	Soma
Aluguel do galpão			*600,00*
Área ocupada pela produção (em m²)	120	80	200
Área ocupada pela produção (em %)	60%	40%	100%
Rateio do aluguel do galpão	360,00	240,00	
Depreciação			*200,00*
Valor dos equipamentos (em $)	1.000,00	7.000,00	8.000,00
Valor dos equipamentos (em %)	12,5%	87,5%	100%
Rateio da depreciação	25,00	175,00	
Outros custos indiretos			*700,00*
Valor da MOD (em $)	300	100	400
Valor da MOD (em %)	75%	25%	100%
Rateio de outros custos indiretos	525,00	175,00	
Soma	910,00	**590,00**	1.500,00

Com a criação dos departamentos ou centros de custos Alfa e Beto, os custos indiretos rateados para os dois produtos seriam respectivamente iguais a $ 910,00 e $ 590,00.

Descrição	Alfa	Beto	Soma
Materiais diretos	700,00	300,00	1.000,00
Mão de obra direta	300,00	100,00	400,00
Custos diretos	*1.000,00*	*400,00*	*1.400,00*
Custos indiretos	910,00	590,00	1.500,00
Soma dos custos	**1.910,00**	**990,00**	**2.900,00**

Os custos totais de Alfa e Beto seriam iguais a $ 1.910,00 e $ 990,00. Com a criação dos centros de custos, a informação contida nos valores dos custos seria melhorada.

Capítulo 4 • Os custos e seus componentes

A alocação das despesas aos produtos

Segundo as normas e os princípios da Contabilidade, apenas os gastos fabris, produtivos ou envolvidos na realização dos serviços prestados podem ser computados nos custos contábeis. Assim, os procedimentos de rateio descritos neste capítulo focalizam a questão dos custos indiretos de fabricação.

Porém, algumas empresas podem desejar analisar gerencialmente o custo integral ou pleno de seus produtos ou serviços. Por exemplo, no processo de formação de preços, uma determinada entidade gostaria que os preços fossem capazes de remunerar com folga (lucro) todos os recursos consumidos, sejam eles custos ou despesas. Nessas situações, além do rateio dos custos indiretos, fazem-se necessários o rateio e a alocação das despesas, também.

Os procedimentos empregados no rateio das despesas aos diferentes produtos ou serviços são similares àqueles empregados nos rateios dos custos. Geralmente, define-se uma base volumétrica para alocação. Com base nos volumes determinados, os custos são distribuídos.

O custeio por atividades

Um dos maiores problemas enfrentados pela gestão de custos refere-se a como distribuir custos indiretos aos produtos ou serviços elaborados. Como formas de diluição destes problemas, diversas tentativas são feitas, como o controle de custos por departamentos ou centros de custos.

Se uma empresa apresenta níveis significativos de gastos indiretos, porém uma produção homogênea, com um único produto, a alocação de todos os gastos, fixos ou variáveis, diretos ou indiretos, é extremamente simples. Basta colocar todos os gastos em um grande funil, associando-os gradualmente aos produtos ou serviços.

Quando mais de um produto ou serviço é elaborado e comercializado, o custeio por absorção costuma aplicar a "regra de três" para a divisão dos custos indiretos, empregando bases volumétricas, como gastos com mão de obra, custos primários, homens-hora, horas-máquinas ou outras, para a divisão dos gastos indiretos.

De forma mais recente, com a evolução dos ambientes produtivos, existiu a necessidade de ampliação das linhas de produção e a diversificação dos produtos ou serviços. Cada vez mais, reduz-se a importância dos custos variáveis e diretos e aumenta-se o papel desempenhado pelos custos fixos ou indiretos. Assim, procedimentos de custeios tradicionais passaram a demandar necessidade de revisões.

Acompanhando a tendência, a literatura de custos e preços passou a dar ênfase aos mecanismos de formação de custos, empregando as atividades desenvolvidas pelas

A Administração de Custos, Preços e Lucros • BRUNI

empresas e não as tradicionais bases volumétricas de rateio empregadas para a distribuição de custos indiretos.

Surgiu a figura do custeio por atividades, ABC, da expressão em língua inglesa *activity based costing*. O ABC tenta substituir as bases volumétricas no processo de divisão de custos indiretos pelo uso de atividades, que funcionariam como direcionadoras de custos, sendo estas as verdadeiras razões para a existência e o consumo de custos indiretos.

Para ilustrar a aplicação do ABC, veja o exemplo da Transportadora Leva e Traz Ltda., que estuda a possibilidade de prestação de serviços de entrega para diferentes clientes do sul do país. De forma recente, a empresa estruturou uma operação para atender a dois clientes específicos: a Varejinho Comércio de Miudezas e a Atacadão Comércio Variado.

Para poder manter a operação funcionando, a empresa incorre em custos específicos, diretamente associados a cada um dos dois clientes, e outros custos indiretos, não alocados a nenhum cliente especificamente. Veja a tabela seguinte.

Descrição	Atacadão	Varejinho	Soma
Custos diretos	18.000,00	32.000,00	50.000,00
Custos indiretos			140.000,00

O volume transportado para cada cliente corresponde a 640 unidades para o cliente Atacadão e 160 unidades para o cliente Varejinho. Para distribuir os custos indiretos entre os dois clientes, a empresa resolveu tentar o rateio tradicional do custeio por absorção, empregando os volumes como base de rateio. Os números obtidos estão apresentados na tabela seguinte.

Descrição	Atacadão	Varejinho	Soma
Custos diretos	18.000,00	32.000,00	50.000,00
Unidades transportadas (A)	640	160	800
Unidades transportadas %	80%	20%	100%
Custos indiretos	112.000,00	28.000,00	140.000,00
Soma dos custos (B)	130.000,00	60.000,00	190.000,00
Custo unitário (B/A)	203,13	375,00	

Empregando o custeio por absorção tradicional, rateando os custos indiretos com base nos volumes transportados, os custos encontrados para cada volume transportado

Capítulo 4 • Os custos e seus componentes

para os clientes Atacadão e Varejinho seriam respectivamente iguais a $ 203,13 e $ 375,00.

Porém, existem diferenças fundamentais nas operações dos dois clientes. Como o próprio nome revela, o cliente Atacadão operará com maiores volumes por entrega do cliente Varejinho. Enquanto o primeiro pensa em transportar 16 unidades por entrega realizada, o segundo pensa em operar com apenas uma unidade por entrega.

Como parte substancial dos custos indiretos das opções decorre do número de atividades de entrega realizadas e não do volume transportado, um outro procedimento possível para o rateio de custos indiretos envolveria o uso do custeio por atividades, apresentado na tabela seguinte.

Descrição	Atacadão	Varejinho	Soma
Custos diretos	18.000,00	32.000,00	50.000,00
Entregas realizadas	*40*	*160*	*200*
Entregas realizadas %	*20%*	*80%*	*100%*
Custos indiretos	28.000,00	112.000,00	140.000,00
Soma dos custos	46.000,00	144.000,00	190.000,00
Unidades transportadas	640	160	
Custo unitário	71,88	900,00	

Neste caso, o rateio dos custos indiretos seria feito com base no número de entregas realizadas. No caso, 40 entregas (ou 20% do total) para o cliente Atacadão e 160 entregas (80% do total) para o cliente Varejinho. Os custos indiretos rateados seriam iguais a $ 28.000,00 e $ 112.000,00, respectivamente.

Empregando as atividades de entrega como direcionadoras de custos, as diferenças nos custos obtidos seriam notáveis: apenas $ 71,88 para o cliente Atacadão e $ 900,00 para o cliente Varejinho.

4.7 Resumo do capítulo

Este capítulo apresentou especificidades associadas a cada um dos quatro componentes dos custos, agrupados em materiais diretos, mão de obra direta, outros custos diretos e custos indiretos. A leitura do capítulo e a resolução das atividades propostas devem ter permitido o alcance dos objetivos de aprendizagem propostos:

- **Compreender a apuração de custos com materiais diretos.** Vimos que os custos com materiais diretos podem ser obtidos por meio da análise das compras e dos estoques inicial e final.

119

A Administração de Custos, Preços e Lucros • BRUNI

- **Analisar os aspectos relativos à avaliação de estoques.** Estudamos as diferentes formas de avaliação de estoques para fins de registro, amparadas pelos métodos PEPS, Custo Médio e UEPS (este último proibido pelo Fisco) e para fins de tomada de decisão, amparada pelo método PREPS.

- **Estudar os custos associados à gestão de estoques com ressuprimentos periódicos.** Compreendemos os impactos relativos ao custo de pedidos, de estocagem e de gestão de estoques decorrentes da quantidade comprada por pedido e dos estoques mantidos.

- **Calcular custo com mão de obra direta.** Vimos os impactos relativos aos encargos sobre folha na composição dos custos com mão de obra.

- **Tratar os procedimentos relativos à apuração e ao rateio de custos indiretos.** Estudamos diferentes possibilidades de distribuição ou rateio dos custos indiretos.

Exercícios propostos

As atividades de aprendizagem aqui propostas exploram os blocos de conteúdos apresentados ao longo do capítulo. Estão organizadas em blocos que exploram os custos, analisados a partir de: (A) materiais diretos; (B) avaliação de estoques; (C) gestão de estoques com ressuprimentos periódicos; (D) mão de obra direta; (E) custos indiretos.

[A1] Classifique em verdadeiro ou falso as afirmações a seguir:

a) Custos com materiais diretos ou MDs costumam envolver consumos de matéria-prima e embalagem.

b) A gestão dos gastos com materiais diretos envolve avaliação de insumos e programação de compras.

c) Alguns gastos com materiais diretos podem ser obtidos mediante procedimentos de rateio.

[A2] A empresa Quero Mais Ltda. apresentou uma receita de vendas igual a $ 50.000,00 no seu primeiro ano de atividades. Sabendo que as despesas da empresa neste período foram iguais a $ 8.800,00, pede-se calcular o resultado da empresa. Considere uma alíquota nula de Imposto de Renda. Outros dados (em $ mil): compras de material direto = $ 54; custos indiretos de fabricação = $ 4,6; estoque final de materiais diretos = $ 46; outros custos indiretos aplicados = $ 5,4; estoque final de produtos acabados = $ 36; estoque final de produtos em elaboração = $ 26; estoque inicial de materiais diretos = $ 3; estoque inicial de produtos acabados = $ 24; estoque inicial de produtos em elaboração = $ 36; mão de obra direta = $ 2,2.

[A3] A Fábrica de Doces Geleia de Mangaba Ltda. apresentou os seguintes dados no final do ano passado: vendas do ano = $ 1.100.000,00; estoque inicial de produtos em processo = $ 16.800,00; estoque inicial de produtos acabados = $ 27.200,00; compras de matéria-prima no ano = $ 432.000,00; estoque inicial de matéria-prima = $ 14.000,00; estoque final de matéria--prima = $ 14.800,00; gastos com mão de obra direta = $ 258.000,00; estoque final de produtos

Capítulo 4 • Os custos e seus componentes

em processo = $ 23.200,00; estoque final de produtos acabados = $ 34.000,00; despesas de vendas = 10% das vendas; despesas administrativas = 5% das vendas. Além dos dados apresentados, a controladoria da empresa verificou que outros custos indiretos de fabricação corresponderam a dois terços do custo da mão de obra. Pede-se elaborar a DRE para a empresa e calcular o resultado líquido.

[A4] A empresa Produtos de Ouro Prateado Ltda. apresentou as seguintes informações (em $ mil) em seus registros contábeis e financeiros: lucro operacional = $ 5; despesas de vendas = $ 2,5; salários do pessoal do escritório = $ 20; estoque final de produtos em processo = $ 5; mão de obra direta = $ 75; receita de vendas = $ 350; energia da fábrica = $ 200; estoque final de material direto = $ 7,5; estoque inicial de material direto = $ 7,5; estoques inicial e final de produtos acabados iguais a zero; mão de obra indireta = $ 25; estoque inicial de produtos em processo = $ 25. Com base nos números apresentados, pede-se encontrar em $ mil: (a) o valor do custo das mercadorias vendidas; (b) o valor das compras de material direto; (c) o valor do custo fabril; (d) o valor do custo dos produtos fabricados; (e) o valor dos custos indiretos de fabricação.

[A5] Alguns números mensais da Companhia Queromais S.A. são: estoque final de materiais diretos = $ 18.000,00; gastos incorridos com CIFs = $ 1.500,00; gastos incorridos com MOD = $ 750,00; receita de vendas = $ 30.000,00; compras de materiais diretos = $ 21.000,00; estoque inicial de produtos acabados = $ 9.000,00; estoque final de produtos acabados = $ 13.500,00; estoque final de produtos em processo = $ 9.750,00; estoque inicial de produtos em processo = $ 13.500,00. Outros dados fornecidos: o estoque inicial de materiais diretos era nulo; a alíquota de imposto de renda é igual a 25%; as despesas operacionais mensais alcançam $ 14.000,00. Pede-se construir a Demonstração de Resultado da empresa e calcular o resultado líquido da empresa.

[A6] Os registros da empresa Caco de Tijolo Ltda. continham os seguintes dados ao final de agosto do ano passado, referentes ao citado mês: material direto consumido = $ 20.000,00; mão de obra direta = $ 34.000,00; custos indiretos de fabricação = 10% dos custos diretos. Todo material direto consumido foi proveniente de uma compra no próprio mês de agosto, permanecendo em estoque, no final do mês, $ 1.000,00. Os estoques inicial e final de produtos em processo e de produtos acabados foram nulos. Sabe-se que, para a empresa ser competitiva no mercado, ela deve vender seus produtos ao preço unitário máximo de $ 1.000,00; e deve auferir um lucro líquido de 5% da sua receita de vendas. Portanto, em agosto do ano passado, a empresa produziu e vendeu 70 unidades de seu produto, ao preço unitário de venda de $ 1.000,00, auferindo o lucro citado. Ao longo do mês, as despesas administrativas equivaleram a 7% da receita de vendas, ocorrendo também despesas de publicidade. Pede-se encontrar: (a) o valor do CPV; (b) o valor das despesas de publicidade.

[A7] Os registros contábeis da Fábrica de Biscoitos Guloseima Ltda. destacaram os seguintes valores: estoque final de material direto = $ 2; despesas de vendas = $ 1; estoque inicial de material direto = $ 9; estoque final de produtos em processo = $ 2; lucro operacional = $ 9; mão de obra direta = $ 30; mão de obra indireta = $ 10; salário do contador = $ 2; energia da fábrica = $ 8; estoque inicial de produtos em processo = $ 10. Não foram feitas compras de materiais diretos.

121

A Administração de Custos, Preços e Lucros • BRUNI

A empresa não possui estoques de produtos acabados. Sabendo que, no período analisado, foram produzidos 50.000 pacotes de biscoito e considerando nulos os estoques inicial e final de produtos acabados, encontre: (a) o valor do consumo de material direto; (b) o valor do CPV total; (c) o valor do CPV unitário; (d) o valor do custo fabril; (e) o valor dos CIF; (f) o custo integral dos produtos vendidos (total e unitário); (g) sabendo que a empresa aplica um fator de multiplicação igual a 1,25 sobre o custo integral para obter o preço de venda, qual deveria ser o valor cobrado pelo pacote de biscoito?

[A8] A empresa Cabo de Força Ltda. possuía em seus registros os seguintes valores (em $ mil): mão de obra direta = $ 10; estoque final de produtos em processo = $ 5; custos indiretos de fabricação = $ 15; estoque inicial de produtos acabados = $ 6; estoque inicial de produtos em processo = $ 12; estoque final de produtos acabados = $ 1; estoque inicial de material direto = $ 8; despesas de salários do escritório = $ 7; estoque final de material direto = $ 4; despesas de energia do escritório = $ 2; compras de material direto = $ 1; lucro operacional = $ 4. Com base nos números fornecidos, pede-se encontrar: (a) o valor do consumo de materiais diretos; (b) o valor do custo fabril; (c) o valor do custo dos produtos vendidos; (d) o valor da receita total de vendas.

[B1] Interprete cada uma das afirmações a seguir. Posteriormente, classifique-as como verdadeira (V) ou falsa (F):

a) O critério PEPS reconhece o valor consumido dos itens do estoque em uma sequência cronológica.

b) O critério UEPS costuma ser desvantajoso sob o ponto de vista financeiro e fiscal.

c) O critério do custo médio costuma avaliar mais baixo os estoques quando comparado com o UEPS em ambientes inflacionários.

d) O custeio PREPS pode ser aceito pelo IR.

e) Em ambiente inflacionário, o custeio UEPS fornece custo menor que PEPS.

f) Em ambiente inflacionário, o custeio UEPS fornece lucro menor que PEPS.

g) Apenas empresas industriais podem usar o método do custo médio.

h) Para empresas de serviços o PEPS, é mais vantajoso.

[B2] A Tomataria possuía cinco caixas em estoque, compradas por $ 40 cada. Posteriormente, comprou outras três compradas por $ 150 no total. No final do mês registrou duas caixas no inventário feito e tinha a informação de que uma nova caixa solicitada passaria a custar $ 60. Cada caixa foi vendida por $ 80. A empresa paga 20% a título de imposto sobre o lucro. Calcule o valor do: (a) estoque final; (b) CMV; (c) imposto reconhecido; (d) lucro. Assuma o uso do método: (I) PEPS; (II) UEPS; (III) Custo médio; (IV) PREPS (neste caso, não é necessário calcular o estoque final; adicionalmente, discuta por que o uso deste método é proibido no registro de custos).

[B3] No dia 5 do mês passado tínhamos na Bilirrubina Mercantil 50 mercadorias em estoque compradas a $ 7 cada. Posteriormente, no dia 7, compramos mais 80 unidades a $ 800 no total. No dia 8, vendemos 65 unidades a $ 14 cada. Compramos, no dia 12, mais 20 unidades a $ 12

Capítulo 4 • Os custos e seus componentes

cada e vendemos, no dia 14, 45 unidades a $ 20 cada. Contabilize para o período: (a) custo; (b) lucro; (c) estoque final. Considere como método de avaliação de materiais de estoques: (I) PEPS; (II) UEPS; (III) Custo médio.

[C1] Classifique em verdadeiro ou falso as afirmações a seguir:

a) O custo de pedidos é diretamente proporcional à quantidade comprada por pedido.

b) O custo de estocagem é diretamente proporcional à quantidade comprada por pedido.

c) O custo total de gestão de estoques envolve o custo de pedidos e o custo de armazenagem.

[C2] A Companhia Molas Pula Pula compra um tipo de matéria-prima oito vezes ao ano. O custo total anual de pedido é de $ 24.800,00. Qual é o custo unitário de pedido?

[C3] A Fábrica Química Azul Ltda. verificou que o material estocado com o código KM568 é comprado em lotes com 2.000 unidades, permanecendo em estoque por um período médio igual a 3 meses. Supondo que o preço do material seja igual a $ 20,00 e a taxa de armazenagem igual a 6% a.m. do preço de compra, calcule o custo de armazenagem médio por unidade.

[C4] As aquisições de componentes de impressão das Gráficas Panfletos Ltda. são realizadas nove vezes ao ano. O custo total anual de pedido é igual a $ 36.600,00. Calcule o custo unitário de pedido.

[C5] As Indústrias Mecânicas Virabrequim Ltda. verificaram que o item bronzina metálica tem o seu preço de compra igual a $ 38,00. O consumo anual do item é igual a 18.000 unidades, sendo comprados com a frequência de 6 vezes ao ano, permanecendo em estoque por um período de 2 meses, em média. O custo de armazenagem anual é estimado em 4% do preço de aquisição. Calcule o custo total de estocagem anual da empresa.

[C6] A Comercial Cobra Menos verificou que serão compradas durante o ano 3.000 unidades de uma determinada peça de manutenção. O custo unitário do pedido é igual a $ 200,00 e o custo de armazenagem representa cerca de $ 2,90 por ano. Calcule o custo total de estocagem, de pedidos e anual de gestão de estoques, assumindo que as peças são compradas em lotes de: (a) 500; (b) 1.000; (c) 1.500 unidades.

[C7] A Fábrica de Doces Brigadeiro Ltda. verificou que um material tem o preço de compra estimado em $ 18,00, sendo o seu consumo anual estimado em 9.000 unidades. São feitas compras com a frequência de 4 vezes ao ano. Estima-se que o custo de armazenagem anual seja igual a 5% do custo de aquisição. O custo de pedido é de $ 180,00. Calcule o custo total de gestão de estoques por período anual.

A Administração de Custos, Preços e Lucros • BRUNI

[C8] Uma indústria verificou que serão compradas durante o mês 4.000 unidades de uma peça. Estima-se um custo de pedido igual a $ 36,00 e um custo de armazenagem mensal igual a $ 0,60 por unidade. Pede-se calcular o custo total mensal de gestão de estoques se as peças forem compradas em lotes de 500, 1.000 ou 2.000 unidades.

[C9] As Fábricas de Cosméticos Narciso Ltda. apresentam como principal insumo fabril o componente químico Base Alfa. Durante um estudo sobre a gestão de materiais diretos, encontrou que o custo de cada pedido feito junto a seu principal fornecedor é de aproximadamente $ 200,00, incluindo gastos com fretes, pagamento, conferências etc. Cada litro de Base Alfa mantido em estoque custa em torno de $ 3,00 por ano. A demanda da empresa é supostamente constante e uniforme, igual a 16.875 litros anuais. Pede-se determinar: (a) qual deve ser a quantidade solicitada por pedido de forma a minimizar o custo da gestão de MD. Explique, com suas palavras, o que representa esta quantidade e como sua fórmula foi obtida; (b) para a quantidade calculada, o custo total de manutenção de estoques e o custo total do pedido; (c) quantos pedidos deverão ser feitos em um ano; (d) qual o intervalo de tempo entre os pedidos, considerando o ano civil, com 365 dias.

[C10] A Chocolates Quidelícia Ltda., durante estudo sobre a gestão de materiais diretos, encontrou que o custo de cada pedido feito junto a seu principal fornecedor é de aproximadamente $ 126,00, incluindo gastos com fretes, pagamento, conferências etc. Cada quilo de chocolate mantido em estoque custa $ 25,76 por ano. A demanda da empresa é supostamente constante e uniforme, igual a 16.000 kg anuais. Pede-se para determinar: (a) a quantidade solicitada por pedido de forma a minimizar o custo; explique, com suas palavras, o que representa esta quantidade e como sua fórmula foi obtida; (b) para a quantidade calculada, o custo total de manutenção de estoques e o custo total do pedido; (c) quantos pedidos deverão ser feitos em um ano; (d) qual o intervalo de tempo entre os pedidos.

[D1] Classifique em verdadeiro ou falso as afirmações a seguir:

a) Custos com mão de obra são formados integralmente por salários.

b) Salários e encargos sobre folha da área industrial são classificados integralmente como MOD.

[D2] Uma empresa de consultoria tributária contratou um novo funcionário, com salário igual a $ 2.000,00 por mês. Sobre o salário, a empresa considera provisões para o pagamento de férias, 13º, além de um percentual igual a 41,75% incidente sobre o subtotal anterior para o pagamento de demais encargos incidentes sobre folha. O contrato de trabalho do funcionário prevê uma jornada de 180 horas mensais. No último mês, o funcionário trabalhou em dois contratos. No primeiro apontou 50 horas de trabalho e no segundo apontou 90 horas trabalhadas. Pede-se calcular o custo desta mão de obra direta associada a cada um dos contratos e determinar o custo indireto com mão de obra.

[D3] A empresa Saci Pererê Ltda. fabrica e vende os Cachimbos Elegantes, que utilizam como matéria-prima a resina especial ômega. Sabe-se que para produzir uma unidade do produto são necessários 47 g (líquidos) da matéria-prima ômega e que a perda normal de matéria-prima é de 6%. Os dados da empresa incidem que a sua capacidade de produção com relação a mão de

124

Capítulo 4 • Os custos e seus componentes

obra direta é de 5 peças por hora, sendo que o custo da mão de obra direta é de $ 16,00/h. O estoque de matéria-prima ômega é de 7 quilos a $ 6,00/kg. Pede-se determinar para a produção de cem unidades do produto: (a) o custo da matéria-prima; (b) o custo da mão de obra direta.

[D4] A Marcenaria Antiquário Chique Ltda. deseja estimar o custo total por hora de mão de obra direta de um funcionário do seu setor produtivo no ano passado. Alguns dados da empresa: o salário-base mensal do funcionário é igual a $ 600,00; o regime de trabalho da empresa é de 44 horas semanais, de segunda a sábado; o tempo improdutivo é estimado em 20%; a título de faltas abonadas e feriados, a empresa considera 15 dias por ano, em média; existem, em um ano, 52 domingos; o pagamento do 13º salário da empresa é considerado normal e as férias correspondem a 30 dias corridos; como encargos sociais, a empresa considera uma alíquota para o INSS igual a 28,8%; para o FGTS igual a 8,5% e para outros igual a 3%. Com base nos números fornecidos, pede-se calcular: (a) qual o custo por hora de mão de obra direta da empresa. De forma adicional, em relação ao salário mensal, determine: (b) o percentual de acréscimo sobre o salário-base mensal. Sugestão: projete o custo total anual com o funcionário e, depois, divida pelas horas efetivamente trabalhadas.

[D5] A Fábrica de Bonés Cobre Cuca Ltda. produz e comercializa cerca de 8.000 bonés por mês, que representam a capacidade produtiva máxima da empresa. No mês de março do ano passado, o setor financeiro da empresa estimou os gastos apresentados a seguir. Com base nos números fornecidos, estime: (a) o custo contábil total da empresa; (b) o custo contábil unitário; (c) o custo total (para o conjunto de funcionários) por hora de mão de obra; (d) o preço de venda, sabendo-se que a empresa recolhe ICMS no valor de $ 0,90 por boné (já embutidos os eventuais créditos fiscais), paga comissões sobre vendas no valor de $ 0,50 por boné e deseja obter uma margem de lucro também igual a $ 0,50 por boné.

Despreze a incidência de encargos, taxas ou deduções sobre as comissões e sobre o fornecimento de almoços e vales-transportes. Considere nula a alíquota de Imposto de Renda da empresa. Para fabricar um boné, formado pela aba e pela cobertura, a empresa estima que sejam gastos os valores correspondentes aos itens relatados a seguir.

Componente	Qtde.	Unidade	Preço Unit.	Subtotal
Cobertura				
Tecido especial	0,200	m²	9,00	1,80
Elástico	0,100	m	5,00	0,50
Soma do custo da cobertura				2,30
Aba				
Tira plástica	1	unidade	0,10	0,10
Lona especial	0,050	m²	8,00	0,40
Soma do custo da aba				0,50
Custo total unitário de MD do boné				2,80

A Administração de Custos, Preços e Lucros • BRUNI

Sabe-se que trabalham na empresa quatro pessoas, das quais três são operadoras de produção e uma é supervisora. Os salários das operadoras são iguais a $ 250,00 por mês. A supervisora da linha de produção deste boné recebe $ 300,00 por mês. Os funcionários trabalham de segunda a sexta, com um regime de 44 horas semanais. Além dos salários, devem ser computadas as seguintes provisões mensais:

Provisão	Percentual	Descrição e metodologia de cálculo
13º salário	1/12	Sobre o salário-base
Férias	1/12	Sobre o salário-base
1/3 Férias	1/3 × 1/12	Sobre o salário-base
INSS e outros	28,80%	Sobre o salário-base, acrescido das provisões de férias e 13º salário
FGTS	8%	Sobre o salário-base, acrescido das provisões de férias e 13º salário

Como parte da sua política de benefícios, a empresa fornece gratuitamente vales-transportes aos funcionários (dois vales de $ 1,20 cada por dia trabalhado) e almoço com custo estimado em $ 3,40 por dia trabalhado. Despreze encargos ou benefícios extras decorrentes dos vales-transportes e dos almoços. A empresa considera oito dias relativos aos finais de semana do mês e um dia em função de feriado ou falta abonada, não trabalhados. Todos os custos indiretos de fabricação estão relacionados na tabela seguinte:

Descrição	Valor
Aluguel	1.400,00
Energia	900,00
Telefone	200,00
Depreciação	1.600,00
Seguros	190,00
Outros	600,00

[D6] A Competência Terceirização de Pessoal Ltda. pensa em apresentar uma proposta para o fornecimento de mão de obra temporária para uma empresa de eventos. O contrato prevê o fornecimento da seguinte relação dos profissionais, com respectivos salários mensais unitários entre parênteses: oito assistentes ($ 500,00 cada), um coordenador ($ 800,00) e três garçons ($ 320,00). Sobre o valor do salário mais provisões a título de férias (com 1/3) e 13º salário, a empresa considera um percentual de provisões igual a 40% sobre a soma dos três itens. Sabendo que a Competência aplica um multiplicador igual a 1,80 sobre os custos diretos do contrato, calcule o valor mensal que será cobrado do cliente pelo contrato.

126

Capítulo 4 • Os custos e seus componentes

[D7] A Fábrica de Confecções Bem Vestir Ltda., como forma de agilizar o processo de cotação de preços para serviços de corte e costura industrial solicitados por seus clientes, optou por empregar taxas predeterminadas de alocação de custos indiretos da empresa. Os principais gastos estimados (em $ mil) para o ano posterior são: salários e encargos da produção = $ 120; depreciação de máquinas = $ 40; salários e encargos do controle de qualidade industrial = $ 50; outros custos indiretos = $ 10; aluguel de equipamentos industriais = $ 2; gastos com materiais diversos = $ 88. A empresa estima que a utilização da área industrial atingirá o total de 1.800 horas no ano. Com base no critério escolhido pela empresa, estime qual o valor que a empresa cobrará do orçamento número 012853, que prevê o consumo de tecido de algodão especial com custo estimado em $ 3.500,00, aviamentos diversos com custo estimado em $ 800,00 e uma utilização da área industrial estimada em 180 horas. Sabe-se que, aos gastos encontrados, a empresa acrescenta mais 45% a título de lucro, impostos e gastos diversos não computados anteriormente.

[E1] Classifique em verdadeiro ou falso as afirmações a seguir:

a) Gastos com energia elétrica são sempre considerados custos indiretos.

b) Na Contabilidade Financeira, custos indiretos não precisam ser incorporados ao valor dos produtos.

c) O rateio consiste na divisão dos custos indiretos.

d) Apenas os gastos com MOD podem ser empregados como base de rateio.

e) Gastos com MOD consistem na melhor base de rateio de gastos indiretos.

[E2] A Fábrica dos Bolinhos de Chuva produz e comercializa quatro produtos, os bolos prontos Chuvisco, Chuva, Trovoada e Relâmpago. Alguns dos dados principais da empresa estão apresentados na tabela seguinte. Sabe-se que os custos indiretos podem ser rateados mediante diferentes critérios, como: (a) custo com mão de obra direta; (b) custo primário; (c) volume produzido ou quantidades produzidas; (d) quantidade de horas-máquina empregada na produção de cada um dos produtos. Pede-se calcular o custo de produção da empresa para os produtos Chuvisco, Chuva, Trovoada e Relâmpago, respectivamente, empregando os diferentes critérios apresentados.

Produto	Chuvisco	Chuva	Trovoada	Relâmpago	Indiretos	Soma
Quantidade	1.200	800	1.500	500		4.000,00
Preço	5,00	9,00	7,00	13,00		
Horas-máquina	20	70	50	60		
Matéria-prima	3.500,00	3.200,00	3.000,00	3.400,00		13.100,00
Embalagem	600,00	800,00	3.000,00	500,00		4.900,00
Mão de obra	600,00	400,00	600,00	400,00	500,00	2.500,00
Custos diretos	4.700,00	4.400,00	6.600,00	4.300,00		20.000,00
Outros custos indiretos					7.500,00	7.500,00

A Administração de Custos, Preços e Lucros • BRUNI

[E3] As Indústrias Gráficas Boa Presença Ltda. produzem e comercializam quatro artigos diferentes, apresentados como Cadernos, Blocos, Agendas e Cadernetas. Os gastos diretos de cada um dos produtos estão apresentados na tabela seguinte.

Descrição	Cadernos	Blocos	Agendas	Cadernetas	Soma
Papel	14.000,00	10.000,00	20.000,00	8.000,00	52.000,00
Espiral	3.000,00	1.500,00	5.500,00	2.000,00	12.000,00
Capas	1.000,00	500,00	2.500,00	1.000,00	5.000,00
Soma MD	18.000,00	12.000,00	28.000,00	11.000,00	69.000,00
MOD	12.000,00	9.000,00	21.500,00	7.500,00	50.000,00
Soma custos diretos	30.000,00	21.000,00	49.500,00	18.500,00	119.000,00

Os custos indiretos totalizaram $ 40.000,00 no período analisado. Sabe-se que no período analisado foram produzidos 10.000 cadernos, 5.000 blocos, 5.000 agendas e 20.000 cadernetas.

Parte I. Originalmente, a empresa aplicava um critério de rateio de custos indiretos com base no total dos custos diretos de cada um dos produtos. Pede-se: (a) calcule o custo unitário de cada um dos produtos (Cadernos, Blocos, Agendas e Cadernetas, respectivamente).

Parte II. Após analisar seus gastos indiretos, a empresa verificou que $ 20.000,00 correspondiam ao aluguel do galpão industrial onde ficava alojada a produção e $ 15.000,00 correspondiam a gastos com a depreciação dos equipamentos envolvidos na produção. Um levantamento feito junto à área industrial revelou que estes gastos poderiam ser mais bem divididos, considerando as informações apresentadas na tabela seguinte.

Descrição	Cadernos	Blocos	Agendas	Cadernetas	Soma
Área na produção (em m²)	80	240	60	20	400
Valor do imobilizado (em $)	30.000,00	10.000,00	60.000,00	100.000,00	200.000,00

Os demais gastos indiretos, não considerados como aluguel ou depreciação e no valor de $ 5.000,00, deveriam ser rateados mediante o uso dos gastos com MOD. De posse destas novas informações, pede-se: (b) calcule o custo unitário de cada um dos produtos (Cadernos, Blocos, Agendas e Cadernetas, respectivamente), empregando o conceito de departamentalização dos gastos.

[E4] A Imaginário Artefatos produz e comercializa três produtos principais, o abajur Estrela, a luminária Sol e o lustre Lua. Os gastos associados aos três produtos estão apresentados na tabela

Capítulo 4 • Os custos e seus componentes

seguinte. Sabendo que a área de expedição, responsável pelos $ 8.000,00 de custos indiretos, processa 5 lotes de Estrela, 20 lotes de Sol e 175 lotes de Lua, pede-se calcular o custo unitário de cada produto (Estrela, Sol e Lua, respectivamente), empregando: (a) o rateio dos custos com base nos volumes produzidos; (b) o custeio por atividades, empregando o número de lotes expedidos como direcionador de custos.

Descrição	Estrela	Sol	Lua	Soma
Custos diretos	1.500,00	500,00	2.000,00	4.000,00
Custos indiretos				8.000,00
Unidades produzidas e comercializadas	50	100	350	

[E5] A Fábrica de Sorvetes Delícias de Verão Ltda. resolveu estudar os números associados a sua formação de lucros. A empresa produzia sorvetes em embalagens de cinco quilos, nos sabores Caqui, Morango e Uva. Os preços unitários dos três produtos eram respectivamente iguais a $ 13,00, $ 14,00 e $ 16,00, e seus volumes de produção e comercialização eram respectivamente iguais a 800, 400 e 500 unidades.

Alguns dados coletados pela controladoria da empresa estão assim apresentados: gastos com materiais diretos do sabor Caqui = $ 6 mil; depreciação dos equipamentos industriais = $ 2 mil; mão de obra direta unitária do sabor Morango = $ 2,00; gastos com materiais diretos do sabor Morango = $ 2.600,00; gastos com materiais diretos do sabor Uva = $ 4 mil; salários e encargos indiretos da produção (fixos) = $ 4 mil; mão de obra direta unitária do sabor Caqui = $ 1,50; mão de obra direta unitária do sabor Uva = $ 4,00.

Com base nos números fornecidos e sabendo que a empresa emprega os gastos totais com mão de obra direta como critério de rateio de custos indiretos, pede-se obter: (a) o resultado contábil de cada produto; (b) a margem de contribuição de cada produto. Considere, sempre, Caqui, Morango e Uva, respectivamente. Adicionalmente, responda: (c) qual produto está apresentando prejuízo para a empresa? Sua produção deve ser descontinuada?

5 Os custos e a margem de contribuição

Assista à **videoaula**

"Todas as pessoas que chegaram aonde estão tiveram que começar por onde estavam."
Robert Louis Stevenson

5.1 Objetivos de aprendizagem

A margem de contribuição representa um dos mais importantes conceitos em gestão de custos. Corresponde à folga das receitas sobre os gastos variáveis, sejam custos ou despesas. Os efeitos práticos de sua utilização são evidentes: como a margem analisa apenas a relação entre receitas e gastos variáveis, geralmente diretos, foge da polêmica questão do rateio dos gastos indiretos.

Obrigatório na contabilidade financeira e no custeio por absorção, o rateio permite a transferência de todos os gastos produtivos indiretos para os estoques dos diferentes produtos. Porém, ao usar bases subjetivas no processo de divisão de custos indiretos, o custeio por absorção compromete o uso gerencial da informação dos custos para a tomada de decisão.

Este capítulo discute o rateio e os desafios associados à tomada de decisão com o lucro, enfatizando o uso da margem de contribuição e destacando sua importância na contabilidade gerencial. Três objetivos de aprendizagem estão propostos:

- Compreender custos diretos e variáveis;
- Entender rateios e desafios;
- Estudar decisões com custeio e restrições.

5.2 Custeio direto *versus* custeio variável

Um dos maiores problemas da gestão de custos diz respeito ao controle e à distribuição dos custos indiretos. Uma das formas empregadas para facilitar o processo de tomada de decisões empregando dados de custos consiste na não realização de rateios dos custos indiretos.

A Administração de Custos, Preços e Lucros • BRUNI

Embora questionável sob o ponto de vista dos princípios e normas contábeis, o custeio variável assume grande importância na análise de decisões relativas a custos e preços. No método do custeio variável, apenas gastos variáveis são considerados no processo de formação dos custos dos produtos individuais. Custos ou despesas indiretas são lançados de forma global contra os resultados.

As expressões *custeio direto* e *custeio variável* aparecem citadas muitas vezes nos textos sobre custos como sinônimos. No entanto, convém ressaltar as diferenças entre custos variáveis e custos diretos.

Geralmente, dúvidas costumam surgir quando o objeto do sistema de custeio é um produto. Nessas situações, muitos dos custos diretos são também variáveis em decorrência dos volumes produzidos. Por exemplo, gastos com embalagens e matérias-primas são diretos e variáveis. Por outro lado, muitos dos custos indiretos são, também, fixos. Para ilustrar, gastos com depreciações, aluguéis e seguros fabris são, geralmente, indiretos e fixos.

Porém, nem sempre todo gasto direto é variável, ou vice-versa, e nem sempre todo gasto indireto é fixo, ou vice-versa. Por exemplo, gastos com energia elétrica referentes a consumos na produção são geralmente variáveis e indiretos. Assim, os termos *variáveis* e *diretos* não devem ser empregados de forma indistinta.

As duas expressões, *diretos* e *variáveis*, se baseiam em conceitos bastante diferentes. A diferença entre custos diretos e indiretos refere-se à possibilidade de identificação dos gastos com objetos específicos de custeio. Custos variáveis e fixos são distinguidos em função de flutuações nos volumes. Enquanto a primeira dicotomia é foco de atenções de contadores, a segunda é enfatizada nos processos de administração empresarial e análise econômica – embora ambos sejam de fundamental importância na gestão de custos e formação de preços.

Como o uso dos termos *direto* e *variável* nem sempre coincide corretamente com os seus conceitos teóricos, deve-se tomar cuidado com o seu emprego. O custeio variável trata especificamente da análise de gastos variáveis – diretos ou indiretos, custos ou despesas – e sua comparação com as receitas. Da análise comparativa, surge o conceito de margem de contribuição – item de fundamental importância nos processos de tomada de decisões em finanças.

Assim, embora *custeio direto* e *variável* possam ser empregados como sinônimos, neste livro optou-se pelo emprego da expressão *custeio variável*, apresentada e discutida nas páginas seguintes.

5.3 Os problemas dos rateios dos custos

Um dos maiores problemas dos sistemas de custeio consiste na alocação dos custos indiretos (variáveis ou fixos) aos produtos. Em processos de tomada de decisão, muitas vezes os custos fixos rateados de forma imprecisa levam a decisões inadequadas, como o corte de produtos lucrativos ou mesmo o corte inadequado de produtos deficitários.

Capítulo 5 • Os custos e a margem de contribuição

Veja o exemplo fictício da Indústria de Brindes Surpresa apresentado a seguir. Preocupada com a baixa lucratividade de suas operações, a empresa resolveu estudar de forma mais aprofundada os custos dos seus produtos.

A empresa produzia e comercializava lapiseiras e canetas com a logomarca dos clientes. Alguns dos dados financeiros da empresa podem ser vistos na tabela seguinte. A empresa usa o critério da MOD como base de rateio dos Custos Indiretos de Fabricação (todos fixos), que no mês analisado alcançou $ 400,00.

Dado fornecido	Lapiseira	Caneta
Preço de venda unitário	$ 0,50	$ 0,70
Quantidade comercializada	1.000 unidades	1.000 unidades
Material direto total	$ 100,00	$ 400,00
Mão de obra direta total	$ 140,00	$ 60,00

Empregando o sistema de custeio por absorção, a DRE por produto e total da empresa pode ser vista na tabela seguinte.

DRE Sintética Rateio com base em MOD	Lapiseira (1.000 un.)		Caneta (1.000 un.)		Total Geral
	Total	Unitário	Total	Unitário	
Receita	500,00	0,50	700,00	0,70	1.200,00
(–) Custos					
MD	100,00	0,10	400,00	0,40	500,00
MOD	140,00	0,14	60,00	0,06	200,00
MOD%	70%		30%		100%
CIF	280,00	0,28	120,00	0,12	400,00
Soma dos custos	520,00	0,52	580,00	0,58	1.100,00
Lucro	(20,00)	(0,02)	120,00	0,12	100,00

De acordo com a DRE anterior, a empresa estaria com problemas no produto lapiseira, que apresentaria um resultado unitário negativo, igual a $ 0,02. Assim, a DRE construída com base no critério do custeio por absorção faria a sugestão da eliminação deste produto.

Com a eliminação do produto lapiseira, a nova DRE da empresa pode ser vista a seguir. A empresa, que possuía um resultado positivo e igual a $ 100,00, passa a apresentar

133

A Administração de Custos, Preços e Lucros • BRUNI

um prejuízo igual a $ 160,00 por mês. Tal fato ocorre porque a eliminação do produto lapiseira faz com que todos os custos indiretos (e fixos) passem a ser absorvidos pelo produto caneta.

DRE Sintético Com a eliminação da lapiseira	Caneta (1.000 un.)	
	Total	Unitário
Receita	700,00	0,70
(–) Custos		
MD	400,00	0,40
MOD	60,00	0,06
CIF	400,00	0,40
Soma dos custos	860,00	0,86
Lucro	(160,00)	(0,16)

Em outras palavras, o fato de empregar a análise da lucratividade com base no custeio por absorção e mediante rateios arbitrários causa uma grande distorção nas informações obtidas, podendo levar a conclusões e atitudes equivocadas.

A própria lógica do rateio poderia ser questionada nesta situação. Se, por exemplo, a empresa empregasse os gastos com materiais diretos como critério de rateio, as conclusões seriam opostas. Neste caso, o produto caneta passaria a apresentar resultado negativo, conforme apresentado na tabela seguinte.

DRE Sintética Rateio com base em MD	Lapiseira (1.000 un.)		Caneta (1.000 un.)		Total Geral
	Total	Unitário	Total	Unitário	
Receita	500,00	0,50	700,00	0,70	1.200,00
(–) Custos					
MD	100,00	0,10	400,00	0,40	500,00
MD %	20%		80%		100%
MOD	140,00	0,14	60,00	0,06	200,00
CIF	80,00	0,08	320,00	0,32	400,00
Soma dos custos	320,00	0,32	780,00	0,78	1.100,00
Lucro	180,00	0,18	(80,00)	(0,08)	100,00

Capítulo 5 • Os custos e a margem de contribuição

Outro ponto polêmico do custeio por absorção e da mecânica de acumulação nos custos de produção dos custos fixos pode ser visto no exemplo da Companhia Sobe e Desce Bem Rápido Ltda. Nos últimos cinco meses, o volume de produção da empresa oscilou, conforme apresentado na tabela seguinte.

Mês	jan.	fev.	mar.	abr.	maio
Volume (un.)	100	5	200	4	350

Os custos variáveis da empresa no período analisado não se alteraram, mantendo-se estáveis em cerca de $ 10,00 por unidade. Os custos *considerados* fixos foram iguais a $ 150,00; $ 140,00; $ 160,00; $ 130,00 e $ 180,00 para os meses de janeiro a maio, respectivamente. Convém recordar que a definição de custos fixos está associada à ausência de relação com os volumes produzidos. Um gasto fixo pode ser variável no tempo. Ele não pode ser variável conforme a produção.

Nota-se, claramente, que os meses mais eficientes para a empresa foram os de fevereiro e abril – que apresentaram os mesmos gastos variáveis unitários, porém gastos fixos menores.

Porém, após aplicar o custeio por absorção e encontrar o custo médio unitário de cada período, os resultados obtidos podem ser verificados na tabela seguinte.

Mês	jan.	fev.	mar.	abr.	maio
Custo fixo	150,00	140,00	160,00	130,00	180,00
Custo variável	1.000,00	50,00	2.000,00	40,00	3.500,00
Custo total	1.150,00	190,00	2.160,00	170,00	3.680,00
Volume	100	5	200	4	350
Custo unitário	**11,50**	**38,00**	**10,80**	**42,50**	**10,51**

Com base nos custos unitários encontrados, um analista poderia achar exatamente o contrário do que foi exposto anteriormente. Analisando de forma grosseira os números, seria possível achar que os piores resultados para a empresa ocorreram exatamente nos meses de fevereiro e abril, que apresentaram os maiores custos unitários médios.

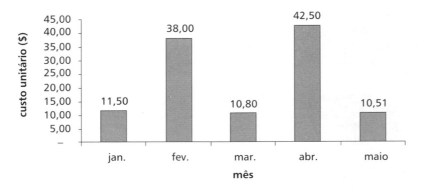

Figura 5.1 Evolução dos custos unitários.

A figura anterior ajuda a ilustrar a confusão causada pelo custeio por absorção e pela aplicação de rateios. Aparentemente, os piores meses para a empresa seriam fevereiro e abril. Na verdade, porém, ocorreu o contrário. Em fevereiro e abril a empresa apresentou seus melhores índices de eficiência produtiva.

5.4 A eliminação dos problemas e dos rateios

Os rateios de custos indiretos, formados em boa parte por custos fixos, podem distorcer os processos de tomada de decisões em finanças. Uma solução para os problemas decorrentes do emprego de rateios consistiria na sua eliminação. Isto é, apenas os custos diretos ou variáveis seriam associados aos produtos. Todos os custos fixos e indiretos deveriam ser subtraídos da margem de contribuição total – sem divisões ou rateios.

O processo de formação de custos com base apenas nos gastos variáveis facilita a tomada de decisões. Custos e despesas fixas nunca são rateados.

Para o exemplo anterior da fábrica de Brindes Surpresa, a aplicação do custeio variável poderia ser vista na seguinte DRE.

DRE Sintético – Variável *Sem nenhum rateio*	Lapiseira *(1.000 un.)*		Caneta *(1.000 un.)*		Total Geral
	Total	Unitário	Total	Unitário	
Receita	500,00	0,50	700,00	0,70	1.200,00
(–) Custos Variáveis					
MD	100,00	0,10	400,00	0,40	500,00
MOD	140,00	0,14	60,00	0,06	200,00

(continua)

Capítulo 5 • Os custos e a margem de contribuição

(continuação)

DRE Sintético – Variável *Sem nenhum rateio*	Lapiseira *(1.000 un.)*		Caneta *(1.000 un.)*		Total Geral
	Total	Unitário	Total	Unitário	
Margem de Contribuição	260,00	0,26	240,00	0,24	500,00
CIF					400,00
Lucro					100,00

Com base na DRE obtida após a aplicação do custeio variável, percebe-se que nenhum produto deveria ser eliminado – já que a margem de contribuição (preço menos gastos variáveis) dos dois produtos foi positiva. A tomada de decisão torna-se, então, muito mais simples.

Muitas podem ser as distorções causadas pelos rateios de custos indiretos. Uma solução para os problemas decorrentes do rateio consiste em sua não realização. Apenas os gastos variáveis são alocados aos produtos. Os demais gastos fixos são deduzidos diretamente da margem de contribuição. Assim, a tomada de decisão torna-se mais fácil.

> **Método de custeio por absorção *versus* variável:** no sistema de custeio variável, apenas os custos variáveis são atribuídos aos produtos elaborados, que juntamente com as despesas variáveis serão subtraídos da receita, gerando um valor que é denominado margem de contribuição. Os custos e as despesas fixas serão abatidos da margem de contribuição do período.

De modo geral, assume-se que custos fixos e rateios podem comprometer as decisões empresariais. Alguns dos principais aspectos destacados[1] podem ser apresentados como:

a) custos fixos, por sua própria natureza, existem independentemente da fabricação ou não desta ou de outra unidade. Existem no mesmo montante, mesmo que oscilações [2] ocorram no volume de produção. Os custos fixos correspondem aos encargos incorridos pela empresa para participar do *jogo* – é o *cacife* desembolsado para poder ofertar seus produtos e serviços. Não representam sacrifícios para a produção de unidades específicas;

---

[1] Martins (1998, p. 214-215).
[2] Dentro de certos limites. No longo prazo, com amplas variações de produção e vendas, todos os custos são variáveis.

A Administração de Custos, Preços e Lucros • BRUNI

b) como não são associados diretamente aos produtos, os custos fixos são rateados com base em critérios caracterizados por arbitrariedades. As bases volumétricas geralmente empregadas não expressam diretamente o consumo de recursos e a alocação de custos a cada produto. Alterações de procedimentos contábeis e financeiros de distribuição de custos podem afetar a rentabilidade dos produtos analisados – como no caso da Indústria de Brindes Surpresa – sem que nada seja alterado na empresa que os produz;

c) o valor do custo fixo unitário depende dos volumes produzidos – o aumento dos volumes e as economias de escala ocasionam menores custos fixos por unidade e vice-versa. O emprego dos custos nas decisões deve estar associado aos volumes analisados. Reduções de itens pouco lucrativos, segundo o custeio por absorção, podem piorar a situação global da empresa, em decorrência da redução dos volumes ofertados. De forma similar, aumento de preços para compensar altos níveis de elevados custos obtidos pelo mecanismo da absorção pode ocasionar reduções de volumes vendidos e produzidos, complicando ainda mais a rentabilidade. Quando diferentes produtos são elaborados e comercializados, a análise dos custos, preços e lucros conjuntos torna difícil o processo de gestão com base no custeio por absorção.

Em função das distorções causadas pelos rateios de custos fixos ou indiretos, genericamente, no processo de tomada de decisões sugere-se a adoção do custeio variável. Algumas das principais vantagens[3] do método de custeio direto podem ser descritas como o fato de impedir que aumentos de produção que não correspondam a aumento de vendas distorçam dos resultados e consistir em melhor ferramenta para a tomada de decisões dos gestores, já que o método de custeio por absorção pode induzir a decisões erradas sobre a produção.

Como desvantagens do custeio variável[4] podem-se citar os fatos de que, na existência de *custos mistos* (custos com uma parcela fixa e outra variável), nem sempre é possível separar objetivamente a parcela fixa da parcela variável – mesmo existindo técnicas estatísticas, como a análise de regressão, muitas vezes a divisão torna-se tão arbitrária como o rateio dos CIFs no custo por absorção. Outra desvantagem consistiria no fato do custeio variável não ser aceito pela Auditoria Externa das empresas, nem pela legislação do Imposto de Renda, bem como por uma parcela significativa de contadores.

O custeio variável fere os princípios contábeis, especialmente o princípio da competência e da confrontação. Segundo esses dois princípios, as receitas devem ser apropriadas e delas devem ser deduzidos todos os sacrifícios envolvidos na sua obtenção. Dentro desse raciocínio, não seria justo abater todos os custos fixos das receitas atuais, se uma parte dos produtos elaborados somente for comercializada no futuro. Uma parte dos custos – sejam variáveis ou fixos – somente deveria ser lançada contra as receitas no momento da efetiva saída dos produtos.

---

[3] Neves e Viceconti (2000, p. 146).
[4] Neves e Viceconti (2000, p. 146).

Capítulo 5 • Os custos e a margem de contribuição

Porém,[5] a não adequabilidade do custeio variável em relação à legislação e às normas contábeis não impede o seu uso interno e as suas aplicações e desenvolvimentos na contabilidade gerencial. Mesmo a contabilidade financeira pode empregar o custeio variável durante o ano, tomando o cuidado de ajustá-lo às normas e legislação no final de cada exercício – já que a manutenção da Consistência é obrigatória entre as demonstrações de fins de exercícios.

Uns poucos amendoins e muitas dúvidas[6]

LEIA A ESTÓRIA APRESENTADA A SEGUIR E DISCUTA: VALE A PENA VENDER OS AMENDOINS?

Tudo o que é preciso saber antes de ampliar o seu negócio – ou de como há mais coisa entre você e o seu lucro do que pode imaginar a vã filosofia...

Jonas Gudaidias, dono de uma pequena casa de lanches rápidos, decidiu colocar sobre o balcão do estabelecimento uma prateleira com alguns saquinhos de amendoins com a esperança de faturar um dinheiro extra. Comunicou a importante decisão ao seu homem de confiança, o contador Rateando Comvontade, que de tão perspicaz e rápido em defender seus pontos de vista sempre pareceu a Gudaidias um super-herói das finanças. Aqui, segue a conversa entre os dois:

Rateando – Sr. Gudaidias, o senhor disse que colocou estes amendoins aqui no balcão porque alguns clientes estavam pedindo. Mas eu pergunto: será que o senhor sabe mesmo quanto os tais amendoins vão lhe custar?

Gudaidias – Do que você está falando? É claro que não vão custar grande coisa! Amendoim é artigo barato. Por isso, vão dar lucro, um belo lucro. Eu paguei uns $ 250,00 por esta prateleira, assim os amendoins vão chamar mais atenção dos fregueses, mas este desembolso é praticamente nada. Depois, cada saquinho me custa $ 0,50 e eu vou vender por $ 1,00. Espero vender 50 por semana, para começar, e se tudo correr como eu imagino, em dez semanas eu cubro os custos da prateleira. Depois disso, passo a ganhar $ 0,50 em cada saquinho de amendoim.

Rateando – Lamento dizer, sr. Gudaidias, mas essa é uma abordagem antiquada, ultrapassada e absolutamente não realista. Não é assim que se raciocina quando se quer decidir pela implantação de um negócio. Felizmente, os modernos procedimentos contábeis permitem traçar um quadro mais preciso da situação que, indiscutivelmente, revelará complexidades subjacentes, importantíssimas de se levar em conta antes de seguir em frente.

Gudaidias – O quê?

---

[5] Conforme ressaltado por Martins (1998, p. 220).

[6] Texto utilizado pela School of Business Administration da University of Western Ontario, Canadá, enviado por *e-mail* por um ex-aluno. A estória, que circula como piada na Internet, consiste em adaptação do Caso Joe, elaborado orginalmente por Anthony, e apresentado em diferentes textos sobre contabilidade de custos, como Leone (1996) e Bruni e Famá (2003). Nas minhas aulas eu costumo pedir para dois alunos "interpretarem" a estória.

A Administração de Custos, Preços e Lucros • BRUNI

Rateando – Calma, calma, eu explico. O senhor não pode pensar nesses amendoins isoladamente. Eles devem ser integrados às suas operações comerciais. Isso significa que os amendoins precisam arcar com a sua parcela nos custos gerais do negócio. Eles não podem, de maneira alguma, ficar alheios à parte que lhes cabe nos gastos do aluguel, aquecimento, luz, depreciação dos equipamentos, decoração, salários das garçonetes, do cozinheiro...

Gudaidias – Do cozinheiro? Mas o que é que o cozinheiro tem a ver com os amendoins? Ele nem sabe que eu tenho os amendoins...

Rateando – Veja bem, sr. Gudaidias, acompanhe o meu raciocínio. O seu cozinheiro está, como não poderia deixar de ser, na cozinha, e é a cozinha que prepara a comida. A comida atrai as pessoas para cá, e são as pessoas que perguntam se o senhor tem amendoins para vender. É por isso que o senhor deve fazer com que os amendoins paguem uma parte do ordenado do cozinheiro e também uma parte dos seus próprios ganhos. Nestas contas que eu fiz com cuidado, levando em consideração todos os custos da casa, fica bem claro: o negócio dos amendoins precisa arcar semanalmente com $ 127,00 dos gastos gerais.

Gudaidias – Os amendoins? Gastam $ 127,00 por semana de gastos gerais? Os coitados dos amendoins? Ai, meu Deus!

Rateando – Na ponta do lápis, é um pouco mais do que isto. Não se pode esquecer que o senhor também gasta dinheiro todas as semanas para lavar as prateleiras, para mandar varrer o chão e para repor o sabonete do toalete. Com isso, os custos plenos atingem $ 131,00 por semana.

Gudaidias – (pensativo) Mas quem me vendeu os amendoins me garantiu que eu ia ganhar um bom dinheiro com eles. É só colocar os saquinhos à vista do freguês e ir faturando cinquenta centavinhos de lucro em cada um, ele me disse.

Rateando – (com um certo ar de superioridade) Acontece que esse vendedor não é um teórico em Contabilidade de Custos, como eu. Não leva os detalhes em conta. Por exemplo, o senhor sabe quanto vale aquele canto no balcão onde está a prateleira dos amendoins?

Gudaidias – Que eu saiba, nada. Não me serve para nada; é só um pedaço de balcão sem utilidade.

Rateando – Um enfoque moderno de custos não permite a existência de locais sem limites num negócio. O seu balcão tem cerca de seis metros quadrados, e fatura em torno de $ 15.000,00 por ano. Calculei com precisão o espaço ocupado pela prateleira dos amendoins e posso afirmar que ela lhe custa $ 25,00 por semana. Como a prateleira está impedindo que o balcão seja usado, não há outra alternativa senão cobrar a ocupação do balcão.

Gudaidias – Isso por acaso quer dizer que eu vou ter de repassar mais esses $ 25,00 semanais para o preço dos amendoins?

Rateando – Exatamente. O que elevaria a sua parcela de custos operacionais gerais com os amendoins para um total final e definitivo de $ 156,00 por semana. Ora, como

Capítulo 5 • Os custos e a margem de contribuição

o senhor pretende vender 50 saquinhos de amendoins por semana, se efetuarmos a alocação dos custos, vamos constatar que estes saquinhos deverão ser vendidos por $ 3,12 cada um, e não por $ 1,00.

Gudaidias – O quê?

Rateando – Ah! Ainda estamos esquecendo uma coisa: a esse preço, deve ser acrescentado o custo da compra de $ 0,50 por saquinho, o que perfaz um total de $ 25,00 por semana. Deste modo, o senhor há de compreender que, vendendo amendoins a $ 1,00, como era a sua intenção, estará incorrendo num prejuízo de $ 2,62 em cada venda. Portanto, o amendoim terá que ser comercializado a $ 4,12 para manter o lucro de $ 0,50.

Gudaidias – Mas isso é uma loucura! A esse preço eu não conseguirei vender os amendoins! Fica muito caro!

Rateando – De jeito nenhum! Os números não mentem jamais, e eles provam que o seu negócio de amendoins não tem futuro.

Gudaidias – (com ar de quem descobriu o pulo do gato) E se eu vender muito, muito amendoim, digamos 1.000 saquinhos por semana em vez de 50?

Rateando – (com toda paciência do mundo) Sr. Gudaidias, parece que o senhor não compreende o problema... Se o volume de vendas aumentar, os gastos operacionais também aumentarão. O senhor terá mais trabalho, isso lhe tomará mais tempo e, como haverá mais mercadoria em jogo, a depreciação será maior. O princípio básico da contabilidade é inequívoco nesse ponto: "Quanto maior a operação, maiores os gastos a serem alocados." Não, não, infelizmente aumentar o volume de vendas não vai ajudar neste caso. Análises modernas de custos são para isso mesmo, sr. Gudaidias. Para que não haja ilusões no mundo dos negócios.

Gudaidias – Tudo bem, tudo bem. Então o que é que eu faço?

Rateando – (condescendente) Bem, o senhor poderia reduzir os custos operacionais. Para começar, mude-se para um prédio de aluguel mais barato. Depois, reduza os salários dos seus funcionários. Passe a lavar as janelas a cada 15 dias e mande varrer o chão só às quintas-feiras. Acabe com a mordomia do sabonete na pia do toalete. Diminua o valor do metro quadrado do seu balcão. Se com tudo isso o senhor reduzir suas despesas em 50%, a parcela que cabe aos amendoins cairá substancialmente. Aí, os amendoins poderão ser vendidos a $ 3,00 o saquinho para ter lucro.

Gudaidias – (pasmo) Você quer dizer que, mesmo depois de cortar os meus custos operacionais pela metade, eu ainda vou ter que cobrar $ 3,00 por saquinho de amendoins? Ninguém é bobo de pagar este preço! Quem é que vai querer comprar os meus amendoins?

Rateando – Esse são outros quinhentos, sr. Gudaidias. O fato é que a este valor o senhor estaria vendendo amendoins a um preço baseado numa real e relevante estimativa dos custos já reduzidos.

Gudaidias – (afobado) Olhe aqui, eu tenho uma ideia melhor. Por que eu não jogo fora de uma vez todos esses malditos amendoins? Que tal se eu colocar todos eles no lixo?

141

A Administração de Custos, Preços e Lucros • BRUNI

Rateando – O senhor pode se dar a esse luxo?

Gudaidias – Mas é claro. Eu só comprei 50 saquinhos, que me custaram uns trocados, apenas. Meu maior gasto foi com a prateleira, mas tudo bem, prefiro perder esse dinheiro e cair fora desse negócio maluco.

Rateando – (balançando a cabeça) Aí é que o senhor se engana; as coisas não são assim tão simples. Afinal, o senhor já ingressou no ramo dos amendoins, e no instante em que se desfizer deles estará acrescentando $ 156,00 semanais – a parte deles, no seu negócio – aos gastos da sua operação. Portanto, seja realista: será que o senhor pode mesmo encerrar as vendas dos amendoins?

Gudaidias – (arrasado) Eu não acredito! Na semana passada, eu era um próspero comerciante, tinha pela frente a perspectiva de um dinheiro a mais e agora estou aqui, metido em uma complicação daquelas só porque eu pensei que uns amendoins no balcão poderiam melhorar o meu caixa.

Rateando – (erguendo a sobrancelha) Vamos, vamos, sr. Gudaidias, não é o fim do mundo. Ainda bem que nós temos essas análises modernas de custos. Sem elas, como poderíamos desfazer falsas ilusões como essa dos amendoins?

Em outras palavras... muito cuidado com o rateio de custos indiretos.

O texto revela os conflitos entre a contabilidade financeira, representada pelo Sr. Rateando, e a contabilidade gerencial, representada pelo Sr. Gudaidias. O Sr. Rateando, aqui representando um personagem caricato, com ideias bastante distorcidas, apresenta alguns procedimentos marcantes da contabilidade financeira, como a questão do rateio dos gastos. Em alguns momentos, pode ter até alguma razão, como no caso de transferir para os amendoins parte dos gastos do salário do cozinheiro – que, embora não participe da elaboração dos amendoins, elabora os pratos do restaurante, que atraem os consumidores que, posteriormente, compram os amendoins.

Mas, na maior parte das ocasiões, Rateando representa um personagem confuso. Sua confusão exagera-se a ponto de interferir na condução operacional do negócio como a questão da mudança de localização – negando a existência do valor do ponto comercial ou a esdrúxula e anti-higiênica recomendação do corte do sabonete ou na redução do número de lavagens de janela. Outro comentário absurdo diz respeito à não consideração do mercado e de sua percepção de valor pelos produtos ofertados. Os números não mentiriam jamais e o processo de formação de preços seria simples – somam-se gastos e lucros, e dane-se o mercado. Eis o preço formado pela empresa.

Após cálculos confusos, onde até o inexistente custo de oportunidade do pedaço não utilizado do balcão é considerado e inúmeros processos de rateio, Rateando chega à conclusão de que, para ser viável, o preço praticado pelos amendoins deveria ser muito maior. Assim, o negócio com preço de apenas $ 1,00 seria inviável.

Capítulo 5 • Os custos e a margem de contribuição

Por outro lado, Gudaidias apresenta uma forma de pensar muito simples e clara. Já que os gastos fixos da operação são se alterariam, ele pensa apenas nos gastos variáveis. Compraria cada saquinho de amendoins por $ 0,50 e venderia por $ 1,00. O ganho, expresso sob a forma de margem de contribuição, seria igual a $ 0,50. Positivo, indicando uma boa decisão. Assim, analisado sob a forma da margem de contribuição, o negócio seria viável e plenamente justificado.

De forma resumida, assumindo a premissa da não variação dos demais gastos fixos da operação, é plenamente justificada a forma de pensar do empresário Gudaidias. Neste processo de análise, o uso da margem de contribuição é fundamental e preponderante. A venda dos amendoins representa um bom negócio.

A contabilidade de ganhos *versus* a contabilidade de custos

Um uso interessante e bastante difundido decorrente da análise da margem de contribuição pode ser visto na Teoria das Restrições, TOC, da expressão em língua inglesa *Theory of Constraints*. A teoria consiste em uma metodologia de análise desenvolvida pelo físico israelense Eliyahu Goldratt. Envolvido com problemas de logística de produção, Goldratt elaborou um método de administração da produção totalmente novo, e ficou intrigado com o fato de alguns métodos da administração da produção tradicionais e da contabilidade de custos não fazerem muito sentido lógico.

A sua proposta básica consiste na análise da margem da contribuição por unidade de recurso-gargalo existente em um processo produtivo. Gargalo, por sua vez, representa um impedimento, uma restrição ao fluxo de produção em determinado processo.

Para ilustrar, imagine que determinada indústria de guarda-chuvas produza dois produtos principais, denominados Sombreiro e Sombrinha. O primeiro apresenta custos diretos iguais a $ 9,00 e preço de venda igual a $ 21,00. O produto Sombrinha, por sua vez, apresenta um preço de venda igual a $ 20,00, com custos diretos iguais a $ 10,00. A demanda semanal dos dois produtos é igual a 1.200 unidades.

O processo produtivo da empresa caracteriza-se pela presença de dois equipamentos principais, denominados A e B. O equipamento A possui uma disponibilidade de uso de 3.600 minutos semanais, enquanto o equipamento B, em função da necessidade de manutenções e ressuprimentos mais intensos, apresenta uma disponibilidade de apenas 2.400 minutos.

O produto Sombreiro consome 2,0 minutos de A e 1,5 minutos de B, enquanto o produto Sombrinha consome um minuto de ambos os equipamentos. Um resumo dos dados pode ser visto na tabela seguinte.

Descrição	Sombrinha	Sombreiro
Preço ($)	21,00	20,00
Custos diretos e variáveis ($)	9,00	10,00
Demanda semanal (unidades)	1.200	1.200
Tempo de processo em A (min)	2,0	1,0
Tempo de processo em B (min)	1,5	1,0

O primeiro passo para aplicar os conceitos da TOC envolveria a determinação do gargalo da produção. Nesta fase, deve-se verificar qual a possível razão para um estrangulamento da capacidade produtiva. Caso toda a demanda fosse atendida, ou seja, caso fossem produzidas 1.200 unidades de cada um dos dois produtos, seriam precisos 3.600 minutos produtivos do equipamento A e 3.000 minutos produtivos de B. Veja a tabela seguinte.

Descrição	Sombrinha	Sombreiro	Soma
Demanda semanal (unidades)	1.200	1.200	
Tempo unitário de processo em A (min)	2,0	1,0	
Tempo total de processo em A (min)	2 × 1.200 = 2.400	1 × 1.200 = 1.200	3.600
Tempo unitário de processo em B (min)	1,5	1,0	
Tempo total de processo em B (min)	1,5 × 1.200 = 1.800	1 × 1.200 = 1.200	3.000

Como não seria possível atender a toda a demanda, já que a empresa apresenta uma disponibilidade máxima de B igual a 2.400 minutos, seria preciso determinar um *mix* de produção otimizado, em conformidade com a restrição apresentada. Por *mix* de produção otimizado entenda-se aquele que é capaz de fornecer o maior lucro ou a maior margem de contribuição total e combinada. Para isso, as margens de contribuição deveriam ser analisadas. Veja a tabela seguinte.

Descrição	Sombrinha	Sombreiro
Preço ($)	21,00	20,00
Custos diretos ($)	9,00	10,00
Margem de contribuição ($)	12,00	10,00

Capítulo 5 • Os custos e a margem de contribuição

O produto Sombrinha apresenta uma margem de contribuição igual a $ 12,00, enquanto o Sombreiro apresenta uma margem de contribuição a $ 10,00. À primeira vista, um leigo pensaria em determinar o *mix* para otimizar os resultados da empresa, priorizando os produtos de maior margem. No caso, o produto Sombrinhas, com maior MC unitária.

Porém, neste caso existe a restrição à produção, representada pelo equipamento B. Assim, o que se deve buscar otimizar é a margem por uso de recurso gargalo, objetivo maior da TOC. Assim, seria preciso calcular qual a margem de contribuição por tempo de uso do equipamento B, gargalo da empresa. Estas margens estão apresentadas na tabela seguinte, para os dois produtos.

Descrição	Sombrinha	Sombreiro
Preço ($)	21,00	20,00
Custos diretos ($)	9,00	10,00
Margem de contribuição ($)	12,00	10,00
Tempo de processo em B (min)	1,5	1,0
Margem de contribuição/minuto ($/min)	8,00	10,00

Nota-se que, embora haja maior margem de contribuição unitária, o produto Sombreiro apresenta uma margem por uso de B menor que a do produto Sombrinha. Logo, este último deveria ser priorizado na determinação do *mix* de produção.

Como a demanda para Sombreiros é igual a 1.200 unidades por semana, esta deveria ser a sua produção. Com esse volume de produção, o uso de B corresponderia a 1.200 minutos, restando ainda 1.200 minutos dos 2.400 disponíveis de B. Como cada Sombrinha consome 1,5 minuto de B, seria possível produzir 800 unidades destes. Considerando as margens de contribuição unitárias iguais a $ 12,00 e $ 10,00 para Sombrinha e Sombreiro, obteríamos uma margem de contribuição total igual a $ 21.600,00.

5.5 Resumo do capítulo

Este capítulo discutiu a margem de contribuição e os seus desafios no suporte ao processo de tomada de decisão. Sua leitura cuidadosa e a resolução das atividades propostas devem ter possibilitado alcançar os objetivos de aprendizagem apresentados:

- **Compreender custos diretos e variáveis.** Vimos que em função da possibilidade de mensuração específica ou objetiva, os gastos podem ser chamados de diretos. Em função da sua oscilação conforme os volumes de produção e vendas, podem ser chamados de variáveis.

A Administração de Custos, Preços e Lucros • BRUNI

- **Entender rateios e desafios.** Analisamos os desafios associados aos rateios e a possibilidade do uso da margem de contribuição como medida de suporte ao processo de tomada de decisão.
- **Estudar decisões com custeio e restrições.** Compreendemos o uso de indicador baseado na relação entre margem de contribuição e recurso gargalo consumido como suporte à decisão em situações marcadas por restrições.

Exercícios propostos

As atividades de aprendizagem aqui propostas exploram os blocos de conteúdos apresentados ao longo do capítulo. Estão organizadas em blocos que exploram: a) custos diretos e variáveis; b) rateios e desafios; c) custeio e restrições.

[A1] Classifique em verdadeiro (V) ou falso (F) as seguintes afirmações:

a) A margem de contribuição apresenta o conceito de receitas menos gastos indiretos.

b) Um comerciante compra um produto por $ 10,00 e o vende por $ 15,00. Não incorrendo em outros gastos variáveis, seu lucro é igual a $ 5,00.

c) Um lojista compra uma camisa por $ 10,00 e a vende por $ 20,00. Sabendo que paga 10% de comissão, não incorrendo em outros gastos variáveis, sua margem de contribuição é igual a $ 8,00.

d) Um produto é vendido por $ 50,00, apresentando uma margem de contribuição igual a $ 10,00. Supondo a inexistência de outros gastos ou impostos percentuais sobre as vendas, pode-se dizer que um desconto de 8% no preço provoca uma redução de 40% na margem de contribuição.

e) Os gastos com MOD correspondem ao critério mais apropriado para o rateio de gastos indiretos.

f) O custeio variável é marcado pela análise das margens de lucro dos diferentes produtos ou serviços comercializados.

g) A análise da margem de contribuição marca a forma de analisar as receitas e os gastos pela contabilidade financeira.

h) Um produto com margem de lucro positiva costuma apresentar margem de contribuição positiva.

i) Um serviço com margem de lucro negativa pode apresentar margem de contribuição positiva.

j) Uma empresa obteve, no primeiro semestre de 2002, uma Receita com Vendas no montante de $ 1.650.000,00, um Custo Variável de Fabricação de $ 720.000,00, uma Despesa Variável de Vendas de $ 135.000,00 e um Custo Fixo de Fabricação de $ 320.000,00. A Margem de Contribuição pelo Custeio Variável é igual a $ 795.000,00 no semestre.

k) Em relação à afirmação anterior, o Resultado Bruto pelo Custeio por Absorção no semestre é igual a $ 610.000,00.

Capítulo 5 • Os custos e a margem de contribuição

[A2] Uma loja de artesanatos compra um vaso de cerâmica por $ 16,00 e o vende por $ 30,00. Sabendo que sobre o preço de venda incidem impostos no valor de 10% e que a empresa paga uma comissão aos seus funcionários de 5%, calcule a margem de contribuição registrada para o vaso de cerâmica.

[A3] Uma fábrica de brinquedos elabora produtos sob encomenda, vendidos a clientes de diferentes estados do Brasil. Uma amostra dos produtos da empresa está apresentada na tabela seguinte. Pede-se encontrar a margem de contribuição de cada um dos produtos respectivamente apresentados (Gangorra, Pula-pula, Pião e Dominó).

Produto	Gangorra	Pula-pula	Pião	Dominó
Preço	140,00	70,00	15,00	26,00
Gastos variáveis	55,00	28,00	5,00	10,00
Impostos no preço	7%	12%	18%	18%
Comissão	2%	3%	1%	5%
Frete	2%	2%	3%	2%

[A4] As Lojas Ômega pensam em promover uma grande liquidação, oferecendo um desconto especial de 5% sobre os preços que pratica. Porém, deseja estabelecer metas de vendas que permitam manter ou não reduzir as margens de contribuição totais de cada um dos produtos comercializados.

Produto	Preço de Venda	Impostos (%)	Custo de aquisição	Volume de vendas
a) Cadeiras Praiana	80,00	18%	30,00	100
b) Espreguiçadeiras Alta	120,00	18%	50,00	30
c) Bancos Tamborete	60,00	8%	30,00	40
d) Mesas Suporte	250,00	12%	120,00	20

Pede-se calcular quantas unidades a mais devem ser vendidas de cada um dos produtos de forma a manter o que a empresa deseja. Aproxime o resultado para o inteiro superior.

[A5] Uma pequena indústria de móveis produz e comercializa três produtos: mesas, cadeiras e estantes. A empresa emprega o critério de rateio dos gastos indiretos com base nos materiais diretos consumidos. Durante o primeiro mês de atividade da empresa, foram produzidas 30 mesas (m), 120 cadeiras (c) e 40 estantes (e). Os preços de venda dos três produtos são respectivamente iguais a $ 300,00, $ 150,00 e $ 600,00. Os gastos associados ao primeiro mês podem ser vistos na tabela seguinte. Após classificar cada um dos gastos, pede-se construir o DRE por

A Administração de Custos, Preços e Lucros • BRUNI

produto da empresa. Após a construção, determinar para cada produto (mesa, cadeira e estante, respectivamente): (a) o custo unitário de cada produto; (b) o lucro unitário de cada produto; (c) a margem de contribuição unitária de cada produto.

Descrição	Valor ($)
Madeiras, parafusos, cola e embalagem de cadeiras	7.200,00
Mão de obra de estantes	7.200,00
Madeiras, parafusos, cola e embalagem de estantes	8.000,00
Mão de obra de mesas	1.800,00
Outros custos indiretos	1.000,00
Salários indiretos da produção	6.000,00
Aluguel do galpão industrial	2.000,00
Mão de obra de cadeiras	8.400,00
Madeiras, parafusos, cola e embalagem de mesas	4.800,00

[B1] Classifique em verdadeiro (V) ou falso (F) as seguintes afirmações:

a) Sempre é possível efetuar o rateio de forma objetiva e clara.

b) Gastos com MOD podem ser usados como bases de rateio.

c) Um produto pode apresentar resultado negativo (prejuízo) e contribuição positiva.

[B2] Após anos comercializando com grande sucesso os doces Compota e Cascão, a Fábrica Divina Delícia Ltda. iniciou uma fase difícil. Novos fabricantes, dotados de máquinas e equipamentos mais novos e eficientes, passaram a conquistar com cada vez mais intensidade o até então mercado cativo da Divina Delícia. O mercado para o produto Cascão tornou-se extremamente competitivo. A empresa, que possuía uma capacidade instalada que permitia a produção de 600.000 kg mensais de doces, passou a produzir e comercializar apenas 250.000 kg. A indústria também fora obrigada a cortar o preço em quase 30%.

Em outubro do ano passado, Luiz Meira, diretor de Marketing e Finanças, andava preocupado. Segundo suas palavras:

– Do jeito que as coisas andam, eu não sei não. Nossa rentabilidade está diminuindo ano a ano. Precisamos encontrar uma solução imediata. Talvez seja preciso eliminar o produto Cascão. Porém, creio que esta decisão pouco incrementaria as vendas do produto Compota...

Para ajudar Meira em seu processo de tomada de decisões, foram fornecidos alguns dados contábeis financeiros da empresa do mês passado. Tudo o que é produzido é imediatamente comercializado.

Com base nesses números, elabore o DRE por produto da empresa, empregando o sistema de custeio por absorção e os gastos totais com mão de obra direta como critério de rateio (divisão) dos custos indiretos. Pede-se analisar: (a) A lucratividade contábil do produto Cascão é, de fato,

148

Capítulo 5 • Os custos e a margem de contribuição

negativa? (b) A fabricação do produto deveria ser suspensa? (c) Quais outras alternativas ao processo de tomada de decisão poderiam ser empregadas?

Descrição do gasto	Valor
Mão de obra direta alocada ao produto Compota (variável)	$ 80.000,00/mês
Preço por kg do produto Compota	$ 4,50
Materiais diretos consumidos (Compota = 70%, Cascão = 30%)	$ 300.000,00/mês
Outros custos indiretos (todos fixos) mensais	$ 50.000,00
Depreciação das máquinas e equipamentos fabris	$ 60.000,00/mês
Produção e vendas mensais do produto Cascão	150.000 kg
Preço por kg do produto Cascão	$ 1,50
Mão de obra direta alocada ao produto Cascão (variável)	$ 120.000,00/mês
Produção e vendas mensais do produto Compota	100.000 kg
Aluguel mensal do galpão da fábrica	$ 40.000,00

[B3] Em relação ao exercício anterior, sabendo que o aluguel corresponde ao galpão industrial, com 180 m2, dos quais 80 m2 são utilizados para a produção do produto Compota e 100 m2 são empregados para a produção do produto Cascão e que a depreciação corresponde aos equipamentos no valor de $ 300.000,00, dos quais $ 200.000,00 são de equipamentos da produção do produto Cascão e $ 100.000,00 da produção do produto Compota, refaça o rateio, empregando o critério da MOD para os demais custos indiretos. Obtenha os resultados unitários de Compota e Cascão, respectivamente. Aproxime os resultados apenas na finalização dos cálculos. Evite aproximar os percentuais de rateio, trabalhando com o maior número de casas decimais possível.

[B4] O gerente financeiro das Forjas Bigorna andava pensativo. A empresa apresentava problemas financeiros no final do mês passado. Preocupada com a baixa lucratividade de suas operações, a empresa resolveu estudar de forma mais aprofundada os custos dos seus produtos, empregando o custeio por absorção.

A empresa produzia e comercializava bigornas e martelos especiais, destinados para trabalhos com ourivesaria. Alguns dos dados financeiros da empresa podem ser vistos na tabela seguinte. Era empregado o critério da MOD como base de rateio dos Custos Indiretos de Fabricação (todos fixos), que no mês analisado alcançou $ 8.000,00. Pergunta-se: (a) Quais resultados contábeis por produto da empresa (Bigorna e Martelo, respectivamente)? (b) Se o critério de rateio fosse o gasto total com MD, quais seriam os novos valores? (c) Quais as margens de contribuição de cada um dos produtos? (d) Quais soluções poderiam ser recomendadas para a melhoria da situação da empresa?

149

A Administração de Custos, Preços e Lucros • BRUNI

Dado fornecido	Bigorna	Martelo
Preço de venda unitário	$ 100	$ 90
Quantidade comercializada	100	200
Material direto total	$ 2.800,00	$ 1.200,00
Mão de obra direta total	$ 3.000,00	$ 12.000,00

[B5] A Fábrica de Cobertas Quentinhas Ltda. produzia e comercializava o lençol Bem Macio em todo o país. Ao encerrar o resultado contábil e financeiro do ano passado, seus dois sócios, Armando Custos Variáveis e Executando Custeio por Absorção, andavam discordando quanto aos números finais obtidos. Para Armando, a empresa havia tido um prejuízo igual a $ 12.000,00. Executando discordava. Para este último, a empresa não havia tido nem lucro, nem prejuízo. No exercício analisado, a empresa havia produzido 4.000 unidades, das quais apenas 2.000 unidades foram comercializadas por um preço unitário igual a $ 20,00. Outros dados da empresa: matéria-prima consumida = $ 4,00/unidade; mão de obra direta = $ 6,00/unidade; custo indireto variável = $ 2,00/unidade; custo indireto fixo = $ 24.000,00/ano; despesas fixas = $ 4.000,00/ano. Com base neste conjunto de informações, pede-se determinar o resultado da empresa e qual dos sócios tem razão.

[C1] Classifique em verdadeiro (V) ou falso (F) as seguintes afirmações:

a) Existindo restrições no fluxo produtivo, devemos priorizar a produção dos produtos com maior margem de contribuição por unidade fabricada.

b) Ao compor um *mix* que otimize o ganho, devemos seguir uma ordem de alocação que inicia pelo produto com maior ganho por recurso gargalo consumido.

[C2] A Indústria de Panificação Lusitana produz e comercializa dois artigos: pacotes de sequilhos e pacotes de biscoitos. Cada unidade do primeiro fornece uma margem de contribuição igual a $ 0,40, consumindo 0,20 kg de farinha de trigo. Os biscoitos, por sua vez, apresentam uma margem de contribuição unitária igual a $ 2,00 e um consumo unitário de farinha igual a 2 kg. Sabendo que a empresa possui a capacidade de processar apenas 200 kg de farinha de trigo por mês e que apenas 200 unidades de cada produto serão absorvidas pelo mercado, determine o *mix* de produção e vendas que otimize a margem de contribuição da empresa. Calcule, também, a margem de contribuição máxima.

[C3] A Companhia das Roupas de Couro S.A. enfrentava um problema no final do ano passado: definir o *mix* da produção do exercício seguinte de forma a maximizar os seus resultados. Em palavras de Carlos Souza, diretor de marketing da empresa:

– Nossa produção é composta basicamente por três produtos: blusão, jaleco e casaco. Nossa demanda atual possibilita a comercialização de até 20.000 unidades de cada produto por exercício. Os preços de venda de cada um dos três produtos são respectivamente iguais a $ 160,00, $ 200,00 e $ 140,00. Para incentivar a comercialização da nossa linha, nossos vendedores recebem comissões iguais a 10% da receita de vendas.

150

Capítulo 5 • Os custos e a margem de contribuição

José Carvalho, diretor financeiro, acrescentou outros dados importantes:
– Ao planejarmos nosso *mix* de produção para o próximo exercício, é preciso considerar que nunca conseguiremos comercializar mais do que as 20.000 unidades mencionadas por Souza. Além disso, é preciso considerar os gastos unitários de cada produto, apresentados na tabela seguinte.

Produto	Custos Variáveis	Custos Fixos Rateados	Custos Totais
Blusão	80,00	30,00	110,00
Jaleco	99,00	24,00	123,00
Casaco	60,00	20,00	80,00

Porém, Teodoro Dias, diretor de suprimentos, andava preocupado:
– De fato, precisamos considerar todos os aspectos mencionados por Souza e Carvalho. Entretanto, ao planejarmos a produção futura, precisamos lembrar que os produtos blusão, jaleco e casaco consomem, respectivamente, 8, 10 e 8 kg de matéria-prima por unidade. Em nossos estoques existem aproximadamente 360 toneladas de matéria-prima.

Com base nos dados fornecidos, pede-se determinar quais devem ser as quantidades produzidas de cada produto de forma a maximizar o resultado da empresa.

[C4] A fábrica de panelas As Tradicionais Ltda. gostaria de planejar o seu *mix* de produção para o mês seguinte. A empresa produz e comercializa dois únicos produtos: a tradicional "Leiteira Esmaltada" e o popular "Bule Café Quentinho". Alguns dados da controladoria estão apresentados na tabela seguinte. Além dos números fornecidos, sabe-se que cada unidade de cada produto apresenta custo variável igual a $ 600,00.

Descrição	Leiteira	Bule
Preço	1.500,00	1.200,00
Tempo de produção	130 minutos	130 minutos

O consumo de tempo produtivo por cada um dos produtos (em minutos por unidade fabricada) está apresentado na tabela seguinte. Ambos os produtos são processados por três equipamentos distintos, denominados Máquinas A, B e C. Os equipamentos podem ser operados de forma simultânea e independente.

Produto/Máquina	A	B	C
Leiteira	20	100	10
Bule	50	60	20

151

A Administração de Custos, Preços e Lucros • BRUNI

Parte I. A empresa trabalha oito horas por dia e 22 dias por mês, o que resulta em um tempo produtivo disponível igual a 10.560 minutos por mês para cada um dos equipamentos. Sabendo que, no máximo, apenas 80 produtos de cada podem ser comercializados em funções de restrições diversas do mercado onde a empresa atua, pede-se determinar qual o *mix* de produção da empresa de forma a otimizar o seu lucro. Parte II. Refaça a atividade, imaginando que o tempo de produção total fosse de 10.560 minutos no conjunto das três máquinas.

6 Tributos, custos e preços

"A imaginação é mais importante que o conhecimento."
Albert Einstein

6.1 Objetivos de aprendizagem

O físico Albert Einstein disse em certa ocasião que a "coisa" mais dura de entender no mundo era o Imposto de Renda. Naturalmente, uma referência clara aos meandros e prerrogativas da legislação fiscal. O processo de formação do preço de venda precisa considerar a incorporação de todos os tributos incidentes na operação, que representam um percentual expressivo do preço além de ter inúmeras especificidades normativas e legais envolvidas.

A compreensão dos custos e, sobretudo, dos preços e das margens de lucro requer uma análise cuidadosa dos tributos incidentes sobre a operação. Embora os impostos possam não ser registrados contabilmente nos custos dos produtos, já que possuem mecânica própria de registro e compensação, são muito importantes no processo de formação de preços, já que parte expressiva dos preços corresponde aos tributos.

Preços praticados nos mercados devem ser suficientemente capazes de remunerar os custos plenos, gerar margem razoável de lucro e cobrir todos os tributos, sejam eles calculados por dentro ou por fora, calculados sobre lucro real ou sobre lucro presumido ou calculados de forma cumulativa e não cumulativa. Na prática, podem ser aplicados por fiscos de três diferentes esferas: federal, estadual ou municipal.

Este capítulo apresenta os principais tributos associados ao processo de formação de preços. Os objetivos de aprendizagem do capítulo envolvem:

- Compreender a mecânica dos cálculos por dentro *versus* por fora;
- Diferenciar a sistemática do lucro real *versus* a do lucro presumido;
- Entender especificidades relativas à cumulatividade *versus* à não cumulatividade fiscal.

A Administração de Custos, Preços e Lucros • BRUNI

6.2 Tributos calculados por fora *versus* calculados por dentro

Um ponto importante ao falar em impostos faz referência ao fato de o cálculo ser feito por fora, quando simplesmente somamos a alíquota ou o percentual do tributo a uma base para a formação do preço, ou por dentro, quando a alíquota incide sobre o preço, o que demanda procedimento algébrico peculiar para incorporar a alíquota na base empregada para a formação do preço de venda.

Tributos calculados por fora. O cálculo por fora, embora mais simples e menos oneroso, não costuma ser usual. Nesta sistemática, a alíquota incide sobre o valor, sem incluir o tributo. O tributo incide por fora da base de cálculo.

Tributos calculados por dentro. O cálculo por dentro é mais oneroso, sendo sua sistemática mais usual na maioria dos tributos. Faz referência ao fato de a alíquota do tributo incidir sobre o valor com o tributo já incluído. O tributo incide por dentro da base de cálculo. Nestas situações, é preciso ter cuidado.

Considere o exemplo de um produto, apresentado na Tabela 6.1, cujo valor sem imposto é igual a \$ 900. Supondo uma alíquota igual a 10% para um tributo calculado por fora, bastaria incidir 10% sobre 900 para obter o valor do tributo, no caso, \$ 90. O preço de venda ou valor total da operação com o tributo é igual a 900 + 90 = \$ 990,00.

Tabela 6.1 Exemplo com tributação por fora e por dentro.

Incidência	Por fora	Por dentro
Base	900,00	900,00
Alíquota	10%	10%
Tributo	90,00	100,00
Preço	990,00	1.000,00

Por outro lado, na tributação calculada por dentro, é preciso entender que a alíquota do tributo incide sobre o preço, que já contém o próprio tributo. Assim, algebricamente podemos dizer que o preço (P) é igual à base (X) somada ao tributo, por sua vez igual à alíquota do tributo (T%) multiplicada pelo preço (T%.P). Assim, temos que: $P = X + T\%.P$. Mudando o tributo de lado na equação e colocando em evidência, temos que: $P(1 - T\%) = X$. Logo, isolando o preço (P) a partir da base (X), temos que: $P = X/(1 - T\%)$. Assim, para acrescentar o tributo, é preciso dividir a base sem o imposto (X) por (1 – alíquota ou $1 - T\%$).

Capítulo 6 • Tributos, custos e preços

Considerando o exemplo da mercadoria cujo valor sem imposto é igual a $ 900 e um tributo incidindo por dentro com alíquota igual a 10%, bastaria dividir o valor sem imposto, $ 900, por (1 – alíquota) para obter o valor do tributo, no caso $ 900/0,90 = $ 1.000,00. O valor do tributo pode ser obtido de duas formas: (a) fazendo incidir a alíquota sobre o valor com o tributo, ou seja, com o tributo por dentro, 10% de 1.000 = $ 100,00; (b) pela diferença entre o valor com o tributo e o valor sem o tributo, 1.000 – 900 = $ 100,00. Obviamente, a tributação por dentro onera o tributo recolhido (de $ 90,00 na tributação por fora para $ 100,00 na tributação por dentro) e do preço de venda (de $ 990,00 na tributação por fora para $ 1.000,00 na tributação por dentro).

6.3 Tributos calculados por Lucro Real *versus* Lucro presumido

As principais formas de tributação de empresas no Brasil podem ser apresentadas por meio da tributação por lucro real, quando a empresa apresenta suas receitas e gastos, tributando a diferença ou o lucro real, ou por lucro presumido, quando em casos específicos permitidos pela legislação, algumas empresas podem presumir um percentual das receitas como lucro, sendo este lucro presumido tributado. Um caso especial da tributação presumida pode ser apresentado por meio do Simples (ou Super Simples, como denominado posteriormente), que corresponde à situação específica do lucro presumido, permitindo que empresas de pequeno tamanho recolham tributos e encargos sobre folha de forma simplificada e menos onerosa.

Tributação sobre Lucro Real. A tributação por Lucro Real implica a confrontação das receitas e gastos comprovados por documentação hábil, idônea e aceita pelo Fisco. Geralmente é obrigatória para empresas maiores. A conta de subtração Receitas menos gastos aceitos pelo Fisco resulta no Lucro Real. Sobre o Lucro Real incidem tributos como o Imposto de Renda e a Contribuição Social.

Tributação sobre Lucro Presumido. A tributação sobre lucro presumido representa forma de tributação em que se usa como base de cálculo do imposto o valor apurado mediante a aplicação de um determinado percentual sobre a receita bruta. As empresas não obrigadas à apuração do lucro real poderão optar pela tributação com base no lucro presumido, considerada como definitiva para todo o ano-calendário, mediante o pagamento da primeira quota ou quota única do imposto devido, correspondente ao primeiro período trimestral de apuração. O Simples (ou Super Simples) poderia ser entendido como uma situação particular do lucro presumido, com empresas menores recolhendo tributos e encargos sobre folha de forma simplificada e possivelmente menos onerosa. A principal facilidade do Simples (ou Super Simples) consistiria no recolhimento unificado de tributos e encargos sobre folha,

155

A Administração de Custos, Preços e Lucros • BRUNI

> mas a adesão ou não ao sistema depende de uma análise criteriosa feita pela empresa das perdas compensatórias envolvidas na escolha (como a escolha entre uma alíquota unificada menor ou a perda de eventuais créditos fiscais).

Naturalmente, a escolha entre a tributação com base no lucro presumido ou no lucro real dependerá da permissão dada pela legislação (já que nem toda empresa pode optar pela tributação com base no lucro presumido) e da análise comparativa entre lucro real e o lucro presumido obtido pela empresa.

Caso a legislação permita a opção pelo presumido e o percentual de lucro real seja menor, a empresa deve optar pela tributação com base no lucro real. Caso contrário, se seus lucros percentuais reais forem maiores que os presumidos, deve optar por esta forma de tributação. Exemplo didático pode ser visto na Tabela 6.2.

Tabela 6.2 Exemplo com tributação presumida e real.

Situação	I	II	III
Receita	200	200	200
(–) Gastos incorridos e aceitos pelo Fisco	-170	-140	
(–) Gastos incorridos mas não aceitos pelo Fisco		-30	
Lucro tributável	30	60	
Lucro presumido (base presumida igual a 20%)			40
Imposto (30%)	-9	-18	-12
Lucro real tributável/Receita	15%	30%	

Três situações estão apresentadas na Tabela 6.2, todas com mesma receita igual a $ 200 e mesmo imposto sobre lucro, incidindo com alíquota igual a 30%. As duas primeiras situações apresentam exemplos com tributação baseada em lucro real, com gastos totais iguais a $ 170. Logo, o lucro apurado de fato pelo negócio nas duas situações seria igual a $ 30 (200 – 170). Contudo, na situação II apenas uma parte dos gastos e igual a $ 140 seria entendida como dedutível. Outra parcela dos gastos no valor de $ 30 seria entendida como não dedutível, o que poderia ser decorrente da ausência de documentos apropriados, como recibos ou notas fiscais, ou da impossibilidade do reconhecimento da dedutibilidade, como multas ou outras situações determinadas pelas normas fiscais. A terceira situação corresponde à tributação com lucro presumido, assumindo uma base presumida igual a 20%.

Na situação I, os gastos incorridos somam $ 170, sendo eles integralmente aceitos pelo Fisco, o que resultaria em lucro real tributável igual a $ 30. O imposto recolhido

156

Capítulo 6 • Tributos, custos e preços

seria igual a $ 9 e a margem de lucro (Lucro real tributável/Receita) corresponderia a 15%.

Na situação II, os gastos incorridos também somam $ 170. Contudo, uma parte destes gastos igual a $ 30 não seria aceita como dedutível pelo Fisco. Assim, a parcela de gastos aceitos pelo Fisco seria igual a $ 140, o que resultaria em lucro real tributável igual a $ 60. O imposto recolhido seria igual a $ 18 e a margem de lucro (Lucro real tributável/Receita), neste caso, corresponderia a 30%.

Na situação III, temos um exemplo de tributação presumida, em que base de lucro presumida é assumida como sendo igual a 20%. Nesta situação, a empresa não precisaria apresentar gastos para o Fisco. O lucro presumido e tributável corresponderia ao produto entre a base presumida (20%) e a receita ($ 200), correspondendo a um lucro presumido igual a $ 40. O imposto recolhido seria igual a $ 12.

A escolha da melhor forma de tributação para empresa, selecionada entre o lucro real e o presumido, dependerá, naturalmente, da estimativa do valor a ser recolhido pelo tributo. Ao comparar a situação I (real com todos os gastos dedutíveis) com a situação III (presumido), vemos que o tributo recolhido pelo lucro real será menor. A margem de lucro real (15%) é menor que a base de cálculo do lucro presumido (20%). Logo, a tributação por lucro real deveria ser escolhida.

Por outro lado, ao comparar a situação II (real com apenas parte dos gastos dedutíveis) com a situação III (presumido), vemos que o tributo recolhido pelo lucro presumido será menor. A margem de lucro tributável (30%) é maior que a base de cálculo do lucro presumido (20%). Logo, a tributação por lucro presumido deveria ser escolhida.

6.4 Tributos calculados de forma cumulativa *versus* não cumulativa

Outro importante aspecto analisado na gestão de custos e no processo de formação de preços consiste na análise dos diferentes impostos incidentes nas operações de elaboração e venda. Muitos tributos não podem ser incorporados nos custos contábeis dos produtos – apresentando mecânica de registro e compensação diferenciada –, devendo ser analisados e contemplados com cuidado na formação de preços.

No estudo dos custos e preços, a análise de tributos deve envolver a distinção entre tributos cumulativos (que não geram *crédito fiscal* – isto é, não permitem a dedução posterior do desembolso com o tributo) e não cumulativos (que permitem o aproveitamento posterior do imposto pago, não devendo ser incorporados ao custo dos produtos).

> **Tributação cumulativa**. O tributo pago em uma etapa não gera crédito fiscal, não podendo ser deduzido ou descontado de etapa posterior, compondo os custos ou despesas da operação.

157

> **Tributação não cumulativa.** O tributo pago em uma etapa gera crédito fiscal, podendo ser compensado em etapa posterior. O crédito fiscal corresponderia a um investimento ou ativo temporário, não compondo os custos ou despesas da operação.

Para ilustrar o efeito da cumulatividade ou não cumulatividade fiscal, considere o exemplo da Fábrica dos Cacarecos, que costuma vender seus produtos a um distribuidor nacional por $ 100,00 a unidade. Para simplificar, supõe-se que a indústria não recebe nenhum crédito fiscal decorrente da aquisição de materiais diretos. Por sua vez, o distribuidor revende os aparelhos comprados a um varejista, aplicando um preço igual a $ 200,00. O varejista vende-os aos consumidores finais, mediante preço igual a $ 400,00. Supondo uma mesma alíquota de imposto de vendas vigente durante todas as operações igual a 18%, os impostos arrecadados poderiam ser expressos mediante duas considerações básicas, com ou sem a cumulatividade fiscal.

Supondo a cumulatividade do imposto sobre vendas, tem-se a apresentação da Figura 6.1. Todo o débito fiscal será pago.

Figura 6.1 Impostos cumulativos sobre vendas.

Se o imposto fosse cumulativo, sem direito ao crédito ou aproveitamento dos impostos pagos em etapas anteriores, o total recolhido seria igual a $ 126,00 (18 + 36 + 72), o que corresponderia a 31,50% do preço de venda final da operação, igual a $ 400,00. Com tributos cumulativos, cadeias produtivas longas são penalizadas.

Supondo a não cumulatividade do imposto sobre vendas, tem-se a representação da Figura 6.2. Para calcular o imposto a pagar, é preciso subtrair o crédito das etapas anteriores.

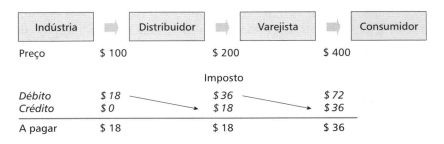

Figura 6.2 Impostos não cumulativos sobre vendas.

Sendo o imposto não cumulativo, nas operações anteriores à venda final para o consumidor cada débito do imposto permitirá um crédito posterior. Por exemplo, se a operação de venda do distribuidor para o varejista gera um débito igual a $ 36,00, o valor a pagar a título de imposto sobre vendas deverá ser deduzido do crédito fiscal originado na operação da aquisição do produto junto à indústria ($ 18,00). Assim, o valor a ser pago pelo distribuidor a título de imposto sobre vendas será igual a $ 18,00 ($ 36,00 – $ 18,00). O total de impostos pagos será igual a $ 72,00, que corresponde exatamente a 18% (alíquota do imposto) do preço de venda final.

TRIBUTAÇÃO PRESUMIDA E CUMULATIVA

Alguns tributos (como, por exemplo, PIS e Cofins) podem ser cumulativos (em empresas optantes de formas presumidas de tributação) ou não cumulativos (em empresas optantes de formas de tributação baseadas em lucro real). Nestes casos, a alíquota na tributação cumulativa é menor. Sendo cumulativa, inexiste a possibilidade de aproveitamento de créditos. O inverso ocorre na tributação não cumulativa, em que alíquotas maiores são compensadas pela possibilidade de aproveitamento de créditos fiscais de etapas anteriores.

Sendo o imposto não cumulativo, o distribuidor e o varejista deveriam registrar o custo dos produtos adquiridos, livre do crédito fiscal que será posteriormente aproveitado. Assim, o valor absorvido pelos estoques não contempla o custo, registrado à parte, como um imposto a recuperar. Veja a representação da Figura 6.3.

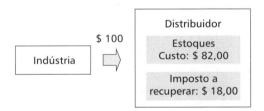

Figura 6.3 Separando custo e imposto a recuperar.

No caso do Distribuidor, supondo a não cumulatividade do tributo, é preciso deduzir dos $ 100,00 a parcela do imposto, $ 18,00, que será armazenada na conta de impostos a recuperar. A parcela excluída do crédito fiscal, no valor de $ 82,00, corresponderá ao custo da operação, armazenada no valor do estoque.

A Administração de Custos, Preços e Lucros • BRUNI

6.5 Tributos municipais, estaduais ou federais

Os principais tributos associados ao processo de formação do preço de venda podem ser de três diferentes esferas: municipais, estaduais ou federais.

Tributos municipais. Exemplo usual de tributo municipal com forte associação com a formação do preço de venda de serviços pode ser apresentado por meio do Imposto sobre Serviços, ISS.

ISS. O Imposto sobre Serviços possui a prestação de serviços de qualquer natureza como fato gerador. Sua incidência ocorre sobre o preço de venda total do serviço prestado. Suas alíquotas podem variar de município para município, de acordo com seus interesses no desenvolvimento de certas atividades. A alíquota costuma ser maior em municípios mais fortes e bem desenvolvidos e menor em municípios mais frágeis e menos desenvolvidos.

Sua incidência não gera direito a crédito fiscal e é calculada por dentro. Ou seja, o tributo deve ser calculado sobre o preço total, com ele incluído. Ou seja, é preciso dividir o valor sem o imposto por (1 – alíquota). Para ilustrar sua incidência na formação do preço de venda, considere que a empresa de consultoria Sábios Conselhos realizou um orçamento formado por gastos diretos com a atividade no valor de $ 5.000,00, despesas indiretas no valor de $ 600,00 e um lucro desejado de $ 1.240,00. Os três componentes somaram $ 6.840,00. Sabe-se que sobre o valor do orçamento a empresa deve considerar 5% referente ao ISS. Qual o valor total a ser cobrado na Nota Fiscal e qual o valor destacado do ISS?

Para incorporar o ISS é preciso dividir a base (no caso, o subtotal) por (1 – % ISS): Preço de venda = PV = PV sem ISS/(1 – % ISS) = $ 6.840/(1 – 0,05) = $ 7.200,00. O valor do ISS pode ser obtido pela diferença entre o preço com o tributo e o preço sem: $ 7.200 – $ 6.840 = $ 360,00, ou mediante a aplicação da alíquota sobre o valor com o tributo: 0,05 × $ 7.200 = $ 360,00.

Na prática, em muitas situações é preciso acrescentar outros tributos ao ISS. Em relação ao exemplo da Sábios Conselhos, considerando que seja tributada por lucro presumido, com outros impostos como IR, CSSL, PIS e Cofins incidindo sobre a receita e com alíquotas somadas e iguais a 11,33%, ao somar o ISS (com alíquota igual a 5%), chegaríamos a uma soma das alíquotas dos diferentes tributos igual a 16,33%. Para incorporar todos os tributos, incluindo o ISS, seria preciso dividir a base (no caso, o subtotal) por (1 – Soma % dos tributos) ou Preço de venda = PV = PV sem Impostos/(1 – % Impostos) = $ 6.840/(1 – 0,1633) = $ 8.174,97.

Tributos estaduais. Exemplo usual de tributo estadual com forte associação com a formação do preço de venda em operações comerciais ou industriais pode ser apresentado por meio do Imposto sobre Circulação de Mercadorias e Serviços, ICMS.

Capítulo 6 • Tributos, custos e preços

ICMS. O Imposto sobre a Circulação de Mercadorias e Prestação de Serviços de Transporte Interestadual e Intermunicipal e de Comunicação, ICMS, é de esfera estadual. Possui como fatos geradores: a venda de mercadorias de estabelecimento comercial, industrial ou produtor; a entrada em estabelecimento comercial, industrial ou produtor de mercadoria importada do exterior; o fornecimento de alimentação, bebidas e outras mercadorias em restaurantes, bares e outros estabelecimentos similares; a prestação de serviços de transporte interestadual e intermunicipal e de comunicações; a entrada de bens do ativo imobilizado, oriundos de outros Estados ou Distrito Federal e que sejam utilizados na atividade produtiva; e a entrada de bens de consumo.

Sua incidência ocorre sobre o preço de venda, sendo cobrado por dentro. Ou seja, no preço de venda do produto (base de cálculo) já se encontra embutido o valor do ICMS incidente. Assim, é preciso tomar cuidado, já que para incorporar o ICMS ao preço de venda é preciso dividir o valor sem o imposto por (1 – alíquota).

Para ilustrar, considere o exemplo da Loja de Calçados Elegância, que deseja incorporar sua alíquota de ICMS igual a 17% em uma mercadoria cujo valor sem o imposto é igual a \$ 83,00. Fazendo o cálculo por dentro, temos: Preço de venda = PV = PV sem ICMS/(1 – % ICMS) = \$ 83/(1 – 0,17) = \$ 100,00. Naturalmente, o valor do ICMS pode ser obtido pela aplicação da alíquota sobre o preço com o imposto: 17% de 100 = \$ 17,00, ou pela subtração entre o preço com o tributo e sem o tributo: \$ 100 – \$ 83 = \$ 17,00.

Destaca-se que o ICMS é não cumulativo, existindo a possibilidade de aproveitamento dos créditos gerados em cada etapa da comercialização. O cálculo do débito baseia-se no valor agregado ao produto, permitindo o aproveitamento do crédito originado na entrada da mercadoria ou serviço.

Considere o exemplo de um comerciante que compra uma cadeira por \$ 100,00, com 18% de ICMS incluso. Ao custo acrescentará \$ 80,00 para cobertura de despesas e lucros.[1] Considerando ICMS na venda igual a 18%, qual o preço de venda da cadeira?

Como o ICMS é não cumulativo, o valor de ICMS incluído na Nota Fiscal recebida do fornecedor deve ser excluído do custo da operação, já que se trata de um crédito a recuperar. Assim, tem-se o custo unitário apresentado a seguir: Preço pago ao fornecedor (\$ 100,00) – Crédito de ICMS (– \$ 18,00) é igual ao Custo da cadeira (\$ 82,00).

Como ao custo o comerciante acrescenta \$ 80,00 para a cobertura de despesas e lucros, a base para a formação dos preços está apresentada a seguir: Custo da cadeira (\$ 82,00) mais Despesas e lucro (\$ 80,00) é igual à Base (\$ 162,00).

A base para a formação do preço de venda é igual a \$ 162,00. Como a alíquota do ICMS incidente na venda é igual a 0,18, para formar o preço basta dividir a base por (1 – ICMS%). Formação do preço: Base (\$ 162,00) (÷) (1 – 0,18) é igual ao Preço (\$ 197,56).

---

[1] Na prática a incorporação será feita mediante o uso de uma taxa de marcação ou *mark-up*, conforme será explicado em detalhes no Capítulo 7.

O preço de venda formado para a cadeira é igual a $ 197,56. O débito de ICMS existente na venda será igual a 18% de 197,56 ou à diferença entre o preço com o ICMS e a base, 197,56 – 162,00 em ambos os casos igual a $ 35,56.

O valor a ser pago a título de ICMS será igual à diferença entre o débito e o crédito do referido tributo: débito de ICMS (18% do preço de venda, ou $ 35,56) menos crédito de ICMS (18% do preço de compra ou $ 18,00) é igual ao ICMS a recolher (35,56 – 18 = $ 17,56).

Assim, o preço formado seria igual a $ 197,56 e o valor a pagar referente ao ICMS seria igual a $ 17,56.

Operações com ICMS entre Estados diferentes. Quando uma operação envolve diferentes estados, é preciso fazer considerações especiais sobre as alíquotas envolvidas. As alíquotas internas vigentes nos estados podem variar entre 17% e 19%. Quando operações envolvendo dois estados diferentes são consideradas, cuidados adicionais precisam ser tomados. Em linhas gerais, a alíquota interestadual de ICMS é igual a 12%. Porém, operações com origem no Sul e Sudeste e destino ao Norte, Nordeste, Centro-Oeste e Espírito Santo costumam apresentar alíquotas menores, iguais a 7%.

Para ilustrar, considere o exemplo de uma loja de artigos de decoração situada em Fortaleza, Ceará, que comprou um abajur em São Paulo por $ 50,00. A operação está representada na Figura 6.4. Considerando origem em um Estado do Sudeste e destino para um Estado do Nordeste, temos uma alíquota incidente na compra feita em São Paulo pela loja de decoração igual a 7%. Assim, o ICMS recolhido para a Secretaria da Fazenda de São Paulo será igual a 7% de $ 50, ou $ 3,50.

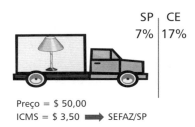

Figura 6.4 Operação interestadual: compra em São Paulo.

Supondo a aplicação de um preço de venda igual a $ 100,00 para consumidor de Fortaleza, tem-se a representação da Figura 6.5. A alíquota interna do Ceará é igual a 17%. Logo, o débito do ICMS na venda será igual a 17% de $ 100, ou $ 17,00.

Capítulo 6 • Tributos, custos e preços

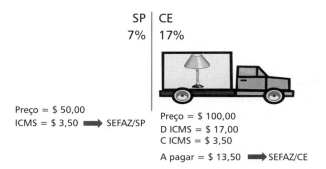

Figura 6.5 Operação interestadual: venda em Fortaleza.

Considerando o crédito na Nota Fiscal de compra igual a $ 3,50, o valor a ser recolhido para a Secretaria da Fazenda do Ceará seria igual a $ 13,50, resultado da diferença entre débito, $ 17,00, e crédito, $ 3,50.

Substituição tributária do ICMS. Representa um mecanismo tributário que possibilita o pagamento dos impostos de toda a cadeia produtiva e comercial de uma só vez por um dos integrantes da cadeia. Por exemplo, ao sair da fábrica, um produto industrializado sujeito à substituição tributária recolhe o tributo devido pela fábrica e, também, os tributos dos demais participantes da cadeia de comercialização do produto.

Considere o exemplo didático da Fábrica dos Cacarecos, com etapas ilustrativas da aplicação da substituição tributária apresentadas na Figura 6.6.

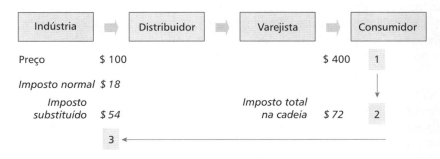

Figura 6.6 Cálculos da substituição tributária.

Passo 1. O Fisco define o preço de ponta, a ser pago pelo consumidor final, o que pode ser feito mediante o uso das tabelas de preço praticadas pela indústria, como no caso de medicamentos ou veículos zero quilômetro, ou por meio de pesquisas de mercado. No caso, definiu-se um preço final ao consumidor igual a $ 400,00.

163

Passo 2. Com base no preço final, o Fisco calcula o valor total do imposto para a cadeia. No caso, como o preço é igual a $ 400,00 e a alíquota é igual a 18%, 18% × 400 = $ 72. Ou seja, na cadeia de comercialização o Fisco deseja receber $ 72 referentes ao imposto.

Passo 3. Supondo que a fábrica vendesse o produto por $ 100, já recolheria $ 18 de imposto normal, devido pela própria fábrica. Ora, como o Fisco quer $ 72, e já recebeu $ 18 da fábrica, é preciso cobrar dela a diferença, 72 – 18 = $ 54. Essa diferença corresponde ao imposto substituído, substituto ou à substituição tributária.

Com a cobrança da substituição tributária, a indústria será obrigada a cobrar um novo preço igual a $ 154, incluindo o preço anterior com o imposto normal, $ 100, mais o imposto substituído, igual a $ 54. Cessarão os créditos e débitos posteriores.

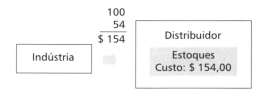

Figura 6.7 Com substituição, valor pago vira custo.

A Figura 6.7 ilustra a incorporação dos valores. Com a substituição tributária, o custo da mercadoria comprada pelo distribuidor será igual ao preço pago, $ 154,00, que será o valor pago e acumulado nos estoques.

Tributos federais. Exemplos usuais de tributos federais com forte associação com a formação do preço de venda podem ser apresentados por meio do PIS, Cofins, Imposto de Renda e Contribuição Social. Operações industriais também precisam considerar o Imposto sobre Produtos Industrializados, IPI.

PIS. O Programa de Integração Social incide sobre o faturamento de empresas que comercializam mercadorias e que prestam serviços de qualquer natureza. Pode incidir de forma cumulativa (usualmente em empresas optantes de tributação sobre lucro presumido ou simplificada) ou não cumulativa (usualmente em empresas optantes de tributação sobre lucro real).

Cofins. A Contribuição para o Financiamento da Seguridade Social tem mecânica de incidência similar à do PIS, incidindo sobre o preço de venda total, tendo por base a receita bruta, excluída do IPI. Pode incidir de forma cumulativa (usualmente em empresas optantes de tributação sobre lucro presumido ou simplificada) ou não cumulativa (usualmente em empresas optantes de tributação sobre lucro real).

Capítulo 6 • Tributos, custos e preços

Imposto de Renda. O Imposto de Renda da Pessoa Jurídica, IRPJ, tem como fato gerador a receita bruta (se a empresa for optante de tributação sobre lucro presumido) ou lucro antes dos impostos (se a empresa for optante de tributação sobre lucro real).

Contribuição Social. A Contribuição Social Sobre o Lucro, CSSL, tem como fato gerador a receita bruta (se a empresa for optante de tributação sobre lucro presumido) ou lucro antes dos impostos (se a empresa for optante de tributação sobre lucro real). Possui mecânica de incidência similar à do IR.

IPI. O Imposto sobre Produtos Industrializados, IPI, possui como fatos geradores o desembaraço aduaneiro de produto de procedência estrangeira e a saída de produto de estabelecimento industrial ou equiparado a industrial. Considera-se industrialização a operação que modifique a natureza, o funcionamento, a apresentação ou a finalidade do produto, ou o aperfeiçoe para consumo. Segundo a legislação, o IPI é devido independentemente da finalidade do produto e do título jurídico da operação de que decorra o fato gerador, como, por exemplo, venda, consignação e transferência. Sua incidência ocorre por fora, sobre o preço sem o IPI, sendo as alíquotas variáveis por produto.

A incidência do IPI pode ser vista no exemplo das Indústrias Pirilampo, que desejam incorporar o IPI em uma Nota Fiscal cujo valor sem impostos foi igual a $ 4.000,00. Supondo uma alíquota de IPI igual a 10%, é possível incorporar o IPI por fora, de modo muito simples: Preço de venda = PV sem IPI × (1 + % IPI) = $ 4.000 × (1,1) = $ 4.400,00.

É preciso tomar cuidado com a base de cálculo. O valor do IPI incide sobre a base com o ICMS. Assim, em outro exemplo, um produto apresenta um valor sem ICMS igual a $ 200,00 e ICMS destacado igual a $ 40,96. De acordo com a legislação do IPI, sua alíquota é igual a 10%. O valor do IPI devido será igual a sua alíquota multiplicada pelo valor com o ICMS. Assim, o valor do IPI devido será igual a 10% × (200,00 + 40,96) = $ 24,10, aproximadamente. O valor a ser pago pelo produto será igual à soma do preço sem ICMS, do ICMS e do IPI devidos, ou $ 200,00 + $ 40,96 + $ 24,10 = $ 265,06.

A depender do uso do produto adquirido, o IPI gera crédito fiscal ou não. Se o produto adquirido for utilizado, posteriormente, como insumo na fabricação de novo bem ou para revenda, gerará direito a crédito por ocasião de sua compra. Caso o produto se destine a consumo final, constitui-se custo. Caso se destine a imobilizado, o crédito recebido deverá ser utilizado considerando amortizações mensais ao longo de período determinado pela Receita Federal.

IPI no ICMS na venda para consumidor em indústria. O Imposto sobre Produtos Industrializados pode ou não entrar na base de cálculo do ICMS. Quando a venda é feita a contribuinte de IPI ou ICMS, o IPI não integra a base de cálculo do ICMS, valendo as regras e mecanismos anteriormente descritos, conforme apresenta o Quadro 6.1.

165

A Administração de Custos, Preços e Lucros • BRUNI

Quadro 6.1 Incidência do IPI na base de cálculo do ICMS.

Destino e Destinatário do Produto	Remetente	IPI na base de cálculo do ICMS	Preço de venda (PV) com ICMS
Para industrialização ou comercialização por contribuinte de IPI ou ICMS	Contribuinte de IPI ou ICMS	Não integra a base de cálculo do ICMS	$\dfrac{PV\ sem\ ICMS}{1 - \%\ ICMS}$
Para uso ou consumo por contribuinte de IPI ou ICMS	Contribuinte ou não de IPI ou ICMS	Integra a base de cálculo do ICMS	$\dfrac{PV\ sem\ ICMS}{1 - [\%\ ICMS \times (1 + \%\ IPI)]}$

Assim, supondo que a Fábrica de Colchões Boa Soneca, situada em Fortaleza, Ceará, planejasse a venda de um conjunto com valor sem ICMS igual a \$ 800,00 para um revendedor situado no próprio Estado, com alíquota interna de ICMS igual a 17%, a formação do preço deveria considerar o destino e o destinatário do produto para industrialização ou comercialização por contribuinte de IPI ou ICMS. Assim, o preço seria: Preço de venda = PV = PV sem ICMS/(1 − % ICMS) = 800/(1 − 0,17) = \$ 963,86.

Por outro lado, supondo a venda do mesmo conjunto para uma pousada não contribuinte nem de IPI e nem de ICMS, seria preciso assumir destino e destinatário do produto para uso ou consumo por contribuinte de IPI ou ICMS. Assumindo uma alíquota igual a 5% para o IPI, o preço seria: Preço de venda = PV = PV sem ICMS/[1 − % ICMS × (1 + % IPI)] = 800/(1 − 0,17 × 1,05) = \$ 973,83.

6.6 Resumo do capítulo

Neste capítulo, estudamos os principais tributos associados ao processo de formação de preços, vendo aspectos importantes das especificidades normativas e os expressivos efeitos da carga tributária associada à formação do preço de venda. Sua leitura cuidadosa e a resolução das atividades propostas devem ter possibilitado alcançar os objetivos de aprendizagem apresentados:

- **Compreender a mecânica dos cálculos por dentro *versus* por fora.** Existem tributos que incidem por fora, ou seja, somando a sua alíquota percentual sobre a base (valor sem tributos) e outros que incidem por dentro, com a alíquota incidindo sobre o preço que já inclui o próprio tributo, o que onera a precificação.

- **Diferenciar a sistemática do lucro real *versus* a do lucro presumido.** Em função das suas características, as empresas podem optar por lucro real (com tributos sobre ganhos, muitas vezes com alíquotas maiores e possibilidade de reconhecimento de créditos fiscais) ou por lucro presumido (com tributos sobre faturamento, muitas vezes com alíquotas menores e sem possibilidade de reconhecimento de créditos fiscais).

Capítulo 6 • Tributos, custos e preços

- **Entender especificidades relativas à cumulatividade *versus* à não cumulatividade fiscal.** Alguns tributos podem gerar para algumas empresas créditos fiscais, em que o tributo pago em uma etapa pode ser aproveitado em outra. Créditos fiscais não fazem parte dos custos apurados.

Exercícios propostos

As atividades de aprendizagem aqui propostas exploram os blocos de conteúdos apresentados ao longo do capítulo. Estão organizadas em blocos que exploram: (A) Cálculos por dentro *versus* por fora; (B) Lucro Real *versus* Lucro presumido; (C) Cumulatividade *versus* não cumulatividade fiscal; (D) Tributos municipais, estaduais ou federais.

[A1] Classifique em verdadeiro ou falso as afirmações a seguir:

a) Um tributo calculado por dentro tem sua alíquota incidente sobre o preço.

b) Os tributos calculados por fora são mais usuais no Brasil.

c) Os tributos calculados por fora são mais onerosos.

d) Se um tributo calculado por fora possui alíquota igual a 20%, seu preço corresponde à base multiplicada por 1,20.

e) Se um tributo calculado por dentro possui alíquota igual a 20%, seu preço corresponde à base multiplicada por 1,25.

[A2] Nas operações da Espiral Ltda. apresentadas a seguir, calcule o preço de venda e o valor incidente do tributo, assumindo que este é calculado: (I) por fora; (II) por dentro. Situações a tributar: (a) base igual a $ 360, alíquota igual a 10%; (b) base igual a $ 500, alíquota igual a 20%; (c) base igual a $ 200, alíquota igual a 50%.

[B1] Classifique em verdadeiro ou falso as afirmações a seguir:

a) A tributação por lucro real dispensa a necessidade de comprovação dos gastos incorridos no período.

b) A tributação por lucro presumido é usual em empresas de grande porte.

c) Podemos entender que uma modalidade de tributação presumida é o Simples (ou Super Simples).

d) A tributação por lucro presumido, quando adotada, costuma ser feita apenas por empresas de menor porte.

e) A tributação por lucro presumido é sempre mais vantajosa.

f) Uma empresa pode apurar um lucro verdadeiro menor que o lucro presumido e, ainda assim, optar por esta última alternativa.

A Administração de Custos, Preços e Lucros • BRUNI

[B2] A Cia. dos Merengues S.A. registrou receitas iguais a $ 170 mil e gastos incorridos iguais a $ 156 mil. É tributada sobre o lucro, com alíquota igual a 20%. Calcule em $ mil: (a) o lucro a ser tributado; (b) o tributo incorrido. Assuma: (I) Tributação por lucro real, com todos os gastos aceitos pelo Fisco; (II) Tributação por lucro real, com gastos iguais a $ 30 mil não aceitos pelo Fisco; (III) Tributação por lucro presumido, com base de cálculo assumida como sendo igual a 25% do faturamento.

[C1] Classifique em verdadeiro ou falso as afirmações a seguir:

a) Um tributo cumulativo gera créditos fiscais.

b) O crédito fiscal corresponde ao valor do tributo pago em uma etapa que pode ser compensado em etapa posterior.

c) Um tributo pode ser menos oneroso apesar de ter uma maior alíquota.

d) Tributos cumulativos são característicos de grandes empresas.

e) Empresas de serviços possuem mais vantagens financeiras ao optar pela tributação pelo lucro presumido.

[C2] Um produto é comprado pela Mercantil Baratinha por $ 140,00 e revendido por $ 200,00. Na operação incide um único tributo. Calcule: (a) o crédito obtido na compra; (b) o débito existente na venda; (c) o valor do tributo a ser recolhido pelo comerciante. Assuma: (I) tributo cumulativo com alíquota de 20%; (II) tributo não cumulativo com alíquota de 10%. Adicionalmente responda: (III) Uma alíquota menor do tributo é sempre mais vantajosa para o empresário?

[C3] Em um estado do Brasil, é possível verificar uma cadeia de comercialização do produto Alfa, composta pela Indústria, por um Atacadista, por um Varejista e, finalmente, por um Consumidor. Os preços respectivamente praticados são iguais a $ 840,00, $ 1.180,00 e $ 1.720,00. Sabendo que a alíquota do tributo que incide na comercialização no estado onde se localiza a cadeia é igual a 17%, calcule o valor do imposto pago por cada elo da cadeia (respectivamente). Suponha: (I) cumulatividade do tributo; (II) não cumulatividade do tributo e existência de créditos iguais a $ 80,00 para a indústria.

[D1] Classifique em verdadeiro ou falso as afirmações a seguir:

a) O ISS é um tributo de natureza federal.

b) O ICMS é um tributo de natureza estadual.

c) O PIS corresponde sempre a um tributo cumulativo.

d) ICMS representa um imposto não cumulativo, que a empresa tem o direito de compensar.

e) O IPI é um tributo que incide por dentro, com sua alíquota representando um valor incidente sobre o preço com o referido tributo.

Capítulo 6 • Tributos, custos e preços

[D2] O escritório Elegante Arquitetura realizou um valor de orçamento (incluindo gastos e lucro) para determinado cliente no valor de $ 6.000,00, sem tributos. Pede-se calcular o valor: (a) da Nota Fiscal; (b) dos tributos envolvidos. Considere: (I) apenas ISS com alíquota de 5%; (II) ISS igual a 5% mais outros tributos com alíquota igual a 12%.

[D3] A Casa Bella Decorações compra e revende mercadorias diversas, estando sujeita ao ICMS não cumulativo com alíquota igual a 18%. Para cada uma das situações calcule: (a) crédito de ICMS na compra; (b) débito de ICMS na venda; (c) valor a recolher a título de ICMS devido. Situações: (I) estofado comprado por $ 300 e vendido por $ 500; (II) mesa comprada por $ 700, sendo que ao custo foram somados $ 560 a título de despesas e lucro; (III) lustre comprado por $ 800 e vendido pelo dobro do custo de compra.

[D4] A Mercantil João de Barro comprou uma mercadoria de fornecedor situado em outro estado por $ 500 e a revendeu por $ 800 a consumidor do próprio estado. Considere o ICMS como único imposto incidente na operação. Calcule: (a) crédito de ICMS na compra; (b) débito de ICMS na venda; (c) valor a recolher a título de ICMS devido. Assuma alíquotas de ICMS interestadual e intraestadual (para operações dentro do estado) respectivamente iguais a: (I) 12% e 18%; (II) 7% e 17%; (III) 7% e 19%.

[D5] A Lúdica Indústria de Brinquedos está analisando a compra de um lote de matéria-prima junto a quatro potenciais fornecedores, caracterizados a seguir:

Fornecedor	Alfa	Beta	Gama	Ômega
Preço de compra	1.490,00	1.520,00	1.570,00	1.710,00
ICMS na compra	0%	7%	12%	18%

Os valores apresentados anteriormente já incluem o transporte até a Lúdica. Calcule o custo associado a cada um dos quatro fornecedores: a) Alfa; b) Beta; c) Gama; d) Ômega. Adicionalmente, discuta: e) Qual o fornecedor com menor custo?

[D6] A tributação do ICMS da Gasosa Indústria de Refrigerantes é marcada pela presença da substituição tributária e alíquota igual a 18%. Calcule para as operações a seguir o valor do ICMS: (a) normal; (b) substituído. Assuma comercialização para revendedor no valor de: (I) $ 300, com preço de venda estimado para consumidor final (ou seja, no final da cadeia de comercialização) igual a $ 500; (II) $ 400, com preço de venda estimado para consumidor final igual a $ 700.

[D7] A Indústria de Alimentos Boa Boca trabalha com uma alíquota do ICMS igual a 17% e uma alíquota do IPI igual a 5%. Componha a Nota Fiscal de uma operação de venda feita para uma outra indústria, considerando um valor dos produtos sem impostos igual a $ 1.400,00. Destaque: (a) ICMS; (b) IPI; (c) valor total da operação. Suponha: venda para outra indústria e assuma alíquotas de ICMS e IPI, respectivamente iguais a: (I) 17% e 5%; (II) 12% e 10%. Suponha: venda para consumidor e assuma alíquotas de ICMS e IPI, respectivamente iguais a: (III) 17% e 5%; (IV) 12% e 10%.

169

Assista à **videoaula**

> "A verdade é a fortaleza dos inocentes."
> Igor Pfeifer

7.1 Objetivos de aprendizagem

Uma das etapas mais importantes de qualquer empresa diz respeito à definição dos preços que irá praticar. Diferentes metodologias podem ser empregadas. No entanto, uma das mais usuais faz referência ao uso de taxas de marcação ou *mark-ups*, procedimento que costuma definir uma base (geralmente o gasto direto), converter todos os demais componentes do preço (como gastos indiretos, tributos e lucros) em percentuais, o que permite calcular um multiplicador que, aplicado sobre a base, possibilita encontrar um preço "alvo" ou sugerido.

Este capítulo apresenta e discute o processo de formação dos preços com base nos custos, propondo dois objetivos de aprendizagem específicos:

- Conhecer e analisar margem de lucro e giro;
- Aprender a compor taxas de marcação ou *mark-ups*.

7.2 Métodos genéricos de formação de preços

Três processos distintos podem ser empregados na definição de preços e costumam basear-se nos custos, no consumidor ou na concorrência.

Os processos de definição de preços baseados nos custos buscam, de alguma forma, adicionar algum valor aos custos. Por exemplo, empresas construtoras apresentam propostas de serviços estimando o custo total do projeto e adicionando uma margem padrão de lucro.

A Administração de Custos, Preços e Lucros • BRUNI

A LEI E O PREÇO

A discussão dos preços limitados pelos custos e pelos valores percebidos pelos mercados para os produtos ou serviços ofertados recebe, em muitas ocasiões, importantes restrições oriundas de mecanismos legais.

Mercados fortemente regulados, como o de serviços públicos, como fornecimento de água ou energia elétrica e de transportes, apresentam fortes restrições no processo de formação de preços em funções de diferentes mecanismos regulatórios.

Nestes casos, a análise e compreensão dos mecanismos legais assume um papel importante na análise e formação dos preços e fundamental nas discussões sobre rentabilidade.

Diversas razões poderiam ser apresentadas como justificativas ao emprego do método de definição de preços com base nos custos: simplicidade – ajustando preços a custos, não é necessário preocupar-se com ajustes em função da demanda; segurança – vendedores são mais seguros quanto aos custos incorridos do que sobre aspectos relativos à demanda; e ao mercado consumidor; justiça – muitos acreditam que o preço acima dos custos é mais justo tanto para consumidores, quanto para vendedores, que obtêm um retorno justo por seus investimentos, sem tirar vantagens do mercado quando ocorrem elevações da demanda.

Os maiores conflitos decorrentes de aplicações de preços baseados exclusivamente nos custos residem na não consideração da demanda e dos níveis de concorrência. Se um pequeno comerciante estrutura e forma seus preços imaginando que venderá, por exemplo, 100 unidades por mês e notar que, de fato, as vendas não ultrapassam 20 unidades por mês, poderá ter sérios problemas relacionados à falta de rentabilidade do negócio.

Outra forma de estabelecer preços baseia-se no valor percebido do produto pelo mercado consumidor. Nessa metodologia, as empresas empregam a percepção que os consumidores têm do valor do produto, e não os custos do vendedor. Preços são definidos para se ajustar aos valores percebidos. Por exemplo, um consumidor pode aceitar pagar $ 1,00 por uma cerveja em lata em um bar e $ 2,50 pelo mesmo produto em um restaurante de luxo.

A terceira metodologia de formação de preços emprega a análise da concorrência. As empresas prestam pouca atenção a seus custos ou a sua demanda – a concorrência é que determina os preços a praticar. Os preços podem ser de oferta – quando a empresa cobra mais ou menos que seus concorrentes –, ou de proposta – quando a empresa determina o seu preço segundo o seu julgamento sobre como os concorrentes irão fixar os preços deles.

7.3 Preços, custos e valores percebidos

Muitas podem ser as técnicas quantitativas associadas ao processo de formação de preços, conforme exibido no Capítulo 6. De modo geral, estas técnicas buscam construir o preço com base nos custos incorridos, que podem ser mensurados e analisados sob diferentes ópticas. Porém, todo e qualquer preço de qualquer produto sempre estará limitado pelo mercado – em outras palavras, pelo valor atribuído pelos clientes ao produto ou serviço comercializado.

Falar em preço é, ao mesmo tempo, analisar custos e estimar fatores intrínsecos do mercado onde o produto ou serviço será ofertado. Genericamente, a relação existente entre custo, preço e valor pode ser representada de acordo com a Figura 7.1.

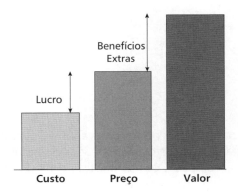

Figura 7.1 Custo, preço e valor.

Enquanto o conceito genérico de custo refere-se aos gastos incorridos pela empresa para poder ofertar o produto ou serviço, o valor consiste nos aspectos desejados pelos clientes e atendidos pelo produto ou serviço. O preço estará limitado entre o custo e o valor: nenhuma empresa oferecerá produtos por preços inferiores ao custo por tempo indeterminado. Da mesma forma, os clientes somente estarão dispostos a pagar o preço de um produto quando o valor percebido for superior. Da diferença entre o preço e custo, decorre o lucro – desejado pelas empresas. Da diferença entre o valor percebido e o preço, decorrem os benefícios extras – desejados pelo mercado.

7.4 Componentes dos preços

O preço pode ser apresentado em função de seus quatro componentes, caracterizados na Figura 7.2: os custos (que correspondem aos gastos produtivos ou incorporados no produto), as despesas (que correspondem aos gastos não incorporados ao estoque dos produtos, representando gastos comerciais ou de vendas, administrativos ou financeiros), os impostos (diversos são os tributos incidentes sobre o preço, como o Imposto sobre Produtos Industrializados – IPI –, o Imposto sobre Circulação de Mercadorias e Serviços – ICMS –, o Programa de Integração Social – PIS – e a Contribuição para o Financiamento da Seguridade Social – Cofins) e o lucro (que representa a remuneração do empresário).

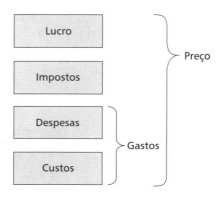

Figura 7.2 Componentes do preço.

Em relação aos componentes dos preços praticados em operações comerciais, alguns comentários são importantes. Os custos são formados essencialmente por parte do valor pago ao fornecedor, mais despesas com a logística, como fretes ou seguros. Porém, é importante destacar que do valor pago ao fornecedor, alguns gastos, como o associado aos impostos recuperáveis como o ICMS, poderão ser compensados no futuro. O valor pago a título de ICMS ao fornecedor pode tornar-se um crédito fiscal, que pode ser compensado posteriormente. Assim, neste caso, não deve ser incorporado no custo.

As despesas correspondem aos demais gastos com o negócio, não associados aos produtos. Dentre as principais despesas destacam-se as associadas à manutenção do ponto de venda ou do empreendimento, como gastos com aluguéis, condomínio, água, energia elétrica, telefone, salários, comissões e encargos, contador e outros. Custos e despesas são denominados genericamente de gastos.

Os impostos devem ser vistos com cuidado. Conforme mencionado, impostos pagos em notas fiscais de produtos adquiridos de fornecedores e que podem gerar crédito fiscal, como o ICMS, o PIS e a Cofins, não devem ser incorporados nos custos. São registrados como valores a recuperar. Em cada operação de venda feita pela empresa, outros débitos fiscais referentes ao ICMS, ao PIS e à Cofins surgirão. No momento de pagar os seus impostos devidos em decorrência das vendas feitas, a empresa deve compensá-los com os créditos adquiridos nas operações junto aos fornecedores. Tecnicamente, esses impostos que apresentam mecânica específica de débito e crédito recebem o nome de impostos não cumulativos.

Destaca-se que o PIS e a Cofins podem não gerar créditos fiscais no caso de empresas que sejam tributadas pelo lucro presumido. Da mesma forma, empresas optantes de

Capítulo 7 • Os custos, os preços e os lucros

versões estaduais de mecanismos de tributação similares ao Simples podem recolher valores fixos de ICMS, independentemente dos créditos ou débitos registrados. Nestes casos, os impostos, sem gerar créditos aproveitáveis posteriormente, devem ser incorporados nos custos.

Os impostos pagos aos fornecedores, como o IPI, e que não geram crédito fiscal a ser aproveitado posteriormente, podem ser acumulados nos custos dos produtos adquiridos.

Por exemplo, imagine que as Lojas Beleza e Cia. tenham recebido uma nota fiscal de seu principal fornecedor com os seguintes dados:

Descrição	Valor
Valor dos produtos sem IPI	400,00
IPI	40,00
Valor total da Nota Fiscal	440,00
ICMS, PIS e Cofins existentes na operação	28,00

O custo será igual ao valor total da Nota Fiscal, deduzido da soma dos valores do ICMS, PIS e Cofins, que correspondem a créditos a serem compensados no futuro. Ou seja, o custo será igual a 440 – 28, que resulta em $ 412,00.

7.5 Definição de taxas de marcação

Os preços são formados mediante a consideração de seus quatro componentes: custos, despesas, impostos e lucros. De modo geral, para facilitar o processo de formação de preços no comércio, torna-se usual a definição e aplicação de taxas de marcação, também conhecidas como *mark-ups*. Genericamente, a taxa de marcação pode ser empregada de diferentes formas: sobre o custo variável, sobre os gastos variáveis e sobre os gastos integrais.

Em relação às operações comerciais, em que o uso de taxas de marcação é mais comum, de modo geral, cada setor de atividades apresenta diferentes taxas de marcação para diferentes produtos. O comerciante aplica a taxa de marcação que o segmento tradicionalmente emprega. Porém, em determinadas situações, para facilitar a formação do preço com base nos parâmetros de gastos e lucratividade desejada, pode-se ter que obter a taxa de marcação desejada pela empresa.

O processo envolvido na aplicação das taxas de marcação inicia-se com a definição de uma base que será empregada na formação dos preços. Esta base costuma ser representada pelos custos diretos (em operações mercantis, o gasto com a aquisição e logística das mercadorias, livres de impostos recuperáveis).

Os outros componentes do preço, como os custos indiretos, as despesas e os impostos e lucros, são incorporados na taxa de marcação. Veja a ilustração da Figura 7.3.

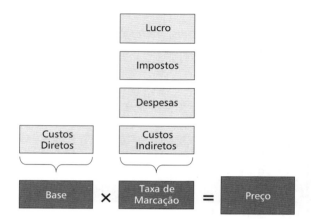

Figura 7.3 Composição da taxa de marcação.

A taxa de marcação deve representar um multiplicador que, aplicado sobre a base de formação de preços, no caso os custos diretos, permite obter o preço final desejado. Para defini-la, todos os componentes não incorporados na base devem ser apresentados na forma de percentuais sobre o preço.

Por exemplo, imagine que a Loja de Calçados Pé de Anjo tenha definido os seguintes valores associados às suas operações.

Descrição	Valor ou percentual
Aluguel, condomínio, água, energia, telefone e outros	$ 40.000,00 por ano
Comissão sobre vendas	2% das vendas
Lucro sobre vendas	3% das vendas
ICMS, PIS e Cofins líquidos sobre vendas	12% das vendas
Depreciações diversas	$ 6.000,00 por ano

Note que os valores apresentados anteriormente correspondem aos impostos líquidos (já deduzidos os créditos fiscais), às despesas e ao lucro desejado. Para definir a taxa de marcação, todos os gastos devem ser expressos na forma de percentual sobre as vendas ou sobre os preços. Sabendo que a loja apresenta vendas anuais iguais a $ 200.000,00, os gastos apresentados na forma de unidades monetárias podem ser convertidos em percentuais. Veja a tabela seguinte.

Capítulo 7 • Os custos, os preços e os lucros

Descrição	Percentual das vendas ou do preço
Aluguel, condomínio, água, energia, telefone e outros	40.000/200.000 = 20%
Comissão sobre vendas	2%
Lucro sobre vendas	3%
ICMS, PIS e Cofins líquidos sobre vendas	12%
Depreciações diversas	6.000/200.000 = 3%
Soma dos percentuais	40% do preço

Na tabela anterior percebe-se que a soma dos gastos não incluídos na base para a formação dos preços, ou seja, além dos custos, é igual a 40% das vendas ou do preço. O preço será igual a base (os custos) mais a soma dos percentuais multiplicada pelo preço. Assim, algebricamente, poderíamos construir a seguinte equação genérica para a formação dos preços:

Base + Soma dos Percentuais × Preço = Preço

De outro modo, a base pode ser apresentada em função da diferença entre o preço e a soma dos percentuais incidentes sobre o preço.

Base = Preço – Soma dos Percentuais × Preço

Colocando o preço em evidência, temos que:

Base = Preço (1 – Soma dos Percentuais)

Rearrumando a equação anterior, chegamos à equação empregada no comércio para a formação de preços e que permite definir e calcular a taxa de marcação.

Preço = [1/(1 – Soma dos Percentuais)] × Base

A taxa de marcação corresponde ao fator [1/(1 – Soma dos Percentuais)]. Para a Calçados Pé de Anjo, sua taxa de marcação será igual a 1/(1 – 0,40) = 1,6667, aproximadamente.

Assim, para um produto comprado junto ao fornecedor por $ 40,00, considerando créditos de ICMS, PIS e Cofins no valor de $ 2,80, a empresa registrará um custo igual a $ 37,20. O preço que será cobrado pelo produto é igual ao custo multiplicado pela taxa de marcação, ou 37,20 × 1,6667 = $ 62,00, aproximadamente.

Para ilustrar e reforçar as tarefas envolvidas na construção de uma taxa de marcação, veja o outro exemplo apresentado a seguir.

A Administração de Custos, Preços e Lucros • BRUNI

Imagine que o pequeno empresário Armando Planos tenha resolvido projetar a abertura de uma nova filial de sua loja de confecções. Estimava um investimento em instalações, reformas e estoques igual a $ 80.000,00. Para financiar a loja, empregaria recursos próprios que, em função das características do empreendimento, Planos esperava que fossem remunerados a 20% ao ano. Ou seja, para uma rentabilidade igual a 20% e um investimento igual a $ 80.000,00, o lucro anual do empreendimento deveria ser igual a 20% de $ 80.000,00, ou $0,20 \times 80.000 = \$ 16.000,00$.

Armando Planos também projetava para a nova filial vendas anuais iguais a $ 320.000,00. Logo, para um lucro anual esperado igual a $ 16.000,00, a margem de lucro embutida nas operações de vendas deveria ser igual a $ 16.000,00 de $ 320.000,00 ou 16.000/320.000, que resulta em 0,05 ou 5% de margem de lucro. Ou seja, para vendas iguais a $ 320.000,00 e um investimento igual a $ 80.000,00, o giro será igual a 4. Fazendo a "prova dos nove", confere-se que a rentabilidade, resultante do produto entre margem e giro, será igual a $5\% \times 4 = 20\%$, que coincide com o percentual desejado e apresentado anteriormente.

Os percentuais incidentes sobre o preço de venda correspondem a 2% de comissões, 8% de impostos líquidos (considerando ICMS, PIS e Cofins), 7% para a cobertura das demais despesas, além dos 5% de margem de lucro. Somados, os percentuais alcançam 22%. Assim, a taxa de marcação será igual a:

Taxa de marcação = [1/(1 – Soma dos Percentuais)] = [1/(1 – 0,22)] = 1,2821

Logo, a taxa de marcação para Armando Planos será igual a 1,2821.

E A TAXA DE MARCAÇÃO EM UM MERCADO REAL?

Os cálculos aqui apresentados refletem procedimentos envolvidos para a obtenção de uma taxa de marcação que conduza a uma rentabilidade desejada. Os preços seriam formados exclusivamente com base nas premissas assumidas e nos custos. Nada foi dito sobre o comportamento dos consumidores e do mercado analisado.

Caso o mercado opere ou permita o uso de taxas de marcação diferentes da encontrada, naturalmente o efeito será captado pela rentabilidade. O uso de uma taxa de marcação maior permitirá uma elevação do nível de rentabilidade. O inverso também é verdadeiro, taxas de marcação menores reduzirão a rentabilidade do negócio.

7.6 Rentabilidade *versus* lucratividade

Uma das maiores confusões feitas em relação à formação de preços refere-se à análise dos ganhos auferidos. De modo geral, pensa-se muito no ganho em função do lucro em reais obtido pela venda de cada produto e serviço ou, de forma relativa, na margem de lucro auferida (isto é, na relação percentual entre lucro e vendas). Por exemplo, a

Capítulo 7 • Os custos, os preços e os lucros

Mercearia Secos e Molhados poderá julgar como satisfatório um lucro igual a $ 5,00 embutido nos preços dos produtos que costuma comercializar por $ 50,00. Nesta situação, estaria tendo uma margem de lucro igual a $ 5,00/$ 50,00 que é igual a 0,10 ou, em termos percentuais, 10%. Porém, como saber se um lucro de 10% sobre as vendas poderia ser considerado satisfatório? A resposta reside na análise da rentabilidade, atividade de fundamental importância em Finanças.

Na análise financeira do negócio, muito mais importante que a análise da lucratividade é a análise da rentabilidade, que busca apresentar os ganhos não em função dos lucros sobre as vendas, mas em função dos lucros sobre os investimentos feitos no negócio. Uma forma fácil de perceber a diferença existente entre lucratividade e rentabilidade pode ser vista na Figura 7.4, que corresponde a uma fotografia registrada nos momentos finais de uma corrida de automóveis.

Figura 7.4 Proximidade e velocidade definem o ganhador.

A bandeira representa a linha de chegada e nota-se que o carro A está mais próximo do final. Porém, caso perguntássemos quem ganharia a corrida, seria preciso analisar, além da proximidade à chegada, a velocidade de aproximação dos dois veículos. O carro A, embora mais próximo, poderia estar andando de forma muito lenta ou poderia estar até mesmo quebrado. Assim, embora mais distante, o automóvel B poderia, com uma velocidade maior, ter muito mais chances de ganhar a corrida.

De forma análoga, na análise financeira do negócio e dos preços praticados, a proximidade à linha de chegada corresponde ao lucro auferido na transação. Porém, é preciso considerar a velocidade de aproximação à linha de chegada, representada pelo número de vezes em que o lucro é auferido e financeiramente representado pelo giro das vendas. A rentabilidade decorre da multiplicação entre a margem de lucro e o giro. Veja a Figura 7.5.

Figura 7.5 Rentabilidade, margem e giro.

A rentabilidade expressa a relação existente entre o lucro líquido do negócio e o investimento nele efetuado. A margem representa a relação entre o lucro e as vendas. O giro corresponde à relação existente entre as vendas e o investimento total feito no negócio. Assim, a Figura 7.5 pode ser modificada na Figura 7.6.

Figura 7.6 Recomposição da rentabilidade de composição.

A NECESSIDADE DE DEFINIÇÃO DE UMA RENTABILIDADE JUSTA

Um dos pontos mais importantes da teoria de finanças faz referência à definição de rentabilidades justas. Em anos recentes, alguns prêmios Nobel em Economia foram concedidos para trabalhos que exploraram de forma direta ou indireta modelos para cálculo de rentabilidades esperadas.[1]

Em linhas gerais, todo e qualquer investimento deve possibilitar a auferição de rentabilidades que tenham o objetivo de remunerar dois aspectos básicos: o tempo sacrificado e o risco corrido.

De modo simples, a recompensa pelo tempo sacrificado costuma ser associada a uma taxa livre de risco. No Brasil, exemplos de taxas consideradas como livres de risco são as taxas da caderneta de poupança ou a taxa decorrente das negociações com títulos públicos registrados no Sistema Especial de Liquidação e Custódia, mais conhecida como taxa Selic.

Por outro lado, o prêmio pelo risco costuma ser associado ao risco não diversificável do investimento. Para o seu cálculo foram desenvolvidos conceitos específicos, como o beta como medida de risco. Tais conceitos podem ser encontrados nos bons livros de Administração Financeira ou de Avaliação de Investimentos.

Continuando com o exemplo da Mercearia Secos e Molhados, imaginando que as vendas totais da empresa alcancem $ 48.000,00 por ano, para um investimento no negócio igual a $ 12.000,00, tem-se um giro das vendas igual a $ 48.000,00 dividido por $ 12.000,00, que resulta em um giro igual a quatro. A rentabilidade do negócio poderá ser obtida com a equação anterior.

---

[1] Para aprender mais sobre cálculos de rentabilidade, consulte o segundo livro desta série: BRUNI, A. L.; FAMÁ, R. *As decisões de investimentos*. São Paulo: Atlas, 2003.

Capítulo 7 • Os custos, os preços e os lucros

Rentabilidade = 0,05 × 4 = 0,20 ou 20% ao ano

Sabendo que uma aplicação sem risco como a caderneta de poupança rende, para ilustrar, 12% ao ano, o investidor no negócio teria, então, na rentabilidade um parâmetro para o julgamento da *performance* do seu negócio. Por exemplo, o pequeno empresário, dono da Mercearia Secos e Molhados, poderia achar suficiente e atrativa a rentabilidade de 20% ao ano.

A ênfase na análise da rentabilidade no lugar da lucratividade facilita a compreensão de uma série de aspectos relativos à tomada de decisão em Finanças. Para ilustrar, imagine que uma empresa comercial, com ativos totais iguais a $ 2.000,00, tenha apresentado o seguinte resultado anual. Note que a rentabilidade da operação da empresa é igual a 20% ao ano, ou 400/2.000.

Faturamento	$ 1.000,00
(–) Gastos	($ 500,00)
Lucro operacional	$ 500,00
(–) IR	($ 100,00)
Lucro líquido	$ 400,00

A decomposição da rentabilidade em margem e giro está apresentada a seguir.

Rentabilidade = Margem × Giro

Decompondo Rentabilidade, Margem e Giro, é possível construir a seguinte relação.

$$\frac{\text{Lucro Líquido}}{\text{Investimento}} = \frac{\text{Lucro Líquido}}{\text{Vendas}} \times \frac{\text{Vendas}}{\text{Investimento}}$$

Substituindo os valores apresentados na equação, tem-se que:

$$\frac{400}{2.000} = \frac{400}{1.000} \times \frac{1.000}{2.000}$$

Calculando as frações apresentadas, tem-se:

Rentabilidade = Margem × Giro
20%   40%   0,50

Ou seja, a empresa apresenta uma rentabilidade igual a 20% ao ano, com uma margem de lucro igual a 40% sobre as vendas e um giro dos ativos igual a 0,50 vez por ano.

A Administração de Custos, Preços e Lucros • BRUNI

Caso a empresa recebesse uma oferta de compra para um dos seus imóveis no valor de $ 600,00, com a promessa de um aluguel posterior do mesmo imóvel por $ 100,00, a decisão poderia ser facilitada com o uso da análise da rentabilidade e do giro.

Nesta situação, o investimento seria reduzido em $ 600,00, caindo de $ 2.000,00 para $ 1.400,00, e o lucro operacional seria igualmente reduzido, de $ 500,00 para $ 400,00, com a redução dos $ 100,00 pagos a título de aluguel. Supõe-se que o faturamento não seria alterado, continuando igual a $ 1.000,00 por mês.

Faturamento	$ 1.000,00
(–) Gastos	($ 600,00)
Lucro operacional	$ 400,00
(–) IR	($ 80,00)
Lucro líquido	$ 320,00

Substituindo os novos valores, tem-se que:

$$\frac{320}{1.400} = \frac{320}{1.000} \times \frac{1.000}{1.400}$$

Calculando as frações apresentadas, tem-se:

$$Rentabilidade = Margem \times Giro$$
$$22,86\% \qquad 32\% \qquad 0,7143$$

Ou seja, a venda do imóvel provocaria uma redução da margem de lucro, em função da necessidade de considerar o novo gasto com o aluguel. Porém, o giro dos ativos aumentaria de 0,50 para 0,71, aproximadamente. O efeito combinado da queda da margem com a elevação do giro seria benéfico na rentabilidade – que seria elevada de 20%, para 22,86% ao ano.

Para ilustrar os diferentes efeitos da análise conjunta de margem e giro, veja o exemplo das empresas Nem Tudo O Que Reluz É Ouro Ltda. e Tem Carne Debaixo Deste Angu Ltda. Dados de ambas as empresas estão apresentados na tabela seguinte.

Descrição	Nem Tudo O que Reluz é Ouro	Tem Carne Debaixo Deste Angu
Vendas anuais	600.000,00	600.000,00
Investimento	200.000,00	120.000,00
Lucro anual	60.000,00	43.200,00
Lucro%	10,00%	7,20%

Capítulo 7 • Os custos, os preços e os lucros

Em um primeiro momento, um leitor desatento poderia achar que a situação da primeira empresa seria mais vantajosa, já que apresenta maior margem de lucro. Porém, uma análise mais aprofundada envolveria o estudo do giro e da rentabilidade, apresentados na tabela seguinte.

Descrição	Nem Tudo O que Reluz é Ouro	Tem Carne Debaixo Deste Angu
Margem de lucro	10,00%	7,20%
Giro anual	3,00	5,00
Rentabilidade anual	30,00% a.a.	36,00% a.a.

Com base nos números expostos, nota-se que, embora com uma margem de lucro menor, a empresa Tem Carne Debaixo Deste Angu Ltda. apresenta uma situação melhor sob o ponto de vista financeiro. O seu maior giro é refletido na obtenção de maior rentabilidade.

MARGENS BAIXAS NOS PRODUTOS CHAMARIZES OU ÂNCORAS DE DECISÃO

Quando múltiplos produtos ou serviços são comercializados, é de fundamental importância reconhecer a presença de produtos chamarizes ou âncoras de decisões de compra. Por exemplo, em papelarias, a resma ou pacote com 500 folhas de papel sulfite branco costuma ancorar a decisão de compra de muitas empresas. Ou seja, muitos compradores tomam a decisão de efetuar seus pedidos em determinada papelaria em função do preço cobrado pela resma de papel – item sempre importante nos pedidos de material de escritório.

Assim, o processo de formação de preços em papelarias sempre prevê maiores dificuldades na fixação de margens e taxas de marcação mais significativas no papel. Logo, a formação dos preços das resmas de papel costuma ser feita "no osso". Ou seja, sem possibilidades de grandes taxas de marcação ou margens de contribuição. Mas pelo fato de um preço baixo no papel atrair a realização de um pedido maior, com muitos outros itens mais atrativos, a perda de margem no produto chamariz ou âncora é compensada pela recuperação na venda de outros itens.

De forma similar, churrascarias veem no preço cobrado por pessoa no churrasco rodízio o principal fator atrativo para seus clientes. Muitos consumidores optam por frequentar determinada churrascaria empregando este preço nas suas decisões. Assim, muitos destes restaurantes formam preços relativamente baixos para os rodízios, recuperando as margens de contribuição perdidas em preços maiores, com margens mais generosas, em sobremesas ou bebidas.

Fabricantes de tubos plásticos igualmente sabem que muitos revendedores, donos de lojas de materiais de construção, tomam a decisão de fazer pedidos com base nos preços

A Administração de Custos, Preços e Lucros • BRUNI

> nos tubos de esgoto de 100 mm, geralmente os mais caros do catálogo. Assim, uma formação de preços eficaz trata de usar margens e preços relativamente menores neste item, compensadas por preços e margens maiores nos outros itens.
>
> Concessionárias de automóveis também empregam políticas similares, ao aplicar margens percentuais menores na formação de preços dos veículos e margens maiores nos serviços e equipamentos adicionais.
>
> A análise de vendas de *mix* de produtos e serviços diferenciados, com a presença de produtos chamarizes ou âncoras, deve ser feita com cuidado. A formação de preços deve ser diferenciada e menor para estes itens. A sinergia das vendas conjuntas e da recuperação das margens inicialmente sacrificadas não pode ser desconsiderada.

7.7 Resumo do capítulo

Este capítulo apresentou a construção de taxas de marcação ou *mark-ups*. A partir da definição de uma base, geralmente representada pelos gastos diretos, e da conversão de todos os demais componentes do preço como gastos indiretos, tributos e lucros em percentuais, seria possível calcular um multiplicador. Posteriormente, o produto entre este multiplicador e a base resultaria em um preço "alvo" ou sugerido.

A leitura deste capítulo e a resolução das atividades propostas devem contribuir para o alcance dos dois objetivos de aprendizagem propostos:

- **Conhecer e analisar margem de lucro e giro.** A rentabilidade é uma importante premissa que precisa estar incorporada nos preços. Pode ser apresentada como o produto entre margem de lucro e giro.
- **Aprender a compor taxas de marcação ou *mark-ups*.** É preciso definir uma base para a formação do preço de venda, geralmente entendida como os gastos diretos. A conversão em percentuais de vendas de todos os demais componentes do preço (gastos indiretos, tributos e lucros) permite calcular a taxa de marcação ou *mark-up*.

Exercícios propostos

As atividades de aprendizagem aqui propostas exploram, em linhas gerais: (A) a análise de margem de lucro e giro; (B) a composição de taxas de marcação ou *mark-up*.

[A1] Classifique em verdadeiro ou falso as afirmações a seguir:

a) Quanto maior a margem de lucro, maior o desempenho financeiro.

b) Existe uma relação inversa entre margem de lucro e giro.

c) Existe uma relação direta entre margem de lucro e giro.

Capítulo 7 • Os custos, os preços e os lucros

d) Uma operação com margem de lucro baixa pode ter sua rentabilidade melhorada por meio do maior giro.

e) A rentabilidade de uma operação pode ser decomposta entre margem de lucro e giro.

[A2] Um grupo de investidores está pensando em abrir uma loja de *surfwear* em um importante bairro da cidade. Serão investidos $ 50.000,00 na abertura do ponto. Sobre o capital investido, os empresários desejam ganhar 20% ao ano. Sabendo que as vendas são estimadas em $ 200.000,00 por ano, calcule: (a) o giro das vendas; (b) a margem de lucro desejada.

[A3] Uma rede de lojas de autopeças possui o objetivo de perseguir uma rentabilidade igual a 36% ao ano, considerando uma margem de lucro igual a 6%. Caso o giro anual da empresa aumente em 50%, qual deverá ser a nova margem?

[A4] Um grupo de empresários do setor de transportes pensa em investir em um serviço de transportes especiais. Investirão $ 4 milhões na operação e esperam faturar $ 8 milhões por ano com o negócio. A rentabilidade esperada para o negócio é estimada em 30% a.a. Calcule: (a) o giro anual das vendas (com quatro casas decimais aproximadas); (b) a margem de lucro inserida na formação do preço de venda. Suponha que os investidores tenham conseguido reduzir em 30% o investimento na operação, mantendo o volume de vendas e a rentabilidade inalterados. Calcule para esta nova situação: (c) o giro anual das vendas (com quatro casas decimais aproximadas); (d) a margem de lucro inserida na formação do preço de venda.

[A5] Um grupo de empreendedores resolveu investir em um negócio do ramo alimentício. Sabe-se que estes desejam uma rentabilidade igual a 18% a.a. Sabendo que serão investidos $ 50.000,00 no empreendimento e que o faturamento anual projetado é igual a $ 500.000,00, pede-se obter: (a) o giro anual das vendas; (b) a margem de lucro da operação.

[B1] Classifique em verdadeiro ou falso as afirmações a seguir:

a) Mantidas as demais variáveis, quanto maior a margem de lucro, maior o *mark-up*.

b) Para uma soma dos percentuais calculados por dentro igual a 0,50 (ou 50%), o *mark-up* será igual a 1,5.

c) Na formação do *mark-up*, a rentabilidade desejada costuma ser apresentada sob a forma de margem de lucro.

[B2] Uma loja de perfumes deseja aplicar um *mark-up* considerando ICMS igual a 18%, comissão igual a 2%, despesas iguais a 25% e margem de lucro igual a 15%. Qual o valor da taxa de marcação que ela deve usar?

A Administração de Custos, Preços e Lucros • BRUNI

[B3] As Indústrias Pira-Pirou Ltda. gostariam de vender seus produtos com uma margem igual a 10%. Sabe-se que o custo variável da empresa é igual a $ 540,00 por unidade. As demais taxas associadas ao preço são iguais a 40%, incluindo custos fixos, demais despesas e impostos. Pede-se: (a) Qual deveria ser a taxa de marcação correspondente? (b) Qual deveria ser o preço praticado?

[B4] A Loja dos Artigos Técnicos precisa definir qual *mark-up* aplicará para formar os preços dos diferentes produtos que pensa em comercializar. As vendas da empresa estão estimadas em $ 100.000,00 mensais, com despesas iguais a $ 10.000,00 por mês. Sabe-se que a empresa deseja um lucro igual a 20% das vendas, paga comissões iguais a 3% e recolhe ICMS com alíquota igual a 17%. Pede-se: (a) Qual o *mark-up* da empresa? (b) Para um produto comprado por $ 800,00, com $ 56,00 de ICMS, qual o preço a ser praticado?

[B5] A Mercantil Barateira Ltda. projetou os seguintes valores associados às suas operações. Com base nos números fornecidos, pede-se calcular o *mark-up* da empresa.

Descrição	Valor ($/mês ou %)	Descrição	Valor ($/mês ou %)
Faturamento	$ 500.000,00	Outros gastos	$ 70.000,00
Comissões	2%	ICMS	18%
Aluguel da loja	$ 20.000,00	Lucro	$ 10.000,00

[B6] Um grupo de investidores está pensando em abrir um novo ponto comercial em um importante shopping da cidade destinado à comercialização de artigos finos masculinos. Alguns dados estão apresentados a seguir. Com base nos números fornecidos, pede-se executar o que se pede.

Parte I – (a) Qual a taxa de marcação ou *mark-up* da empresa? Use quatro casas decimais. (b) Para um produto com custo de aquisição (ignorando o crédito fiscal) igual a $ 340,00, qual o preço de venda?

Parte II – (c) Sabe-se que os investidores podem dispensar a necessidade de aquisição do imóvel, mediante o aluguel de uma loja no valor de $ 30.000,00 por ano. Mantendo-se o preço definido anteriormente, analise a viabilidade desta alternativa, calculando a nova rentabilidade. (d) Caso a rentabilidade seja mantida, qual seria o preço a praticar para o produto da letra *b*, supondo o aluguel do imóvel?

Capítulo 7 • Os custos, os preços e os lucros

Descrição	Valor
Investimento na compra de um imóvel (vida útil igual a dez anos)	$ 200.000,00
Investimento em móveis e equipamentos (vida útil igual a cinco anos)	$ 200.000,00
Taxa de retorno livre de risco	18% a.a.
Salários anuais fixos de funcionários	$ 36.000,00
Prêmio pelo risco do negócio	7% a.a.
Comissão sobre vendas	3%
Outros gastos fixos anuais	$ 6.000,00
Faturamento anual	$ 2.000.000,00
Impostos líquidos sobre vendas	12%
Condomínio anual fixo	$ 48.000,00

[B7] A loja Ciclistas e Cia. monta bicicletas e comercializa diferentes produtos relacionados ao ciclismo. Para produtos nacionais, a margem de lucro líquida é igual a 25%. Para produtos importados, este percentual aumenta para 40%. A seguir, estão relacionados alguns gastos com quadros para bicicletas nacionais e importadas. Além dos gastos mencionados, a empresa possui outros gastos indiretos que equivalem a 30% da receita de vendas. Pergunta-se: (a) Quais as taxas de marcação da empresa? (b) Quais deveriam ser os preços praticados?

Item	Quadros nacionais	Quadros importados
Valor unitário de compra	180,00	230,00
Custo unitário do frete para a loja	30% do valor de compra	60% do valor de compra
Vendas anuais em unidades	600	400

[B8] A Cia. das Geringonças caracteriza-se por não ter gastos fixos de nenhum tipo. Sabe-se que foram investidos $ 100.000,00 para a abertura da operação. Atualmente, a empresa comercializa 500 unidades por mês do único produto que vende e que possui um custo de aquisição igual a $ 8,00, além de gastos variáveis e lucros percentuais sobre vendas iguais a 60%. Pede-se determinar: (a) o preço que a empresa deverá praticar; (b) o giro anual das vendas.

[B9] A empresa Maremoto Radical Ltda. apresentou os seguintes dados: (a) Qual o *mark-up* multiplicador para um lucro de 10% sobre o preço de venda? (b) Qual o valor do preço de venda para um lucro de 20%? (c) Qual a margem de contribuição para um preço de venda de $ 3.500,00? (d) Qual será o ICMS a recolher sobre um preço de venda de $ 3.500,00?

A Administração de Custos, Preços e Lucros • BRUNI

Valor pago pela matéria-prima	$ 2.100,00, com 12% de ICMS incluso
Despesas variáveis de vendas	4%
Despesas fixas comerciais e administrativas	12%
PIS e Cofins	3,65%
ICMS sobre vendas	17%

[B10] A Loja de Calçados Ferradura fatura em média $ 40.000,00 por mês. Suas despesas fixas alcançam $ 12.000,00 por mês. Na formação dos preços, a empresa considera comissões iguais a 3%, ICMS igual a 18% e um lucro igual a 15%. Cada par de calçados é comprado, em média, por $ 120,00, incluindo 12% de ICMS. Calcule: (a) o *mark-up* aplicado pela empresa (com duas casas decimais aproximadas); (b) o preço de uma peça; (c) o ICMS recolhido pelo vendedor e referente à venda de 20 unidades.

[B11] A Mamulengo Confecções compra um produto por $ 500,00, incluindo 12% de ICMS. Na formação do seu preço de venda precisa incorporar 20% de impostos sobre faturamento, 10% de lucro sobre vendas e outros 25% para gastos diversos. Todos os percentuais incidem sobre o faturamento da empresa. Calcule: (a) o custo do produto; (b) a taxa de marcação (com quatro casas decimais); (c) o preço de venda.

[B12] Um grupo de investidores pensa em colocar $ 500 mil em um novo empreendimento. As vendas projetadas são iguais a $ 3 milhões e existe uma expectativa de rentabilidade igual a 24% a.a. para a operação. No momento da formação do preço das mercadorias vendidas no negócio é preciso considerar, além do lucro, 20% para impostos e outros 40% para gastos indiretos variados. Calcule: (a) o giro projetado para a operação; (b) a margem de lucro projetada; (c) o *mark-up* projetado para a operação.

[B13] Sabe-se que uma parte do investimento da atividade anterior, no valor de $ 300 mil, corresponde a um terreno usado como estacionamento e que poderia ser alugado por $ 60 mil anuais. Supondo a venda do terreno, seguida da devolução dos recursos aos sócios, recalcule: (a) o giro projetado para a operação; (b) a margem de lucro projetada (mantendo a rentabilidade); (c) o *mark-up* projetado para a operação.

[B14] A Carambola Moda Infantil aplica *mark-up* sobre o custo das suas mercadorias considerando um lucro igual a 20%, ICMS igual a 17% e despesas iguais a 30%. Todos os percentuais incidem sobre o preço. Cada peça comercializada da empresa é comprada por $ 50,00, incluindo 7% de ICMS. Calcule: (a) o *mark-up* aplicado pela empresa (com duas casas decimais aproximadas); (b) o preço de uma peça; (c) o ICMS recolhido pelo vendedor referente à venda de 300 unidades.

Capítulo 7 • Os custos, os preços e os lucros

[B15] A Competência Terceirização de Pessoal Ltda., já apresentada anteriormente neste livro, é uma pequena empresa voltada à prestação de serviços relacionados à terceirização de mão de obra. Foi fundada há cerca de oito anos e apresentava em fins do ano passado um faturamento médio mensal em torno de $ 35.000,00. Nessa mesma época, dois dos seus sócios andavam discordando em relação aos procedimentos empregados na formação dos preços dos serviços prestados.

Por se tratar de serviços relativos ao fornecimento de mão de obra temporária, o procedimento envolvido na formação de preços baseava-se em determinar uma base de valor, formada pelos custos diretos e igual aos salários e encargos envolvidos no contrato analisado e, posteriormente, na multiplicação desta base por um *mark-up* multiplicador, calculado conforme algumas premissas estabelecidas pelos sócios.

O ponto de discussão consistia justamente na forma desenvolvida para a aplicação do *mark--up*. Quando a empresa foi criada, um dos sócios desenvolveu uma série de cálculos para obter o multiplicador.

O primeiro passo envolveu a determinação de um percentual para a cobertura dos tributos. Por se tratar de uma pequena empresa, a Competência havia optado pela tributação com base no Lucro Presumido. Situada em uma grande cidade, com alíquota de ISS igual a 5%, a empresa apresentava uma soma percentual de tributos igual a 16,71% das receitas.

Além do percentual destinado ao pagamento dos impostos, ao calcular o *mark-up* o sócio considerou um percentual igual a 5% a título de lucro e outro percentual igual a 10% para a cobertura das despesas administrativas. Dessa forma, a soma dos percentuais alcançou 31,71%. Assim, para uma soma dos percentuais incidentes sobre o faturamento igual a 31,71%, a taxa de marcação obtida e rotineiramente utilizada pela empresa era igual a 1,4643, resultado de $[1 / (1 - 0,3171)]$.

Porém, o segundo sócio criticava este procedimento. Reclamava que a empresa vivia com prejuízos mensais constantes, o que inviabilizava por completo a remuneração dos $ 60.000,00 que haviam sido investidos no negócio e que, se aplicados no mercado financeiro em operação com risco proporcional ao do negócio, permitiriam um retorno líquido da ordem de 20% ao ano.

Com o objetivo de propor procedimento mais eficiente para a formação de melhor *mark-up* alvo, o segundo sócio apresentou a seguinte relação de gastos mensais da empresa.

Descrição	Valor Mensal
Pessoal administrativo e encargos	5.300,00
Diretoria	3.000,00
Coordenação	1.500,00
Auxiliar	800,00
Aluguel	380,00
Condomínio	210,00
Energia	50,00

(continua)

A Administração de Custos, Preços e Lucros • BRUNI

(continuação)

Descrição	Valor Mensal
Telefone	650,00
IPTU	50,00
Material de escritório	100,00
Contador	370,00
Total	$ 7.110,00

Com base nas informações fornecidas, pede-se construir uma taxa de marcação justa para as operações da empresa. Quais as razões para os problemas alegados pelo segundo sócio?

[B16] A bela cidade de Natal, capital do Rio Grande do Norte, caracterizou-se nos últimos anos como um importante destino turístico no Nordeste do país, recebendo importantes investimentos. Aproveitando as taxas de crescimento da economia da região, dois amigos resolveram empreender o Braseiro Comida Nordestina Ltda., como o próprio nome revela, um restaurante de comida típica nordestina. Os sócios escolheram o Shopping da Praia para montar o estabelecimento, tendo sido inaugurado em dezembro do ano passado.

O Braseiro tem como objetivo principal proporcionar aos seus clientes a melhor opção da culinária tradicional da região Nordeste do Brasil, com muitos pratos preparados na brasa. Seus petiscos e pratos tradicionais eram servidos acompanhados do chope mais cremoso e gelado da cidade, servido a uma temperatura adequada de até 1° C.

O projeto arquitetônico do Braseiro compreendeu uma área de 270 m² com capacidade para 240 lugares em instalações aconchegantes, com uma decoração que remete a uma casa de fazenda, tematizada de forma rústica, com destaque para o bar com a sua grande extensão e com o trabalho dos *barmen* que atendem aos clientes no balcão. A preocupação especial do projeto consistiu em fazer com que a entrada do restaurante fosse ampla, a fim de dar impressão aos clientes de um espaço aberto, incentivando, assim, a entrada e o posterior consumo.

O espaço interno do salão foi concebido de forma aconchegante e bem decorado para criar um sentimento de satisfação, favorecendo, assim, a permanência do cliente. A área externa representava o ponto forte, com uma imensa varanda que proporcionava grande aconchego e bela vista para o mar.

O restaurante segmentou seu público-alvo, buscando captar para seus serviços um público com médio ou alto poder aquisitivo, bom nível cultural, com idade entre 30 e 50 anos, de modo geral exigente e que buscasse um ambiente agradável, alegre, familiar e aconchegante, pagando para isso um preço considerado justo.

O Braseiro possui uma concorrência acirrada, pois, além de competir com outros bares e restaurantes que funcionam no Shopping da Praia, existem outras casas do mesmo porte em Natal de comida típica regional. Dentro do Shopping da Praia a maior disputa é no quesito preço. Nas demais casas, além do preço, considera-se a qualidade do ambiente e do serviço. Após sua inauguração, o Braseiro apresentou as vendas crescentes. Acredita-se na possibilidade de manutenção de uma venda média igual a $ 50.000,00 por mês.

Capítulo 7 • Os custos, os preços e os lucros

A operação do restaurante é muito simples. A operação inicial contém alguns processos-chaves, como a limpeza e o *mise en place*, que envolve a preparação da cozinha, do bar e do salão para receber os clientes. Com os processos atuais, o tempo médio de preparo e entrega de um prato leva em média 20 minutos. O atendimento é feito pelo garçom, que faz o pedido e leva a comanda até o caixa. O caixa registra o pedido no sistema integrado e o mesmo sai impresso na cozinha e no bar por ordem de registro. Após o pedido estar pronto, o garçom leva-o até a mesa. Ao todo, a empresa possui 20 funcionários, sendo seis cozinheiros, três *barmen*, oito garçons, dois caixas e um auxiliar de serviços gerais.

Como o Braseiro possui no seu cardápio aproximadamente 186 itens entre alimentos e bebidas, a direção da casa não tem como ratear com exatidão os custos indiretos e demais despesas para formar o seu preço de venda. Por isso, esses custos estão embutidos no fator de *mark-up* utilizado. O processo de formação de preços do cardápio envolve o levantamento dos ingredientes de cada prato, sua posterior valoração e a multiplicação por um *mark-up* previamente estabelecido.

O levantamento dos custos diretos de matéria-prima é realizado através de uma ficha técnica que contém todos os ingredientes usados nos pratos por peso, levando em consideração a perda com o processo de congelamento e descongelamento e o possível desperdício. Os demais gastos, incluindo mão de obra, gastos administrativos e comerciais, além do lucro, são embutidos no *mark-up*.

Atualmente, na empresa aplica-se um *mark-up* diferenciado para alimentos e bebidas. Está usando um fator mais alto para alimentos, um fator intermediário para bebidas frias (cervejas, águas, refrigerantes), um fator mais alto para algumas bebidas quentes, como vinho, tequila e *whisky*, e fator muito mais alto para gim, *vodka* e conhaque. O *mark-up* utilizado considera os custos indiretos e as despesas do negócio. Após aplicar o *mark-up*, chega-se a uma sugestão de preço. Este será comparado com o praticado pelo mercado, em estabelecimentos com propostas de valor e público semelhante. Caso necessário, o preço sofre um ajuste para mais ou para menos conforme a situação. Em geral, os preços são fixos, sem discriminação, e seguem uma proposta de valor desejada pela empresa.

Um modelo de ficha técnica e formação de preço de um dos pratos mais vendidos, a "Carne de Sol Caipira", carne de sol acebolada com aipim (carne bovina salgada acompanhada por macaxeira ou mandioca), está apresentado a seguir.

Ficha técnica do prato "Carne de Sol Caipira".

Carne de sol Caipira	Quantidade MD	Preço MD por um ($)	Custo MD por prato ($)
Carne de Sol	0,300 kg	8,00	2,40
Cebola	0,150 kg	0,50	0,08
Manteiga de Garrafa	0,020 l	5	0,10
Aipim	0,300 kg	0,50	0,15
Total			2,73

A Administração de Custos, Preços e Lucros • BRUNI

A montagem e a operação do restaurante foram e são caracterizadas por uma série de gastos. Os principais e mais relevantes estão apresentados a seguir.

Os gastos foram classificados em diferentes grupos. Veja a descrição apresentada a seguir.

Investimentos. Para abrir o restaurante foram gastos $ 70.000,00 com investimentos em equipamentos e utensílios para cozinha, salão e caixa. Este investimento deve ser depreciado em dez anos. Outros $ 30.000,00 foram investidos em capital de giro. Em relação ao investimento, a empresa estima a necessidade de remunerar os sócios com uma taxa igual a 2,5% ao mês.

Impostos. Impostos Federais: a empresa é optante do Simples e arrecada 6,6% sobre o faturamento.

ICMS: a empresa é optante do Simples estadual e arrecada 4% sobre o faturamento a título do ICMS.

Gastos variáveis. Envolvem materiais, distribuídos entre alimentos e bebidas, e já são computados na ficha técnica de cada um dos produtos do cardápio, e taxa de administração de operadoras de cartão, estimada em 2% do faturamento, em média.

Gastos fixos indiretos. Podem ser vistos na tabela seguinte. Alcançam cerca de $ 19.000,00 por mês.

Descrição	Valor
Salários	5.600,00
FGTS e INSS de funcionários	900,00
Vale-transporte de funcionários	1.500,00
Aluguel e condomínio	4.500,00
Água	1.100,00
Energia	1.300,00
Gás	800,00
Telefone	150,00
Outros gastos	300,00
Manutenção civil	570,00
Contador	240,00
Atração musical	2.000,00
Encargos bancários	40,00
Soma	$ 19.000,00

Em relação aos números, algumas observações são importantes. Os gastos com condomínio e aluguel referem-se a 70 m² da cozinha e bar e outros 200 m² do salão com mesas. Parte das despesas administrativas está concentrada em outro empreendimento do mesmo segmento e o grupo nada transfere para o Braseiro. A empresa apresenta uma arrecadação média mensal com comissões sobre vendas de $ 3.000,00. Porém, esse valor não é incluído nos números da

Capítulo 7 • Os custos, os preços e os lucros

empresa, já que corresponde à taxa de 10% opcional paga pelo cliente e destinada imediatamente aos funcionários.

Com base nos números fornecidos, pede-se: (a) obter a taxa de multiplicação média (*mark-up* médio) para o restaurante; (b) sabendo da necessidade de prática de *mark-ups* iguais a 1,50 para bebidas frias (apresentam percentual na margem de contribuição total igual a 20%), 2,20 para algumas bebidas quentes, como vinho, tequila e *whisky* (apresentam percentual na margem de contribuição total igual a 15%), e 4,0 para gim, *vodka* e conhaque (apresentam percentual na margem de contribuição total igual a 5%), calcular o *mark-up* médio que deveria ser empregado em alimentos.

8 Os preços, o marketing e a estratégia

"Vê mais longe a gaivota que voa mais alto."

Richard Bach

8.1 Objetivos de aprendizagem

O preço a ser praticado em produtos ou serviços depende de dois aspectos principais: da oferta de um produto sem grande diferenciação, o que implicaria a cobrança de um preço já previamente existente no mercado, e da necessidade de ter custos menores que preços; ou da oferta de um produto com um valor percebido diferenciado e, em função desta maior percepção de valor, da possibilidade de cobrança de preços maiores. Nenhuma empresa toma uma decisão primária sobre o preço que pretende praticar. É preciso, antes, definir a estratégia de produção e de comercialização.

O último capítulo deste livro possui o objetivo de apresentar as associações existentes entre o preço, o marketing e a estratégia do negócio. São explorados aspectos principais das relações existentes entre custos, preços e valores e são apresentados dois objetivos de aprendizagem:

- Compreender as relações entre preços, custos e valores percebidos;
- Analisar a importância da análise dos preços e dos custos na composição das estratégias empresariais.

8.2 Custos e valores percebidos primeiro, preços depois

A formação de preços representa uma das mais desafiadoras atividades da gestão empresarial contemporânea. Embora polêmicas possam existir sobre o fato de ser arte ou ciência, uma certeza sempre pode ser confirmada: a decisão do preço a praticar é sempre uma decisão secundária, consequência da opção da empresa por ter optado por ofertar produtos em duas formas básicas e distintas.

Na primeira forma, a empresa oferta produtos ou serviços sem diferenciação significativa. Neste caso, o preço praticado deve ser similar ao dos concorrentes. Não existe o processo de formação de preços. Cálculos e análise sobre custos ou rentabilidades não são empregados no processo de formação dos preços, já que estes serão similares aos dos concorrentes.

Nessa situação, a análise de preços e custos deve ser feita com o objetivo de analisar a rentabilidade do negócio e as consequências das decisões tomadas e estratégias implementadas. Sendo o preço definido pelo mercado, a empresa pode, a partir do preço, estabelecer metas para seus gastos buscando atingir o patamar desejado de rentabilidade.

Na segunda forma, a empresa opta por ofertar produtos ou serviços diferenciados. A diferenciação possibilita, então, a cobrança de preços distintos. Nesta etapa, por possuir produtos diversos, com valores percebidos de forma diferenciada pelo mercado, a empresa pode estudar seus gastos e sua rentabilidade com o objetivo de tentar formar e aplicar um preço justo. Naturalmente, mesmo neste caso, esse preço justo deve estar adequado ao contexto do mercado onde pensa em ser inserido.

Assim, o preço acaba sendo consequência das opções por custo (estratégia de não diferenciação) ou valores percebidos (estratégia de ofertas diferenciadas). Veja a ilustração da Figura 8.1.

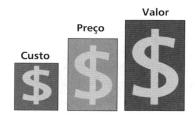

Figura 8.1 Custo, preço e valor.

Sob o ponto de vista da empresa, para sobreviver no longo prazo, é de fundamental importância a prática de preços superiores aos gastos.[1] A diferença resulta no conceito de lucro, fundamental para a continuidade dos negócios.

Porém, sob o ponto de vista do mercado, um produto somente se torna atrativo e desejável quando consegue transmitir a ideia de um valor percebido superior ao seu preço. O mercado compra baseado nos benefícios extras apresentados na relação de troca.

A compreensão dos gastos foi discutida e trabalhada com maior profundidade nos primeiros capítulos do livro. Porém, neste capítulo, é importante compreender o que interfere e importa no valor percebido.

---

[1] Neste caso, em um contexto amplo, incluindo custos, despesas e impostos.

Capítulo 8 • Os preços, o marketing e a estratégia

8.3 Condicionantes do valor percebido

Uma frase famosa, atribuída ao fundador das indústrias de produtos de beleza Revlon, Charles Revson, expressava a ideia que "na fábrica produzimos cosméticos, nas lojas vendemos esperança". Ou seja, os consumidores de cosméticos querem, compram e pagam na esperança de se tornarem mais belos, jovens ou agradáveis. O produto cosmético, tangível e básico, tem o seu valor percebido completamente ampliado quando a esperança é incorporada na percepção do consumidor.

De forma similar, uma indústria de roupas que busca ofertar produtos diferenciados sempre desejará deixar de ser vista como "roupa", passando a ser desejada como moda. A disponibilidade de pagar por moda será sempre superior à disponibilidade de pagar por roupa. No Brasil, exemplos não faltam.

As sandálias plásticas Havaianas representaram por muito tempo para seu fabricante, as indústrias Alpargatas, um produto com foco direcionado para custos. Com baixa diferenciação, posicionava-se como uma sandália de borracha barata, que "não deformava nem soltava as tiras". Automaticamente, o poder de interferência sobre os preços das Havaianas por parte da Alpargatas era muito baixo. O mercado e a concorrência definiam o preço dos chinelos populares, que eram praticados pela indústria.

Anos depois, o quadro mudou. A queda da rentabilidade das operações motivou, no ano de 1994, uma mudança de atitude. A Alpargatas resolveu segmentar o produto e o mercado. Manteve as antigas Havaianas (renomeadas para Havaianas Tradicionais) e investiu intensamente em novos e inovadores produtos, com campanhas publicitárias diferenciadas. A percepção de um valor superior pelo mercado tornou-se fundamental na nova estratégia.

As novas Havaianas, representadas por meio de diferentes e inovadoras linhas de produto, como *Flash*, *Trekking*, *Surf*, *Style* ou *Slick*, ganharam presença marcante como símbolos de moda. O chinelo barato que não deformava e não soltava as tiras tornou-se um dos mais marcantes ícones *fashion*. Automaticamente, a percepção diferenciada de valor associada à moda permitiu a elevação da cobrança de preços inferiores a US$ 3,00 para preços iguais ou superiores a US$ 50,00 em alguns modelos e mercados que, agora, incluem o exterior.

Outro exemplo marcante é o da Hering, tradicional e antiga malharia catarinense que durante anos ofertou roupas básicas, com preços populares. Porém, a abertura de mercado no final dos anos 1980 permitiu o ingresso de novos competidores asiáticos, dotados de parques fabris mais eficientes e custos menores. Com custos e preços menores, os concorrentes asiáticos tomaram fatias significativas das malharias brasileiras, incluindo a Hering.

A solução encontrada pela malharia catarinense envolveu um reposicionamento completo da sua marca e dos produtos. O foco mudou das roupas básicas ao básico com bossa. A empresa investiu no desenvolvimento de produtos diferenciados, com maior ênfase em moda e diferenciação, reforçando a importância da sua marca e criando canais próprios de distribuição, como as *Hering Stores* (ou lojas da Hering). A diferenciação e o aumento de valor percebido pelos clientes permitiram compensar a perda das vendas em unidades de malhas pela cobrança de maior preço médio.

Os isotônicos representam outro exemplo notável. Tecnicamente, um repositor hidroeletrolítico de sais minerais, possivelmente pensado em seus estágios iniciais como uma bebida para atletas, teve sua imagem associada à de hábitos politicamente corretos, como a prática de atividades físicas. Embora um produto tangível de sabor questionável, tem a sua imagem associada à saúde e à energia. Logo, sua precificação pode ser muito mais intensa. Como diz um ditado popular, "saúde não tem preço". É muito mais fácil cobrar mais caro por um produto politicamente correto, contexto em que se encaixam os isotônicos, do que por refrigerantes, por exemplo.

Sob o ponto de vista do marketing, a questão da percepção do valor do produto, como o cosmético sendo percebido e precificado como esperança ou o isotônico sendo percebido e precificado como saúde, pode ser explicada pelos diferentes níveis de produtos que podem ser apresentados e que podem variar de um benefício núcleo a um produto potencial.

Genericamente, um produto pode ser definido de forma ampla, que contemple produtos propriamente ditos e serviços. Produto é algo que pode ser oferecido a um mercado para sua apreciação, aquisição, uso ou consumo para satisfazer a um desejo ou a uma necessidade.[2]

Para permitir a cobrança de preços superiores aos custos, é preciso criar valores ainda mais elevados. O processo de criação de valor passa, necessariamente, pela ampliação do conceito de produto. De modo geral, um produto e o valor a ele atribuído podem ser pensados por meio de diferentes níveis.

A Figura 8.2 apresenta uma ampliação do conceito e das percepções de produtos.

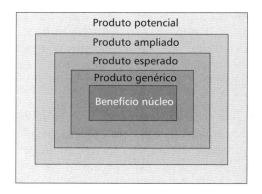

Fonte: Adaptada de Kotler (1996, p. 377).

Figura 8.2 Os cinco níveis de produto.

---

[2] Kotler (1996, p. 377).

Capítulo 8 • Os preços, o marketing e a estratégia

A figura apresenta cinco possíveis níveis de um produto que tem a capacidade de interferir no processo de atribuição de valor pelo mercado. Os cinco níveis podem ser apresentados[3] como:

Benefício núcleo: consiste no serviço ou no benefício fundamental que o consumidor está realmente comprando. Por exemplo, ao comprar uma diária de hotel, o cliente compra, na verdade, "repouso e sono". Ao comprar uma furadeira, o cliente adquire, na verdade, furos ou pontos de fixação de quadros, por exemplo.

Produto genérico: consiste na conversão do benefício núcleo em uma possibilidade de oferta, uma versão básica do produto. Por exemplo, a necessidade de repouso e sono do benefício núcleo converte-se em um prédio com quartos para alugar. A necessidade de furos e pontos para fixação de quadros converte-se em máquinas perfuratrizes.

Produto esperado: representa um conjunto de atributos e condições que os compradores normalmente esperam e concordam quando compram este produto. No caso do hotel, os hóspedes esperam encontrar cama limpa e arrumada, sabonetes e toalhas no banheiro, telefone, guarda-roupas, ambiente limpo e silencioso.

Produto ampliado: geralmente incluem serviços e benefícios adicionais, que distinguem a oferta da empresa de suas concorrentes. Por exemplo, um hotel pode oferecer televisores de 33 polegadas nos quartos com assinatura de canais a cabo, xampus e cremes especiais no banheiro, flores naturais, arrumações especiais para cada cliente e outros. Consiste na tentativa do encantamento dos clientes.

Produto potencial: consiste nas ampliações e nas transformações que o produto poderá sofrer no futuro, apontando para sua possível evolução. Neste nível, as empresas buscam agressivamente novas maneiras de satisfazer aos consumidores e distinguir suas ofertas.

De modo geral, os produtos que mais conseguem agregar valor e praticar preços mais elevados são aqueles que mais conseguem ampliar o seu conceito de produto.

---

[3] Adaptado de Kotler (1996, p. 377).

8.4 Valores agregados em cadeia

No estudo da percepção do que conduz ao valor percebido, podem ser empregadas diferentes ferramentas. Uma das mais difundidas na literatura de Administração Estratégica diz respeito ao conceito de cadeia de valor.

O valor adicionado ofertado por produtos e serviços corresponde à diferença entre o valor dos bens e serviços vendidos pela empresa e o valor dos bens e serviços comprados por ela. É o acréscimo de valor que a empresa incorpora ao bem na cadeia produtiva.

Assim, a cadeia de valor consistiria em uma reunião de atividades executadas para projetar, produzir, comercializar, entregar e sustentar os seus produtos. Representa o conjunto de atividades criadoras de valor, desde as fontes de matérias-primas básicas, passando por fornecedores de componentes, até o produto final entregue ao consumidor.

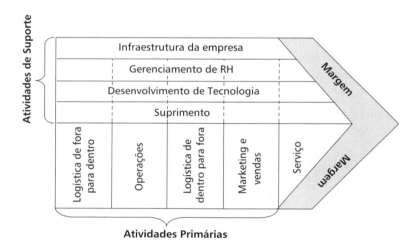

Figura 8.3 Cadeia de valor de Porter.

O emprego da análise da cadeia de valor passa por duas etapas básicas: a construção da cadeia de valor – o que envolve a identificação da cadeia e a atribuição de custos, receitas e ativos a cada elo – e a utilização da cadeia de valor como ferramenta de gestão. Nesta etapa, a cadeia pode ser empregada para detectar pontos fortes e fracos da empresa e do setor, encontrar diferenças entre custos variáveis de concorrentes, identificar fontes de diferenciação, observar o comportamento dos custos e elaborar tentativas de reconfiguração.

A análise de custos na cadeia de valor deve-se preocupar com o estudo de alguns aspectos-chave, como: a estrutura de custos fixos e variáveis da cadeia; o valor adicionado, margens, giro e retorno sobre investimento; a liquidez, endividamento etc.;

Capítulo 8 • Os preços, o marketing e a estratégia

os determinantes de custos; as atividades consumidas por clientes e fornecedores; a relevância do custo do material fornecido no custo do produto fabricado pelo cliente e a relevância do valor total vendido a ele por período e o posicionamento estratégico de clientes e fornecedores.

8.5 Análise da estratégia do negócio

O conceito de estratégia vem do grego *estrategos*, ou a arte do generalato. Para militares, representa a disposição das forças armadas no campo de batalha para conseguir a derrota do inimigo. Consiste na busca do desenvolvimento de meios contra o inimigo, em busca de objetivos estabelecidos pelo comando. Envolve o planejamento e a execução de movimentos e operações de tropas, navios e aviões, buscando alcançar ou manter posições relativas e potenciais. Difere-se da tática, que consiste no comando das forças durante uma batalha ou na presença imediata do inimigo.

No campo empresarial, a estratégia representa o conjunto de objetivos, fins ou metas, além das políticas e planos mais importantes para alcançá-los, que devem ser estabelecidos de forma que fique definida em que classe de negócio a empresa opera, em qual vai operar e que tipo de negócio pretende ser. Envolve a construção gradual do futuro, com a determinação de fins e objetivos básicos a longo prazo de uma empresa, a adoção de alternativas de ação e a sinalização dos recursos necessários para cumprir os objetivos.

A análise do sucesso empresarial, geralmente expresso por rentabilidades superiores, envolve o estabelecimento de diferenças que possam ser mantidas. Em relação ao processo de administração de custos, preços e lucros, a empresa deve prover maiores valores agregados e melhores serviços, ou criar produtos e serviços de mesmo valor a custo menor, ou ambas as ações. A matemática dos maiores lucros é simples: o fato de fornecer maiores valores agregados permite praticar preços médios mais altos; maior eficiência operacional resulta em custos médios mais baixos.

As diferenças em custos ou preços das diversas empresas derivam das muitas atividades envolvidas no ato de criar, produzir, vender e entregar produtos e serviços, tais como visitar clientes, montar produtos finais e treinar os diversos funcionários da cadeia de produção e comercialização. A execução das atividades ocasiona os custos incorridos. Vantagens empresariais em custos surgem através da execução mais eficiente das atividades do que a concorrência. De forma similar, a diferenciação pode ser originada tanto das atividades como da maneira como elas são executadas. As atividades são a unidade básica da vantagem na competitividade e são o resultado de todas as atividades da empresa, analisadas de forma conjunta.[4]

Os objetivos expressos na busca de custos menores ou diferenciações superiores moldariam boa parte dos processos de compreensão do que é estratégia. Para ter sucesso,

---

[4] Porter (1996).

201

isto é, apresentar melhores níveis de rentabilidade ou de retorno sobre o investimento, uma empresa deveria optar, em estratégias genéricas, por diferenciar produtos ou ser líder em custos e preços baixos. Em uma estratégia de alvo mais estreito, poderia pensar em atender a um nicho específico do mercado. A representação gráfica da relação proposta em estratégias genéricas pode ser vista na Figura 8.4.

Figura 8.4 Custos, diferenciação e foco.

Em estratégias genéricas, de escopo amplo, maiores rentabilidades seriam obtidas nos extremos do "sorriso" apresentado na figura. Em outras palavras, uma empresa consegue ser mais rentável quando possui maior participação de mercado e, através de ganhos de escala e avanços na curva de aprendizagem, obtém menores custos; ou quando possui uma baixa participação de mercado, mas atende a um mercado diferenciado, que valoriza seus produtos e se dispõe a pagar mais por eles. Nestas situações, mesmo trabalhando com custos maiores, é capaz de obter maiores lucros e se tornar mais rentável.

O meio-termo seria uma armadilha: as empresas normalmente não teriam recursos suficientes para ser boas em tudo. Além disso, cada estratégia de posicionamento necessita de uma cultura organizacional e de um sistema gerencial diferenciado.

As estratégias de escopo amplo apresentadas referem-se ao fato de que a empresa atua no mercado como um todo. Uma terceira alternativa de manutenção de vantagens competitivas diz respeito à escolha de um escopo restrito, em que a empresa opta por atingir apenas determinado segmento ou nicho do mercado. Estratégias de custo e diferenciação, quando combinadas com um escopo restrito, geram a focalização.

Quadro 8.1 Estratégias competitivas.

Escopo competitivo	Vantagem competitiva	
	Custo baixo	Diferenciação
Escopo amplo	Liderança de custo	Melhor diferenciação
Escopo restrito	Liderança de custo focalizada	Melhor diferenciação focalizada

Capítulo 8 • Os preços, o marketing e a estratégia

As estratégias baseiam-se no fato de que a vantagem competitiva é a base para o sucesso e a rentabilidade da empresa. Para alcançá-la, a empresa precisa optar pelo tipo de vantagem competitiva que almeja possuir e seu escopo de atuação no mercado.

> *"A vantagem competitiva surge fundamentalmente do valor que uma empresa consegue criar para seus compradores e que ultrapassa o custo de fabricação da empresa. O valor é aquilo que os compradores estão dispostos a pagar, e o valor superior provém da oferta de preços mais baixos do que os da concorrência por benefícios equivalentes ou do fornecimento de benefícios singulares que mais do que compensam um preço mais alto."*
>
> **Michael Porter**

Não é possível agradar todos ao mesmo tempo. A não definição do caminho real a ser seguido representa a estratégia do desastre – representa, simplesmente, o fato de que a empresa não tem vantagem competitiva alguma.

As estratégias competitivas de escopo amplo podem ser apresentadas como:

Liderança em custos: a empresa se propõe a ser o fabricante ou o prestador de serviços de menor custo do seu setor. Isso pode ocorrer através da obtenção de economias de escala, tecnologia mais avançada, acesso preferencial a matérias-primas ou de qualquer outra forma. A busca pela liderança em custos é fundamental em mercados comoditizados, em que existe pouca diferença entre produtos ou serviços. Nestes casos, a decisão de compra é fundamentada no menor preço – que tende a ser determinado de forma homogênea pelo mercado. Se o preço é o mesmo, para ter rentabilidades e lucros maiores, as empresas precisam de menores custos. De modo geral, a liderança de custo está associada à maior participação de mercado – que possibilita maiores economias de escala e poder de barganha, além das vantagens decorrentes do melhor uso da curva de aprendizagem.

Diferenciação de produtos: através da diferenciação, a empresa busca oferecer um produto com um "algo mais", que geralmente permita a cobrança de um preço superior, diferenciado, e que compense, com folgas, custos eventualmente mais altos. Geralmente, a diferenciação se traduz na marca e na imagem que a empresa possui no mercado, que devem ser consistentes com o conceito que deseja fixar entre os clientes. A diferenciação pode estar no produto em si (como as motos Harley-Davidson, os automóveis Mercedes Benz e Audi), no marketing de vendas (como a Coca-Cola) ou no sistema de entrega (como as pizzarias que entregam em domicílio).

Além das estratégias de escopo amplo apresentadas anteriormente, podem-se citar estratégias de foco restrito.

Focalização ou enfoque: nesta estratégia, a competição se restringe a um segmento específico do mercado, escolhido pela empresa para atuar. Toda a estratégia deve ser ajustada para atender a esse segmento. A especialização força a empresa a obter vantagem competitiva no segmento-alvo, mesmo não possuindo vantagem competitiva no âmbito geral. A vantagem focalizada pode ser de custo ou diferenciação. Como exemplo de estratégia de focalização, podem ser citadas as lojas de conveniência. As lojas são pequenos supermercados de vizinhança, com uma variedade de produtos limitada devido ao espaço, mas escolhida e direcionada para um universo menor, que são os moradores da região.

No processo de administração de custos, preços e lucros, a análise da rentabilidade de determinada indústria é essencial. Para alguns,[5] a rentabilidade de determinado setor ou indústria seria resultante do equilíbrio de cinco forças que moldam a estrutura competitiva desta indústria.[6] Veja a Figura 8.5.

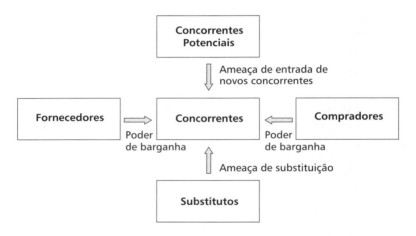

Figura 8.5 Análise da rentabilidade através do modelo de cinco forças competitivas.

O primeiro fator determinante da rentabilidade de um projeto ou de uma empresa é a atratividade da indústria dentro da qual ela se insere.[7] A capacidade de uma indústria como um todo de obter retornos maiores que o seu custo de oportunidade de investimento depende de cinco forças competitivas que definem a sua estrutura: o poder de barganha dos clientes, o poder de barganha dos fornecedores, a ameaça de substitutos do produto, a ameaça da possibilidade de novas empresas entrarem no mercado e o nível de competição entre as empresas existentes. Quanto mais intensas essas forças, maiores serão os custos, menores os preços praticáveis e menor o lucro. As cinco forças são descritas como:

---

[5] Porter (1996).
[6] Na análise estratégica, o conceito de indústria decorre da denominação usual nos textos de micoeconomia norte-americanos. Indústria corresponde a um setor econômico, que oferta um mesmo tipo de produto ou serviço.
[7] Porter (1996).

Capítulo 8 • Os preços, o marketing e a estratégia

Concorrentes na indústria: representam os concorrentes já existentes no mercado no qual a empresa trabalha. Quanto maior o seu número e maior a sua força, mais competitivos e menores serão os preços, comprometendo a rentabilidade.

Concorrentes potenciais: correspondem a concorrente que pode, no futuro, ter interesse em ingressar no mercado. Em função desta ameaça, maior a pressão sobre preços e custos, reduzindo as rentabilidades da indústria.

Substitutos: indicam eventuais produtos substitutos. Sua ameaça reduz os preços praticados e a rentabilidade.

Fornecedores: quanto maior o seu poder, obviamente maiores serão os custos e menores os lucros da empresa.

Compradores: quanto maior o seu poder no momento de aquisição de produtos ou serviços, menores serão os preços possíveis de praticar, menores os lucros e as rentabilidades.

As cinco forças competitivas são influenciadas pela existência de eventuais barreiras, que impeçam, por exemplo, o ingresso de novos concorrentes. Dentre as principais barreiras de entrada, podem-se citar as economias de escala – quando a rentabilidade é determinada por altos volumes, o ingresso neste mercado pode ser um fator desmotivador –, a tecnologia – como, por exemplo, a posse de patentes que impedem o ingresso de novos competidores –, os custos de mudança – para entrar ou sair do mercado, o acesso restrito a canais de distribuição –, que podem impedir a comercialização dos produtos, as vultosas necessidades de capital – que, naturalmente, impedem o ingresso de muitos eventuais concorrentes não tão bem capitalizados –, e a diferenciação de produto – que pode inibir o aparecimento de concorrentes.

O equilíbrio das forças competitivas e a rentabilidade também podem ser afetados pela existência de barreiras de saída – que inibem o ingresso de novos concorrentes, já que estes terão dificuldades de se retirar do mercado, porém, que prorrogam a manutenção dos antigos competidores no mercado. Como exemplos de barreiras de saída, podem-se citar a existência de ativos especializados – não conversíveis para outros fins –, custos fixos de saída – que inibem a decisão da retirada do competidor –, barreiras emocionais, a "tradição no negócio", a "boa carteira de clientes", os "relacionamentos de tantos anos" e outros aspectos emotivos, que podem inibir o fechamento das atividades na indústria, e inter-relações estratégicas, que podem forçar a manutenção das atividades da empresa em determinado negócio.

A intensidade da rivalidade em determinado setor ou indústria será proporcional ao número de concorrentes – quanto mais empresas competirem no mercado, maiores

A Administração de Custos, Preços e Lucros • BRUNI

as pressões sobre preços e custos –, à lentidão do crescimento do mercado – mercados com baixas taxas de crescimento forçam a manutenção de níveis elevados de concorrência e dificuldades de acomodação dos competidores –, à ausência de diferenciação dos produtos ou serviços ofertados – quando o mercado é comoditizado, sem diferenciação, a concorrência concentra-se basicamente nos preços, o que reduz a rentabilidade –, às barreiras de saídas – que forçam a continuidade dos competidores no mercado por mais tempo – e à ausência de custos de mudança – que possibilita o ingresso de novos concorrentes no setor.

8.6 Resumo do capítulo

Este livro explorou as associações existentes entre o preço, o marketing e a estratégia do negócio. A leitura com cuidado do texto e a resolução das atividades propostas devem ter auxiliado a alcançar os objetivos de aprendizagem propostos:

- **Compreender as relações entre preços, custos e valores percebidos.** A formação de preços representa uma das mais importantes e nobres atividades empresariais. A definição equivocada do preço pode arruinar um negócio. Para a empresa, o preço deve ser superior aos custos plenos incorridos, aí incluindo os tributos. Da diferença entre os preços e os custos plenos e impostos nascem o conceito de lucro e a manutenção das atividades empresariais. Sob o ponto de vista do mercado consumidor, o preço praticado deve ser inferior ao valor percebido por quem compra o produto ou serviço. A decisão de comprar baseia-se na obtenção de benefícios extras – diferença existente entre o valor percebido e o preço praticado.
- **Analisar a importância da análise dos preços e dos custos na composição das estratégias empresariais.** Custos e preços precisam ser analisados e incorporados na formulação de estratégias. É preciso definir quais serão os esforços enfatizados, seja na busca pela maior percepção de valor ou pela maior redução dos custos.

Exercícios propostos

As atividades de aprendizagem aqui propostas exploram, em linhas gerais: (A) Custos e valores percebidos; (B) Custos e estratégia.

[A1] Classifique em verdadeiro ou falso as afirmações a seguir:

a) Existe uma importante relação entre preços, gastos incorridos pela empresa e valores percebidos pelo mercado.

b) Sob o ponto de vista das empresas, o preço precisa ser superior que os gastos incorridos.

c) Sob o ponto de vista do mercado consumidor, o preço precisa ser inferior aos valores percebidos.

Capítulo 8 • Os preços, o marketing e a estratégia

[A2] Gabriela San Diego trabalhou no mercado financeiro durante 16 anos. Nesse período, teve a oportunidade de aprofundar seus conhecimentos sobre finanças e ampliar sua rede de relacionamentos. Embora usufruísse de um bom cargo com um bom salário, encontrava-se muito insatisfeita. Achava que as atividades associadas ao seu trabalho não mais a desafiavam. Estava cansada das rotinas e das mesmices de todo dia.

Aproveitando a oportunidade de um programa de demissão incentivada da instituição na qual trabalhava, resolveu deixar o emprego para tornar-se empreendedora. Como sempre gostou de desenhar e mandar confeccionar suas próprias roupas de trabalho, sempre elogiadas por suas amigas e colegas, achou que uma boa oportunidade de realização pessoal estaria na abertura de sua própria loja de roupas finas femininas: a boutique Rosa Chique.

A abertura da loja demandou o aluguel e a montagem de um belo ponto comercial em um importante shopping em São Paulo. Com a experiência adquirida ao logo dos anos no desenho e na confecção de suas próprias roupas, seus produtos eram feitos com os melhores tecidos e aviamentos. Segundo suas palavras: "Para confeccionar minhas roupas, nunca medi esforços ou me incomodei em pechinchar. Sempre fiz questão de ter o melhor."

Com base em seus próprios gostos e estilo, elaborou uma coleção completa para sua loja, com "excelentes" produtos, que eram muito elogiados pelos potenciais consumidores. Porém, os elogios não implicavam vendas. O faturamento da loja era muito inferior ao desejado.

Segundo as palavras de um potencial cliente: "A coleção exposta na vitrine é excelente. De muito bom gosto, com artigos muito bem selecionados. Porém, os preços estão muito elevados. É possível comprar artigos similares, com qualidade um pouco inferior em lojas concorrentes, mas com preços absurdamente menores. Embora eu goste muito da Rosa Chique, não concordo em pagar o preço cobrado."

Para Gabriela, o preço era uma função dos custos incorridos com os melhores componentes. Segundo a proprietária: "Não é possível cobrar mais barato. Os custos de produção são muito altos. As despesas com a loja também. Mesmo que eu baixe muito meu lucro, não tenho como praticar os preços da concorrência."

Após funcionar com prejuízos durante 18 meses, a empresária capitulou. Fechou a Rosa Chique e voltou a desempenhar funções como executiva no mercado financeiro.

Pede-se, com base no conteúdo exposto ao longo deste capítulo, para analisar as razões do insucesso da Rosa Chique.

[A3] Um símbolo dos mais marcantes da cidade de São Paulo, o tradicional pastel, foi objeto central do plano de negócio das irmãs Martinica, Maria e Juliana. As duas irmãs resolveram empreender um novo negócio, intitulado o Melhor Pastel Paulistano.

O negócio envolvia aspectos inovadores e um arrojado posicionamento. Para produzir os melhores pastéis da cidade, Maria e Juliana resolveram não medir esforços nem fazer economias de nenhum tipo na elaboração do projeto do negócio.

Pensavam em comprar os melhores equipamentos italianos para cozinhas industriais. Mandariam importar os melhores ingredientes, provenientes da Europa, do Oriente, da África e da América do Norte. Por fim, contratariam um chef de cozinha, de gabarito internacional e com passagem pela Cordon Bleu – uma das mais importantes escolas de culinária do planeta.

Após terem levantado todos os gastos previstos para a operação, chegaram à conclusão de que, para ser viável, o negócio implicaria a prática de um preço unitário do "melhor" pastel de São Paulo igual a $ 35,00.

A Administração de Custos, Preços e Lucros • BRUNI

Sabendo que, nas tradicionais feiras livres de São Paulo, o pastel costuma ser comercializado por, no máximo, $ 2,00, discuta a viabilidade do plano de negócio com base nos aspectos relacionados à administração de custos, preços e lucros.

[A4] Certa vez, ministrando aulas em Brasília, um aluno me contou um caso curioso, que tenho a oportunidade de relatar. Contou que na pequena e fictícia cidade de Tabocas da Vale existia um pequeno comerciante de nome Felício Criativo, que mantinha a prosperidade do seu negócio graças às vendas dos rádios Capelinha – antigos e tradicionais em todo o interior do Brasil e fabricado por uma renomada indústria paulista. Por ser o único comerciante do produto em toda a região, sua demanda era sempre assegurada.

Porém, em certa ocasião, o comerciante ficou surpreso com a redução brusca das suas vendas. Não conseguia imaginar por que as vendas haviam caído tanto. De uma média de 14 unidades vendidas por semana, suas vendas haviam sido reduzidas para apenas uma ou duas unidades.

Preocupado, foi a campo procurar as razões, e descobriu. Suas preocupações deviam-se à nova concorrência provocada por um vendedor ambulante que havia se estabelecido ao lado da feira de hortifrutigranjeiros da cidade. Como não era obrigado a pagar aluguel, nem salários e encargos de funcionários, nem emitir notas fiscais, o ambulante conseguia ter grande vantagem competitiva nos custos, o que possibilitava a cobrança de preços menores – o que ocasionava o desaparecimento da freguesia do comerciante tradicional.

"Então, o que fazer" – pensava aflito Felício. Não possuía meios para baixar os preços ao nível do ambulante. Também não seria possível, após tantos anos de comércio com os mesmos artigos e a mesma marca, trocar de produtos ou fornecedores. Dúvidas e prejuízos persistiam.

Porém, em uma tarde de inspiração, resolveu combater o inimigo de forma inusitada. Mandou confeccionar em uma empresa na capital um carimbo imenso, que lhe custou uma pequena fábula – decorrente da dificuldade de confecção e da inexistência de prestadores de serviços especializados na sua região. O carimbo continha os dizeres "FABRICADO EM SÃO PAULO" impresso em letras garrafais.

Ao receber a encomenda da capital, Criativo imediatamente a aplicou sobre todos os rádios que dispunha, incluindo, também, as suas embalagens. Agora, seus produtos eram comercializados com os dizeres "FABRICADO EM SÃO PAULO", com grande destaque.

A reação do mercado consumidor foi automática. Criou-se uma significativa segmentação na percepção da "qualidade" dos produtos. Todos, agora, desejavam possuir o rádio "FABRICADO EM SÃO PAULO" comercializado por Criativo, embora, na verdade, ambos fossem produzidos pela mesma empresa. Por esse produto, "FABRICADO EM SÃO PAULO", os consumidores aceitavam pagar um pouco mais. Ninguém gostaria de possuir ou de alegar ter comprado o modelo *genérico*, "não" fabricado na capital paulista, e de qualidade e garantias *duvidosas*.

Como consequência da curiosa estratégia, as vendas de Felício Criativo ampliaram, da mesma forma que seus lucros.

Pergunta-se: com base no conteúdo do texto, qual a importância dos dizeres garrafais "FABRICADO EM SÃO PAULO", já que ambos os produtos eram fabricados pela mesma indústria?

[A5] As Indústrias de Alimentos Sales Ltda. consistiam em um sólido, importante e tradicional grupo econômico do Nordeste do Brasil. Seu diretor, João Sales, controlava a empresa de forma rígida havia mais de 30 anos.

Capítulo 8 • Os preços, o marketing e a estratégia

O portfólio de produtos da Sales Ltda. abrangia diferentes itens. Um dos componentes mais importantes – líder absoluto de vendas no seu segmento – era a margarina Bom Paladar. Porém, há quase dois anos, a direção da empresa percebeu um significativo decréscimo das vendas do produto. Em palavras de Sales: – Não consigo entender. Somos líderes de mercado há décadas. Porém, nossas vendas andam declinantes...

Jorge Rizzo, gerente de vendas, acreditava ter a explicação para o fraco desempenho das vendas: – Acho que a nossa redução de participação de mercado deve-se às atividades da concorrência.

O diretor mostrou-se surpreso com a alegação: – Da concorrência? Somos líderes de mercado há mais de 20 anos no segmento. Nossa marca desfruta de um altíssimo prestígio. Possuímos um preço competitivo e um excelente padrão de qualidade. Se as nossas vendas caíram, acredito que isso também tenha ocorrido com todo o segmento – falou Sales.

Rizzo continuou: – Sim... Também concordo quanto à nossa competitividade em preço e qualidade. Porém, a campanha de marketing de um dos nossos principais competidores enfatizou o fato de o produto deles não ter colesterol. Aliás, alegação que tem sido destacada com grande ênfase em suas embalagens e campanhas televisivas.

Sales mostrou-se incrédulo e surpreso: – O quê? Como assim? MARGARINA SEM COLESTEROL? Isso é ridículo! É óbvio! Margarina é um produto 100% vegetal. Logo, não pode conter colesterol, que é um produto de origem animal! Qualquer técnico sabe disso!

Rizzo ponderou: – Tudo bem... Porém, nosso público não é técnico. Aliás, creio que possuam muito pouco conhecimento técnico. Assim, prefere comprar a margarina SEM COLESTEROL, que, supostamente, apresenta benefícios para a saúde. Já que a nossa nada diz e a concorrente alega o pseudobenefício... fica difícil concorrer. Por isso, estamos perdendo vendas e participação de mercado, ponderou o executivo de vendas.

Sales reagiu: – Isso me parece ridículo! Onde já se viu? Alegar a venda de margarina *sem* colesterol... Porém, guerra é guerra – enfatizou o diretor. Avise a nossa agência de publicidade que lançaremos uma campanha agressiva. Alteraremos nossas embalagens e divulgaremos na mídia a nova margarina Bom Paladar SEM COLESTEROL. Aproveite também para anunciar que estaremos alterando os rótulos de outra linha de nossos produtos.

Rizzo argumentou: – Outra linha? Mas nossos problemas se restringem apenas às margarinas.

Mas Sales estava cético: – Como eu disse, guerra é guerra! A partir do mês que vem também alteramos nossa linha de águas minerais. Os rótulos deverão apresentar em grandes letras em negrito o fato de nossas águas minerais serem integralmente HIDRATADAS!

Pede-se: com base no texto, discuta qual a importância da mensagem SEM COLESTEROL.

[A6] Um exemplo didático interessante da análise decorrente do processo de formação de preços pode ser visto no exemplo de dois restaurantes localizados de forma muito próxima em bairro residencial nobre de Salvador, Bahia, e denominados Quero Mais e Saúde no Prato. Ambos operavam de forma similar, comercializando alimentos por quilo.

O Quero Mais representava um estabelecimento com perfil tradicional, situado em uma movimentada avenida da cidade e que oferecia um cardápio um pouco sofisticado, incluindo pratos caros, como salmão e bacalhau. Havia formado seu preço igual a $ 19,00 por quilo.

O Saúde no Prato, por outro lado, havia se posicionado de forma diferente. Localizava-se em uma transversal da avenida onde estava situado seu concorrente e apresentava a proposta de oferecer produtos politicamente corretos. Isto é, ofertava cardápios "saudáveis", com muitas

A Administração de Custos, Preços e Lucros • BRUNI

saladas e alimentos macrobióticos, sem gorduras ou frituras e empregando alimentos orgânicos de excelente qualidade na composição dos pratos. Embora apresentasse custos unitários de alimentos maiores que o concorrente, a diferenciação e o melhor posicionamento permitiam a cobrança de um preço superior, igual a $ 22,00 por quilo.

O preço de $ 22,00 por quilo poderia ser considerado caro. Porém, o movimento do restaurante era imenso. Longas filas costumavam se formar até mesmo para entrar no salão do restaurante. Imaginava-se que a rentabilidade da operação era excelente.

O preço menor do Quero Mais poderia funcionar como um importante atrativo e fator de decisão de compra. Porém, na prática, outros aspectos associados à operação do restaurante comprometiam os seus números. O fator de estar situado em uma importante e movimentada avenida dificultava a disponibilidade de vagas de estacionamento. Além disso, o salão do restaurante estava localizado no segundo pavimento do imóvel – o que dificultava o acesso dos consumidores. Em suma: o movimento do Quero Mais sempre deixou a desejar.

Após inúmeras tentativas de tentar viabilizar os negócios do Quero Mais, os sócios resolveram adotar um posicionamento radicalmente diferente. Simplificaram o cardápio, cortando os pratos caros e introduzindo opções mais econômicas, reduziram os gastos gerais da operação, suprimiram o uso de ar-condicionado central no salão, reduziram o número de garçons e optaram por comercializar suas refeições no sistema *buffet*, em que o cliente pagaria apenas $ 6,90 e poderia se servir à vontade, repetindo quantas vezes quisesse.

Pede-se analisar o caso com base nas relações existentes entre custos, preços e lucros.

[A7] O mercado de transporte aéreo de passageiros no Brasil está acostumado aos sucessivos movimentos de alta e baixa de forma similar às atividades de decolagens e pousos de aeronaves. Há alguns anos, as perspectivas para as companhias participantes do mercado não eram nada favoráveis – a sucessiva valorização do dólar onerava as pesadas dívidas de financiamento das aeronaves.

Para agravar, o modelo adotado pelas empresas para o transporte de passageiros estava sendo questionado. A grande variedade de aeronaves operadas onerava os custos. Acreditava-se, também, que as folhas de pagamento estavam superdimensionadas – com funcionários de mais para passageiros de menos.

Embora o cenário indicasse um clima nebuloso, nada favorável para novas decolagens, o mercado foi surpreendido pela notícia do surgimento da Pênalti Linhas Aéreas S.A., que iniciou suas operações com uma estrutura inicial formada por seis aeronaves e cerca de 600 funcionários.

A empresa consiste em uma subsidiária do importante grupo Dourado, pertencente ao empresário Armando Ares e um dos mais importantes operadores de transporte rodoviário de passageiros em diversas regiões do Brasil.

Segundo as palavras do presidente Ares: "Apesar das dificuldades apresentadas por nossos concorrentes, acreditamos com todo o fervor no sucesso da nossa empresa. Ao invés de adotarmos um modelo que julgamos obsoleto, com pesados custos operacionais, nossa estratégia de mercado consiste no lema *low cost, low fare* – custos baixos e preços justos."

A estratégia proposta pela empresa envolve a redução máxima dos gastos com as operações. As refeições servidas aos passageiros foram substituídas por barras de cereais, que reduzem os gastos com os alimentos e, principalmente, com os funcionários necessários para o serviço. O controle de emissão de passagens foi simplificado – o que implicou a substituição do antiquado formulário usado pelas concorrentes por um controle informatizado eficiente, que elimina a

Capítulo 8 • Os preços, o marketing e a estratégia

necessidade do papel, já que o passageiro pode embarcar apenas apresentando um documento de identificação pessoal e, principalmente, dispensa a necessidade da grande e onerosa equipe de retaguarda para o controle dos antigos formulários.

Para Débora Kiaro, renomada consultora especializada em empresas aéreas, a estratégia da nova companhia possui grandes chances de sucesso: "Acredito que o modelo proposto pela Pênalti possui consideráveis vantagens competitivas. Modelos similares, com sucesso comprovado, podem ser vistos em diferentes partes do globo. Por exemplo, nos Estados Unidos da América já se tornaram clássicos os exemplos da Northwest e Jetyellow. Na Inglaterra, pode-se citar a Cleverjet. Na Irlanda, um exemplo famoso é a Profitair."

Carolina Bibi, diretora de operações, justifica as possíveis razões para a boa "decolagem" da Pênalti no mercado brasileiro: "Sob o ponto de vista da logística, nossas estratégias buscam atingir o máximo de eficiência. Trabalhamos exclusivamente com novas aeronaves, o que acarreta uma diminuição de cerca de 12% no consumo de combustíveis. Nossa frota é padronizada, o que permite uma economia de 5% em manutenção e uma significativa diminuição do estoque necessário de peças. Além disso, a padronização da frota torna possível uma maior especialização dos mecânicos e menor custo de treinamento de mecânicos, pilotos e comissários."

Em relação às operações no voo, Bibi enfatiza uma série de aspectos positivos: "Nós optamos por cortar, ao máximo, os serviços de bordo. Substituímos as refeições quentes por um lanche frio, geralmente uma barra de cereais. Graças à substituição, nosso custo com o serviço reduziu-se para apenas $ 0,70. Além disso, ocorreu uma significativa diminuição com o custo de bandejas e utensílios necessários à prestação dos serviços, além de uma redução de 40% nos custos de limpeza. Com tudo isso, diminuiu o tempo de permanência necessário no solo, acarretando aumento de produtividade de 10% ao dia e uma redução das taxas aeroportuárias, já que nossas aeronaves pagam menos pela permanência no aeroporto. Apresentamos uma média de 15 minutos no solo contra uma média mundial igual a 30 minutos, sendo que já registramos um recorde de seis minutos. Sem a cozinha dentro do avião, a aeronave fica mais leve, resultando diminuição de combustível e tendo espaço para mais oito poltronas."

Em relação às operações em terra, o diretor de operações apresenta outros argumentos: "Eliminamos o mecanismo das reservas de passagens e acabamos com a passagem de papel, que passou a ser virtual. Na nossa empresa não existe a necessidade do controle financeiro de retaguarda para as passagens. As outras companhias demandam 90 funcionários para manusear os bilhetes, acarretando custo que a Pênalti não tem. Com isso, temos mais controle sobre seus assentos, evitando *no-show* – passageiro que efetua a reserva, mas não comparece, o que onera as operações do mercado. Outro ponto importante a ser destacado consiste na opção pela terceirização de diversos serviços. A Pênalti só é responsável pelos voos e pelo gerenciamento. Todos os outros serviços são terceirizados – o que permite focarmos melhor o nosso verdadeiro negócio."

Pergunta-se: mediante os conceitos de estratégia competitiva, qual o posicionamento da Pênalti? Qual a grande atribuição de valor percebida na sua estratégia corporativa? Analise sob o ponto de vista dos gastos, preços e lucros.

[B1] Classifique em verdadeiro ou falso as afirmações a seguir:

a) A análise de custos e preços corresponde a um importante componente do processo de formulação das estratégias empresariais.

A Administração de Custos, Preços e Lucros • BRUNI

b) Existem estratégias que ofertam produtos sem diferenciação, buscando minimizar gastos para elevação de desempenho.

c) Existem estratégias que buscam ofertar produtos diferenciados, com maior gasto.

[B2] Os meios de comunicação nacionais divulgaram com grande ênfase a assinatura do contrato de aquisição do banco Northamerica pelo Oboé Banco S.A. – tradicionalmente lembrado pelo Sol e pela Lua sempre presentes na sua logomarca, e pela personalidade forte de seu fundador, Antônio Mantequeira. O anúncio colocou mais lenha na fogueira da disputa entre os rivais Oboé e Bramoeda pela busca do posto de maior banco privado brasileiro.

Para alguns jornalistas, o que se discute é se essa briga limita-se à rivalidade no *ranking* ou se pode mesmo agregar valor aos maiores bancos privados do país. Luiz Antares, editor de economia de importante jornal, destaca:

"Qual o sentido de tantas aquisições? A razão é simples: o crescimento orgânico é custoso. Hoje só com compras os bancos podem dar um salto. Porém, a dúvida é se o esforço, ou seja, o dinheiro gasto, compensa. Há muito de subjetivo, da vaidade de ser o maior. As aquisições fazem parte da principal estratégia dos dois grandes bancos privados: reduzir o espaço de crescimento dos demais. É mais uma posição defensiva."

Para um jornal de grande circulação nacional, com o anúncio da aquisição, o Oboé reforçaria o fato de estar mesmo disposto a roubar do rival Bramoeda a condição de maior banco privado brasileiro. Amparado em um fantástico lucro de $ 2,1 bilhões em apenas nove meses, o banco do Sol e da Lua vem "papando" os bancos estaduais que são privatizados e as instituições privadas que dão sopa no mercado.

Há cerca de um ano, o Oboé pagou $ 665 milhões pelo Banco do Estado da Ventania (BEV), depois de uma briga, palmo a palmo, com o Bramoeda. O BEV tem ativos de $ 1,29 bi e 152 agências. Agora, no apagar do ano e quando o mercado ligava as luzes do Natal, o conglomerado do Sol e da Lua desembolsou $ 3,7 bilhões para assumir o controle do Northamerica.

O banco comprado pertence ao grupo norte-americano Golden Money, possui cerca de $ 1,3 milhão de clientes. A intenção do Oboé é estudar o perfil dessa clientela para decidir se fará mudanças no Northamerica, inclusive da bandeira.

Com a compra do Northamerica, o Oboé deve ultrapassar a marca de $ 100 bilhões em ativos e encostar no rival Bramoeda, que tem $ 107,42 bilhões de ativos. O Northamerica contava com ativos de $ 17,8 bilhões e 270 agências. No mercado, os analistas cogitavam que o Oboé pode ter pago entre $ 1,5 bilhão e $ 3 bilhões.

Porém, a sede de aquisições do Oboé não acabou. Segundo o presidente do banco, Samuel Mantequeira, o próximo passo será a compra do Banco Mercantil do Sul, ainda em estudo, para tentar chegar ao topo do *ranking* no país.

Para o diretor-presidente de uma importante empresa de consultoria, a aquisição do Northamerica mostra claramente que o Oboé está na corrida para obter a liderança do *ranking* dos bancos privados. "O Oboé chegou mais perto do Bramoeda", concorda o consultor e professor da Faculdade das Finanças, José de Oliveira.

Mas a disputa com o Bramoeda é pesada: neste ano, lembra Oliveira, o rival do Oboé ganhou a licitação para usar as mais de cinco mil agências dos Correios como ponto de venda. O consultor ressalta que, num mercado cada vez mais competitivo, a incorporação de maiores clientes é decisiva na estratégia dos grandes bancos de varejo, que precisam ganhar escala e, desse modo, reduzir custos.

Capítulo 8 • Os preços, o marketing e a estratégia

A falta de escala, aliás, é um dos motivos que devem ter levado a Golden Money, grupo norte-americano controlador do Northamerica, a vender a instituição. Segundo analistas, o espaço para a atuação de bancos de médio porte no país tende a se reduzir. Para Oliveira, por exemplo, a venda do Northamerica era questão de tempo, já que o banco vinha apresentando problemas. "Não havia espaço para o Northamerica no mercado. A concorrência acirrada exige investimento e redução de margem", observa.

Fontes do mercado ressaltam que, num mercado extremamente competitivo, a incorporação de massas cada vez maiores de clientes é decisiva na estratégia dos grandes bancos de varejo, que precisam ganhar escala para reduzir seus custos.

Para um importante pesquisador do segmento financeiro, a tendência para os próximos anos é de concentração ainda maior no setor bancário. Ele acredita ainda que o movimento de fusões e aquisições deve atingir os grandes bancos. Não é impossível, segundo ele, até mesmo uma operação – hoje impensável – envolvendo Bramoeda e Oboé. Essas negociações, no entanto, só devem ser deflagradas quando as taxas de juros no país atingirem padrões internacionais, o que pode levar de três a quatro anos. Hoje, a taxa básica de juros no Brasil (19% ao ano) é três vezes maior do que a média dos países emergentes. "A redução dos juros pode vir por vontade do governo, por imposição de uma crise da dívida interna ou pela implantação da Área de Livre Comércio das Américas (Alca)."

Na sua avaliação, a tendência para os próximos anos é de concentração ainda maior no setor bancário. Oliveira acredita que o movimento de fusões e aquisições deve atingir os grandes bancos. Mas, para ele, esses negócios só serão deflagrados quando a taxa de juros no país – que está em 19% – atingir padrões internacionais, o que pode levar de três a quatro anos.

Em relação aos problemas enfrentados pelo Northamerica, Andrew Fontes, executivo do mercado financeiro, acredita que muito se deve ao fato de que a instituição cometeu um erro estratégico, ao comprar o Banco Oceano do Sul, alguns anos antes. Para ele, o grupo controlador do Northamerica não avaliou adequadamente os problemas de crédito do banco, e acabou injetando US$ 1 bilhão na instituição, fundada há mais de 40 anos por imigrantes tailandeses. "Foi o mesmo erro que o Banco Pacífico cometeu ao comprar o Horizonte – hoje nas mãos do Bramoeda – e a Caixa Geral Europeia ao adquirir o Pioneiro – hoje sob controle do Grandebanco." Segundo Fontes, antes da aquisição do Oceano do Sul, o Northamerica era um banco bem estruturado e relativamente rentável, focado em empresas de origem europeia e com uma boa rede de varejo. "Mas eles não seguiram as medidas operacionais adequadas que devem preceder uma aquisição como essa", afirma ele.

"O Oboé não deve enfrentar esse problema", diz Fontes. Ele lembra que o banco está acostumado a crescer por meio de aquisições, citando as compras de vários bancos estaduais, como Banvitória, Banagosto e o BEV.

O contra-ataque do Bramoeda. Para uma importante revista nacional, após saber da compra pelo Northamerica, o contra-ataque do Bramoeda teria sido fulminante.

Depois de perder o Banco do Estado de Ventania e o Northamerica para o Oboé, o maior banco privado do país reagiu e na semana passada comprou o Banco Mercantil do Sul, por $ 1,37 bilhão. Se ganhasse a disputa pelo Mercantil, o Oboé viraria o maior banco privado do país. Seria um acontecimento, já que a posição pertence ao Bramoeda há mais de 40 anos.

Pedro Alcântara, dono da Bank Consult, maior empresa de consultoria nacional especializada em bancos, destacou os aspectos importantes das aquisições: "*O distintivo de maior do mercado tem um valor estratégico tremendo. Funciona como chamariz para novos negócios, abre*

A Administração de Custos, Preços e Lucros • BRUNI

as portas mais importantes de Brasília e passa uma imagem de solidez, fundamental para um banco. Como a compra do Mercantil valia a liderança, desta vez o jogo foi especialmente duro. Os executivos do Bramoeda partiram com tudo para cima da família Tradição, dona do Mercantil. Pagaram o que eles queriam, ajeitaram uma dívida pesada que incomodava a família e fecharam o negócio. Executivos envolvidos na operação contam que o pessoal do Oboé ainda tentou virar o jogo na última hora, embora o banco negue. A aquisição foi uma importante jogada no tenso tabuleiro de xadrez que se tornou a competição no mercado bancário."

Fontes da imprensa revelaram que o Bramoeda encostou os Tradição na parede, logo após o anúncio da venda do Northamerica para o rival Oboé. Fez sua proposta, muito próxima do que a família pedia, e avisou que era pegar ou largar. É que os executivos do Bramoeda já haviam estudado a carteira de crédito do Mercantil do Sul, que ainda não tinha sido mostrada ao Oboé. Sem essas informações, qualquer proposta ou noção de valor da transação seria um tiro no escuro.

A estratégia do Bramoeda, portanto, foi forçar a família Tradição a bater o martelo sem esperar que o Oboé tivesse tempo de analisar todos os dados do Mercantil. Foi por isso que a instituição comandada pela família Mantequeira não quis correr o risco de cobrir a proposta do Bramoeda e fazer um mau negócio.

Otávio Mantequeira, presidente do conselho de administração do Oboé, comentou o ocorrido: – *"Perdemos o interesse no Mercantil, mas deixamos o Bramoeda pensar que ainda queríamos o banco, assim eles pagariam mais caro. E foi o que fizeram."*

Alegação contestada por Mila Marques, alta executiva do Bramoeda: – *"Isso é conversa de perdedor. Eles queriam o Mercantil, mas perderam porque ficaram comemorando a aquisição do Northamerica. Perderam uma importante fonte de vantagem competitiva."*

Em público, as duas instituições financeiras tratam sua rivalidade como se fosse uma competição entre cavalheiros bem-comportados. Recitam clichês garantindo que não estão preocupados com coisas pequenas, como *ranking*, que a expansão é um processo "natural do mercado", que a competição é algo saudável e coisas assim. Fora do alcance dos holofotes, os comentários são muito diferentes. Há um mês, Samuel Mantequeira, presidente do Oboé, surpreendeu os acionistas do banco ao ironizar uma das estratégias do concorrente, que fez uma parceria para vender seus serviços nas agências dos Correios. "Essa história de banco postal é um acordo que não merece maior análise", disse o executivo. Adoram contar vantagem. Funciona assim: quando compram, fizeram o melhor negócio do mundo; quando perdem, foi o concorrente que pagou caro.

Blefam o tempo todo. Samuel Mantequeira namorou o Northamerica um ano e meio antes de comprá-lo. Foi várias vezes a Boston, onde fica a sede da instituição, muitas delas escondido. Para evitar que a informação vazasse de dentro do Oboé, Mantequeira parava primeiro em Londres para despistar.

"Nosso rival é muito esperto. Qualquer dica, e ele acabaria descobrindo. Por isso, todo o cuidado é pouco!", explicou Samuel a um amigo que ficou sabendo da história.

Nos últimos seis anos, o Bramoeda investiu mais de $ 4 bilhões na compra de instituições menores e o banco dos Mantequeira, mais agressivo, aplicou quase $ 7 bilhões. O esforço está valendo. O Bramoeda continua firme na liderança e, de quebra, encurtou em cerca de 30% a distância que o separa do Banco Brasileiro, que sempre foi a maior instituição financeira do país. O Oboé, além de continuar na cola do Bramoeda, ficou muito maior que as outras instituições. Os dois rivais cresceram tanto que no ano passado ultrapassaram a Caixa Econômica Nacional, tradicionalmente a segunda maior instituição financeira do país.

Capítulo 8 • Os preços, o marketing e a estratégia

Esse processo de concentração bancária envolve todo o sistema financeiro e ainda está longe de terminar. Os banqueiros hoje lucram muito mais aplicando em câmbio e títulos do governo que emprestando dinheiro. Eles acham, no entanto, que os juros vão diminuir e essa festa vai acabar. Quando esse momento chegar, eles terão de se virar para garantir a mesma receita, só que concedendo crédito. Por isso tamanho é fundamental. Eles precisarão ter muitas agências e clientes para captar dinheiro e vender seus serviços.

Para os dois rivais, entre os próximos alvos há cinco bancos estaduais, mas esses não fazem muita diferença. Há ainda algumas instituições privadas de médio porte, como o Banco Mercantil do América do Sul ou o Bestbanco, por exemplo. Para muitos analistas, instituições estrangeiras que não se deram bem por aqui também estão na mira. Duas delas, os portugueses da Caixa Financeira de Lisboa e do Banco Filho Sagrado, já pegaram a caravela de volta para o Rio Tejo, em Lisboa. Na semana passada, especulava-se que o espanhol Banco de Córdoba (BDC) seria alvo provável de uma aquisição ou um de acordo de troca de ações. Para órgão da imprensa, o Grandebanco estaria rondando a instituição – fato negado pelo banco.

– *"O Grandebanco não está negociando com o BDC. Eu garanto"*, disse Manoel Sampaio, presidente-executivo de varejo do banco.

O BDC, que entrou no Brasil com a aquisição do falido banco Poupador, deverá receber um aumento de capital neste mês entre $ 1,3 bilhão e $ 1,4 bilhão, o que praticamente multiplicaria por dois o patrimônio líquido, de $ 736 milhões em setembro. Mesmo assim, os rumores sobre uma eventual transação alimentaram a alta das ações do Grandebanco, tanto em São Paulo quanto em Nova Iorque. A especulação é de que os espanhóis entregariam o BDC ao Grandebanco em troca de uma participação na instituição da família Santos de Viveiros – controladora da instituição. Apesar de os dois bancos negarem, a transação traria benefícios para as duas partes. Com a aquisição, o Grandebanco poderia recuperar o posto de terceiro maior banco privado brasileiro, ocupado pelo espanhol Gallego depois da compra do Banco do Município de São Paulo, BMSP, em 2000. O BDC, que teve problemas na Argentina, reduziria sua exposição na América Latina.

Os analistas mais ousados acreditam que o ciclo de consolidação prosseguirá com um perfil diferente. Em vez de comprar instituições menores, os grandes bancos passarão a se juntar, como ocorreu nos Estados Unidos e na Europa nos últimos anos. Não faz muito tempo, antes do leilão do BMSP houve algumas iniciativas nesse sentido. O Gallego assediou o Grandebanco e mandou recados para o Bramoeda.

Porém, a tentativa que mais avançou envolveu dois bancões brasileiros. Pouca gente sabe, mas, alguns anos antes, Bramoeda e Grandebanco quase viraram um banco só. Os dois lados estavam dispostos e as negociações caminharam bem até que a distribuição do poder no novo banco entrou na pauta de discussões. Como a participação da família Santos de Viveiros no Grandebanco era maior que a dos executivos do Bramoeda, a turma do Grandebanco teria mais poder, apesar de ter origem num banco menor.

Foi a segunda tentativa fracassada de união. A primeira havia ocorrido há cerca de 30 anos, quando João Sortudo, fundador do Bramoeda, e Wagner Santos de Viveiros, então dono do Grandebanco, acertaram tudo, a fusão foi aprovada pelo então ministro da Fazenda, Aimoré Grana Alta, e houve até anúncio oficial. Sem nenhuma explicação razoável, a megafusão foi engavetada de uma hora para a outra.

Efeitos das fusões para os clientes. Para alguns órgãos da imprensa, as privatizações e as fusões não melhoraram a vida dos consumidores, que ainda pagariam juros altos, tarifas exorbitantes e seriam mal atendidos.

215

A Administração de Custos, Preços e Lucros • BRUNI

Augusto Comparato, jornalista de uma revista especializada em mercados financeiros, destacou: – *"Os ventos prometiam soprar a favor dos clientes dos bancos com a estabilização da economia. Acabados os tempos de ganhos decorrentes de taxas estratosféricas de inflação, dezenas de instituições problemáticas saíram do mapa e uma onda de fusões e aquisições fortaleceu bancos saudáveis. O número de instituições despencou ao longo dos anos. Em tese, o mercado mais limpo e competitivo traria atendimento bom e barato para o consumidor. Ou seja: obrigados a competir pela clientela sem poder arrebanhar lucros com os papéis do governo, pensava-se que os bancos iriam oferecer crédito farto a juro barato."*

Porém, na prática, não é isso que pode ser verificado. Afinal, na boca do caixa, as expectativas até agora não haviam se confirmado. Após as fusões e as sucessivas aquisições, as tarifas bancárias revelaram estar entre as mais altas do mundo e os clientes continuavam sofrendo, segundo os órgãos de defesa do consumidor, no dia a dia com um atendimento deficiente. A lista de reclamações do Procon serviria de termômetro para medir o grau de insatisfação da clientela. O órgão de defesa do consumidor recebeu 2.577 queixas no ano passado, número bem superior às 95 registradas há cerca de seis anos.

No Banco Central, a média de reclamações é de cerca de 2 mil por mês. O BC passará a divulgar uma lista dos bancos com o maior número de problemas. É mais um instrumento de pressão, que vai se juntar ao Código de Defesa do Consumidor Bancário. Ele prevê punições que vão de advertências e multas até o fechamento de instituições.

A nova legislação não tem poder para acabar com a grande dor de cabeça dos brasileiros: as filas, líderes isoladas na lista de queixas do BC. Mas promete reduzir outros problemas, como cobranças indevidas, falhas na compensação de cheques e nas operações nos caixas automáticos. O atendimento eletrônico multiplicou-se nos últimos anos, acompanhando a modernização dos sistemas. Embora facilite a vida da grande maioria dos correntistas, a informatização não significou a universalização dos serviços bancários. Lugares muito pobres perderam agências com a privatização dos bancos estaduais. Em geral, são lugarejos que eram atendidos por motivações políticas, mas valem a pena do ponto de vista comercial.

Carlos Sales, professor de uma importante universidade paulista, criticou: – *"O ganho de escala é muito bom para os banqueiros, mas não é bom para os clientes."*

Outro grande motivo de irritação da clientela é o custo do dinheiro. Quem precisou pegar um empréstimo foi obrigado a pagar, em média, juros de 128,76% no ano passado, contra 85,94% há cerca de seis anos, segundo estudo do economista Luiz de Azevedo, da Associação Brasileira de Financistas: – *"É taxa muito alta para um país que registrou inflação de 10,3% no ano passado"* – afirmou o economista.

Mas não é tudo culpa dos bancos. Uma parte desse aumento é explicada pela trajetória ascendente da taxa básica da economia, a chamada Selic. Fixada pelo governo, influencia os juros do resto da economia. E hoje o BC quer que os juros fiquem altos, por motivos estratégicos. Além disso, há pouco dinheiro na praça disponível para crédito. Cada vez menos as instituições estão dispostas a emprestar, seja porque temem a inadimplência, seja porque acham aplicações mais seguras e rentáveis. A lógica é simples como a de um supermercado. Quando falta produto, o preço sobe.

Maria Rosa Leal, diretora da Federação Brasileira das Associações Instituições Financeiras, Frebraif, tem argumentos: – *"O setor bancário lucra, sim. Mas não mais que outros setores da economia. As operações ficaram mais rápidas e seguras. Assim, pode-se dizer que o número de reclamações é muito pequeno diante do total de transações, de cerca de 18 bilhões por ano."*

Capítulo 8 • Os preços, o marketing e a estratégia

Há um bom indicador dessa escassez de dinheiro para crédito. O montante disponível nos bancos corresponderia a apenas cerca de 30% do tamanho da economia brasileira. Essa porcentagem era o dobro alguns anos antes. Nos Estados Unidos, esse percentual chega a 80%. Nos últimos tempos, os bancos têm preferido comprar papéis do governo a fazer negócio com os próprios clientes. Obviamente, com juros básicos nas alturas, emprestar para o governo é menos arriscado e mais vantajoso para os bancos.

A diretora da Frebraif destacou: – "*Tudo bem que os bancos mereçam críticas. Mas também é preciso fazer justiça ao que apresentam de positivo – que não é pouco. O sistema financeiro é um dos poucos setores da economia brasileira que faz bonito no mundo. Tecnologicamente, é um dos mais avançados, e, como homem de negócios, o banqueiro brasileiro já deu provas de que não teme a competição. Quando as instituições estrangeiras começaram a entrar no Brasil, dizia- -se que o banqueiro nacional estava condenado à extinção. Com a abertura, os bancos nacionais cresceram, como mostram os casos do Bramoeda, do Oboé e também do Grandebanco. O que falta, agora, é redistribuir um pouco dessa capacidade e eficiência para o cliente – o que deve ser feito com a estabilização da economia e a redução da taxa básica de juros.*"

Pergunta-se: com base nas informações apresentadas, justifique a importância das sucessivas fusões e aquisições no mercado bancário brasileiro.

[B3] Criada há mais de um século, a Cia. dos Peixinhos S.A. representa uma das mais tradicionais empresas de vestuário do país. Reconhecida recentemente como uma das mais importantes marcas brasileiras, seu sucesso pode ser explicado por meio das palavras de Michelle Ferreira Clauss, bisneta dos fundadores e atual presidente da empresa: – "*Dados do nosso segmento indicam que a nossa empresa consegue aliar 120 anos de experiência a uma estrutura empresarial simplificada e bem preparada para dar respostas rápidas ao mercado. Nossa marca e nossos produtos estão sempre incorporados à família brasileira.*"

Um pequeno histórico. A história da Cia. dos Peixinhos começou em 1880, quando os irmãos Johan e Wolfgang Clauss, imigrantes alemães, iniciaram em Blumenau (SC) a confecção de camisas em tecido de malha, dando continuidade a uma tradição familiar. Os primeiros registros de manufatura têxtil dos Clauss são de 1675.

Na verdade, o surgimento da empresa está diretamente ligado ao pioneirismo da indústria nacional e do próprio desenvolvimento socioeconômico brasileiro no século XX. Blumenau era um vilarejo e a tecelagem uma inovação local, iniciada com um tear circular manual e um caixote de fios adquiridos por Johan Clauss, em 1879. A fabricação das primeiras peças de roupas femininas permitiu que Wolfgang e os outros membros da família Clauss aqui chegassem, em agosto de 1880.

Este pioneirismo, sempre acompanhado por uma atenção constante às condições ambientais e à qualidade de vida das comunidades onde atua, tem marcado a história da Cia. dos Peixinhos ao longo de todos esses anos. Em palavras da presidente da empresa: – "*Adotamos sempre uma filosofia empresarial avançada, voltada para a valorização do trabalho e a atualização permanente do nosso parque industrial. Nossa empresa passou por sucessivas etapas no seu processo de crescimento, chegando aos dias de hoje com marcas e produtos de prestígio, e uma liderança em seu segmento de mercado. Hoje somos nacionalmente conhecidos por nossa valorização do politicamente correto e o respeito a nossos acionistas, clientes e fornecedores.*"

Um dos mais claros exemplos de valorização do politicamente correto diz respeito ao procedimento da Companhia dos Peixinhos em relação ao meio ambiente, que concilia o respeito à

A Administração de Custos, Preços e Lucros • BRUNI

natureza com o desenvolvimento econômico, antecedendo as últimas tendências do desenvolvimento sustentável.

Desde a sua fundação, há mais de um século, a empresa preserva uma parte da Mata Atlântica. A sua reserva florestal é de 4.535.000 metros quadrados de mata primária. Para cada metro quadrado de área construída, a empresa destinou 17 metros quadrados de áreas verdes, entre preservadas, reflorestadas e ajardinadas. As suas unidades industriais são dotadas de equipamentos de controle ambiental e de tratamento biológico dos efluentes sanitários e industriais, que alcançam uma eficiência superior a 90%. A empresa integra a Naturotex, um consórcio formado pelos maiores produtores mundiais do setor, que estabelece padrões ecologicamente corretos para seus produtos.

Em 1995, iniciaram-se os trabalhos de implantação do seu sistema de gestão ambiental, que resultaram na certificação ISO 14001 em 17 de abril de 1997. Durante a implementação do sistema foram investidos cerca de $ 318 mil em treinamentos, consultorias, pessoal envolvido, material de consumo e certificação. Posteriormente à certificação, a empresa já investiu mais de $ 200 mil na melhoria de equipamentos e na área de redução de resíduos nos locais de trabalho. Além disso, a empresa desenvolveu uma série de atividades que otimizaram a consolidação do sistema. Foi elaborado um plano de educação ambiental para o treinamento e a conscientização dos colaboradores. A comunidade também foi influenciada pela implantação do sistema de gestão ambiental através do desenvolvimento de um trabalho sobre educação ambiental nas escolas e no envolvimento das associações de moradores.

Tradição das malhas populares e de boa qualidade. Ao longo de anos, as malhas dos três peixinhos foram conhecidas pelo seu baixo preço, aliado a uma boa qualidade dos produtos. Suas camisas, camisetas e shorts poderiam ser encontrados em quaisquer lojas de varejo de confecções do Brasil.

Por exemplo, em Salvador, Bahia, a marca dos peixinhos era constantemente lembrada por um comercial de rádio, que lembrava: "Roupas dos peixinhos é no Armarinho Paes Soares" – uma antiga e tradicional loja, situada no Largo de São Miguel, Baixa dos Sapateiros, centro do comércio popular da cidade. A loja possuía a curiosidade de apresentar corredores extremamente estreitos, alguns com apenas 50 cm de largura, não possuir comodidades como estacionamento ou ar-condicionado (em Salvador!). Porém, graças à sua política de preços baixos, conseguia apresentar grandes volumes de vendas.

Entrada de novos competidores. Embora tradicional e possuidora de uma boa reputação, a empresa dos peixinhos enfrentou sérios problemas. A abertura para as importações, promovida no início dos anos 1990, inundou o mercado nacional com malhas baratas vindas do Oriente, ainda que de qualidade, muitas vezes, inferior.

Durante anos, as barreiras à importação de equipamentos de informática forçaram o sucateamento do parque têxtil brasileiro. Teares antigos e obsoletos, implicando baixa produtividade e eficiência, além de uma falta de fôlego financeiro para a realização de novos investimentos, forçaram a perda de competitividade dos Peixinhos.

As vendas despencaram. Não era possível praticar os preços predatórios de chineses e tailandeses. O posicionamento competitivo da empresa precisou ser alterado. Valor precisou ser agregado aos produtos da empresa. Malhas básicas, *commodities*, foram preteridas. Maior ênfase foi dada a produtos com maiores preços – como moletons e roupas com estilo mais arrojado.

Cláudia Assis, uma das mais antigas executivas da empresa, comentou: – *"Atuando em um segmento que está em constante mutação, a nossa empresa adotou um novo posicionamento*

Capítulo 8 • Os preços, o marketing e a estratégia

em relação ao mercado, com o objetivo de construir marcas com valores decisivos para o consumidor. Numa economia que a cada dia se torna mais aberta e internacionalizada, o próprio perfil de negócios da empresa foi alterado. A companhia agora tem uma atuação mais abrangente, com várias marcas de produtos desenvolvidas para diversos segmentos específicos e que acompanham as últimas tendências do Brasil e do mundo."

Renata Queiroz, renomada especialista em marketing de vestuário, também comentou: – *"Uma empresa do porte da Companhia dos Peixinhos, que tem seus produtos presentes em todos os continentes, está fundamentada numa estratégia de marketing voltada para atender ao mercado mundial. A empresa tornou-se conhecida por sua linha básica mas, atualmente, o foco da empresa está voltado para produtos que oferecem melhor percepção de posicionamento junto ao consumidor – que julgo ser correto e mais lucrativo."*

Com a exigência de públicos cada vez mais segmentados, a empresa passou a ter um significativo desempenho em diversos nichos de mercado. Atualmente, são produzidos mais de 1.000 itens, como jeans, moletons, blusas, bermudas, camisas e peças íntimas, com as etiquetas Peixinhos, Little Fish, Good Fish e Best Fish.

Lojas dos Peixinhos – lugares de básicos com bossa. Com as alterações no seu ambiente de negócios, a Companhia dos Peixinhos precisou alterar o seu posicionamento competitivo, ofertando produtos com maior valor agregado.

A nova estratégia envolveu o fortalecimento de redes de marcas próprias, denominadas Lojas dos Peixinhos. Para muitos, o rápido crescimento da rede de lojas franqueadas consiste em um dos pilares do novo posicionamento mercadológico da empresa.

Presente nos principais *shopping centers* e pontos urbanos mais movimentados nas cidades do Brasil, a estrutura e o nível tecnológico das franquias da Companhia dos Peixinhos são constantemente atualizados e apresentam nível internacional. Desde projetos mobiliários e de iluminação de alto padrão, *softwares* específicos para a gestão do negócio, conexão via Internet com o franqueador, além de todo suporte técnico e constantes treinamentos e orientação de franqueados e funcionários.

Para uma importante revista de grande circulação nacional, na rede de lojas da tradicional marca dos Peixinhos, os 120 anos de tradição da marca se transformam em modelitos com apelo *fashion* e preços de butique. As lojas combinam os básicos com bossa.

Para Ivonaldo Cardoso, famoso consultor de marketing, entrar em uma Loja dos Peixinhos é uma grata surpresa: – *"Tricôs, calças de veludo, jaquetas de jeans e casacões de náilon, tudo com a inconfundível etiqueta dos três peixinhos. Quem cresceu acostumado a identificar a marca apenas como fabricante de camisetas, descobre um universo onde o básico ganha contornos elaborados e a malha circular adota a companhia de tecidos planos. Há roupas para homens, mulheres e crianças, didaticamente separadas. A informação de moda também surge mastigadinha, com a divisão das propostas por cores. Nada que lembre o confuso varejo multimarca onde a grife costumava chegar ao consumidor final."*

Nas lojas, até as peças clássicas, como as *t-shirts*, os moletons e os pijaminhas, exibem frescor. Todas as roupas têm preço na etiqueta, o que facilita o autoatendimento e incentiva o consumo (exceto quando o valor impresso fica muito longe do bolso). É o conceito *Gappy* de comércio de básicos com bossa, que tem agora uma versão 100% nacional.

A guinada da Companhia dos Peixinhos começou em 1993, quando a empresa lançou a Loja dos Peixinhos, um canal de distribuição que pretendia ser uma loja de fábrica. Para Rose Ramalho, gerente de franquias da empresa, a alternativa da abertura das Lojas dos Peixinhos foi uma

A Administração de Custos, Preços e Lucros • BRUNI

imposição do mercado: – "*Era uma opção ao varejo tradicional, e a loja oferecia todas as marcas fabricadas pela empresa na época, como Little Fish, Good Fish e Best Fish e a própria Peixinhos.*"

Ao mesmo tempo, os executivos da companhia começaram a observar dificuldades de concorrer no segmento de produtos *commodities* – leia-se camisetas populares, comercializadas em grande escala. A gerente de franquias justifica: – "*O maior problema é a questão da informalidade. Há pequenas empresas que, juntas, têm grande participação no mercado, e, para uma empresa formal como a nossa, fica difícil concorrer. Para agravar nossa situação no passado, a abertura das importações, com a invasão de artigos do Oriente, também forçou um reposicionamento. Optamos por sair do segmento de pouco valorizado ao percebermos que o grande ativo na indústria de confecção não é mais o parque fabril, e sim as marcas, especialmente a marca dos três peixinhos, que tem 120 anos de mercado e faz parte da família brasileira. Decidimos consolidar a imagem dessas etiquetas.*"

Para evitar a competição interna entre as marcas, a companhia definiu os canais de varejo de cada grife. Na virada, ficou resolvido que a Companhia dos Peixinhos teria uma rede de lojas monomarca. As 70 *Fish Stores* que existiam mudaram de nome e de "morador" e, em janeiro de 1998, viraram Lojas dos Peixinhos. De lá para cá, a teia só se estendeu – este mês foi aberta a loja de número 109, no recém-inaugurado Shopping Frei Caneca, na capital. A 110a loja fica em Jundiaí e abriu as portas no fim de semana passado.

Para chegar mais perto de seu consumidor final, a empresa assumiu o desafio de ir para o varejo e administra seis unidades próprias. Em palavras de Cherry Lee, gerente de *design*: – "*Com isso pudemos perceber quais as dificuldades do negócio Lojas dos Peixinhos e a experiência propiciou uma melhoria contínua de produtos. O up-grade não ocorreu só na arquitetura das lojas, como também avançou sobre os produtos. A equipe de estilo foi turbinada e conta com uma coordenadora de moda geral e profissionais especializados que só pensam o masculino, o feminino, o infantil e o flash – artigos de entrada rápida, que seguem o ritmo de lançamento de novidades no planeta fashion. Apareceu nas vitrines de Nova York e Londres, uma semana depois está nas nossas lojas.*"

Para a gerente de *design*, os lançamentos são questão de sobrevivência e fundamentais para a manutenção dos níveis de vendas e lucros: – "*Quando o foco de uma empresa é vestuário, então, aí os lançamentos são questão de sobrevivência. Na nossa companhia, a coleção para a estação de dias quentes no Brasil tem lançamentos como as eternas camisetas com motivos relacionados ao réveillon, e muitas peças brancas, a uma série de itens caracterizados pelo conforto e praticidade. Para os homens, o top de linha é um novo tipo de malha mescla, 100% algodão, com cinco cores diferentes. Para as mulheres, a modelagem fitness tem dez variações de cores e modelos – com manga, sem manga e capuz, regata, com ribana e ainda os twin-set, coordenando casaquinhos com camisetinhas.*"

Mostrando a ousadia da empresa, que tem um faturamento anual de $ 330 milhões, e conseguiu virar de sua tradição de simples produtora de camisetas a uma das empresas que disputam o chamado mercado de roupas básicas no Brasil, a Companhia dos Peixinhos lançou recentemente calças *boot leg*, feitas de moletom com *stretch*, e as de *cotton* com elastano.

Preço nada básico. Toda essa remodelagem tem seu preço. A empresa sempre teve a seu favor o fato de abrigar, em sua grade, produtos que vestem todas as idades e classes sociais, mas não há como negar que as cifras nas Lojas dos Peixinhos transformam boa parte do *mix* em artigos de luxo.

Carlos Rubem, cliente tradicional da rede, apresenta as mudanças na marca: – "*Tudo bem que ainda existem as imbatíveis camisetas brancas, mas até o modelito ícone dos básicos custa*

220

Capítulo 8 • Os preços, o marketing e a estratégia

$ 11,90. Pode não ser muito, mas é inegável que há t-shirts brancas da concorrência mais em conta nos supermercados e nos focos de comércio popular. Nas lojas da rede dá para vestir a família toda, desde que a preocupação principal não seja economizar – e sim exibir, com orgulho, os 120 anos de tradição que a grife carrega."

Francisco Antônio de Mattos, franqueado da rede, apresentou um conjunto de produtos disponíveis para venda na sua franquia: – *"As compras podem começar pela* Fish T-Shirt. *Além da branca, obrigatória, há uma completa cartela de cores, com variações sutis de tonalidade. Cada peça, nos tamanhos P, M, G e XG, custa $ 13,90. Continuando na malha circular, há camisetas de manga longa feminina por $ 19,90, moletom com capuz por $ 49,90 e calça tipo pijama com cordão por $ 39,90."*

As incursões da empresa pelo mundo da moda jogam os preços para o alto. Veja outras opções apresentadas por Mattos: – *"Um tricô listado vale $ 89,90. Já o tricô branco de gola alta atinge $ 99. Há modelos por $ 74,90. A jaqueta jeans sai por $ 69,90. A calça de sarja corsário custa $ 54,90. Uma jaquetinha feminina de tecido alcança os $ 129,90 e a bolsinha dupla-face vale $ 47,90. Na linha infantil, há parcas por $ 199,90. Uma calça xadrez para meninas custa $ 29,90. Já a jaqueta jeans infantil, $ 44,90. No masculino, uma boa oferta é a polo Fish por $ 19,99. Mas também há camisas de algodão por $ 49,90 e jaqueta de náilon acolchoada por $ 219,90."*

As cifras, agregadas à Companhia dos Peixinhos, ainda causam espanto, mas é só uma questão de hábito. Pergunta-se: Quais as razões para a mudança de posicionamento da Companhia dos Peixinhos?

> "Fôssemos nós o que deveríamos ser e não haveria em nós a necessidade de ilusão."
>
> **Fernando Pessoa**

9.1 Apresentação

O objetivo principal da série Desvendando as Finanças consiste em apresentar os conceitos de Finanças Empresariais de forma simples e aplicada. Conforme exposto no capítulo inicial do livro, diversos recursos complementares a este e a outros livros da série podem ser encontrados no *site* do livro (<www.MinhasAulas.com.br>).

Um recurso interessante e disponível no *site* consiste na planilha CUSTOFACIL.XLS, criada para facilitar a aplicação de algumas das diferentes técnicas apresentadas no decorrer deste livro, como a análise de ponto de equilíbrio, a realização de rateios ou a formação de preços.

Para poder operar melhor com os recursos da planilha, o usuário deve salvar o arquivo no seu disco rígido, posteriormente abrindo-o com o Microsoft Excel. Para obter instruções sobre como efetuar o *download*, o usuário deve consultar a ajuda do seu *software* utilizado como navegador.

9.2 Configurações iniciais

Após o *download* da CUSTOFACIL.XLS ter sido feito, o usuário deve abri-la com o auxílio do Excel. No momento da abertura do arquivo, duas mensagens aparecerão. A primeira mensagem está ilustrada na figura seguinte.

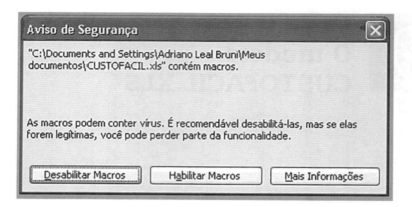

Figura 9.1 Confirmação para ativar macros da CUSTOFACIL.XLS.

A primeira mensagem, ilustrada na Figura 9.1, alerta para a presença de macros (rotinas automáticas do Excel). Como as macros auxiliam nas rotinas de navegação e limpeza da planilha, é preciso ativá-las. Para isso, é necessário clicar na opção Ativar macros.

Figura 9.2 Alerta do CUSTOFACIL.XLS.

A segunda mensagem, apresentada na Figura 9.2, alerta sobre os direitos autorais sobre a planilha e a necessidade de ativação do suplemento Ferramentas de Análise do Excel. Para ativar o suplemento, o usuário deve selecionar a opção Suplementos, no *menu* Ferramentas. Na configuração dos suplementos, deve selecionar a opção Ferramentas de Análise. Veja a figura seguinte.

Capítulo 9 • O modelo CUSTOFACIL.XLS

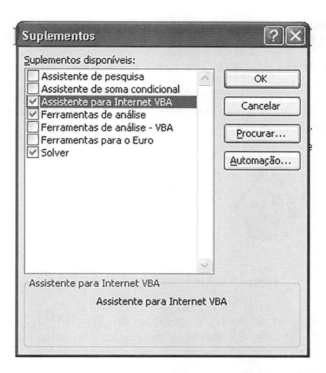

Figura 9.3 Ativando o suplemento Ferramentas de Análise.

Caso o suplemento não esteja disponível, sugere-se que o leitor ou usuário consulte o guia de instalação do Excel, executando os procedimentos recomendados para a ativação do recurso.

9.3 Recursos disponíveis na CUSTOFACIL.XLS

Os recursos disponibilizados na CUSTOFACIL.XLS estão agrupados em cinco conjuntos distintos de aplicações:

Ponto de equilíbrio: apresenta modelo para cálculo de ponto de equilíbrio contábil, permitindo diferentes análises das relações entre gastos fixos e variáveis.

Materiais diretos: permite analisar gastos referentes à gestão de materiais diretos, analisando custos totais de pedidos, de estocagem e lotes econômicos de compra.

Rateio: permite executar e analisar os resultados obtidos após a realização de diferentes rateios de gastos indiretos.

Preços (Comércio): possibilita analisar a formação de taxas de marcação (*mark-ups*) e preços no segmento comércio.

Preços (Serviço): possibilita analisar a formação de taxas de marcação (*mark-ups*) e preços no segmento serviço.

Preços (Indústria): possibilita analisar a formação de taxas de marcação (*mark-ups*) e preços no segmento indústria.

Figura 9.4 Tela inicial da CUSTOFACIL.XLS.

Nas seções seguintes, as principais aplicações da CUSTOFACIL.XLS estão apresentadas, discutidas e ilustradas. É importante destacar que em todo o modelo apenas as células em amarelo podem ser alteradas. A digitação de valores ou a inserção de fórmulas, textos ou comentários nas demais células das planilhas que formam o modelo podem comprometer o seu uso.

> **Observação importante:**
> Apenas as células amarelas podem ser alteradas no modelo CUSTOFACIL.XLS.

Os modelos e os recursos disponíveis na CUSTOFACIL.XLS estão caracterizados a seguir.

9.4 Ponto de equilíbrio

O modelo apresenta alternativa para cálculo de ponto de equilíbrio contábil, permitindo diferentes análises das relações entre gastos fixos e variáveis.

Capítulo 9 • O modelo CUSTOFACIL.XLS

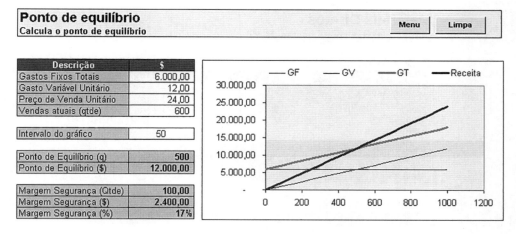

Figura 9.5 Análise do ponto de equilíbrio.

O usuário deve abastecer os valores referentes aos Gastos Fixos Totais, ao Gasto Variável Unitário, ao Preço de Venda e às Vendas atuais, em quantidade. Para a construção do gráfico, o usuário deve abastecer, também, o valor do Intervalo a considerar na abscissa do gráfico.

O modelo fornece, conforme apresentado na Figura 9.5, ponto de equilíbrio em quantidade e em unidades monetárias, além das margens de segurança em quantidade, em unidades monetárias e em percentual.

O exemplo apresentado na Figura 9.5 supõe uma situação marcada pela presença de Gastos Fixos Totais iguais a $ 6.000,00, de um Gasto Variável Unitário igual a $ 12,00, de um preço de venda unitário igual a $ 24,00, de um volume de vendas atuais igual a 600 unidades.

Nesta situação, é possível obter um ponto de equilíbrio contábil igual a 500 unidades ou $ 12.000,00 (em unidades monetárias). A margem de segurança em quantidade é igual a 100 unidades. Em unidades monetárias, é igual a $ 2.400,00. E em percentual, a margem é igual a 17%.

9.5 Materiais diretos

A planilha permite analisar gastos referentes à gestão de materiais diretos, analisando custos totais de pedidos, de estocagem e lotes econômicos de compra.

A Administração de Custos, Preços e Lucros • BRUNI

Materiais Diretos	Menu	Limpa
Gerencia gastos com a gestão de MD		

Dados fornecidos

Variável	Símbolo	Valor	Unidade
Custo do pedido	Cp	200,00	
Custo de manutenção	Ce	0,20	
Demanda	D	320	

Análise de custos de pedido e estocagem

Q	Cte	Ctp	CT	Cte - Ctp
800,00	80,00	80,00	160,00	(0,00)

Variável de decisão

Lote econômico:	800,00	(Q, quantidade do pedido)

Figura 9.6 Análise dos gastos associados à gestão de materiais diretos.

No exemplo da Figura 9.6, considerando um custo de pedido (Cp) igual a $ 200,00, um custo unitário de manutenção de estoques (Ce) igual a $ 0,20 por mês e uma demanda mensal (D) igual a 320 unidades, encontra-se um valor para o Lote Econômico de Compra (LEC) igual a 800 unidades.

Nesta situação, considerando a compra de 800 unidades, sempre, o custo total de pedido (CTp) é igual a $ 80,00 por mês, valor igualmente alcançado pelo custo total de estocagem (CTp). Assim, o custo mínimo total de gestão de estoques de materiais diretos é igual a $ 160,00 mensais.

Caso a quantidade comprada por pedido seja alterada, por exemplo, para 400 unidades, novos valores seriam obtidos. O custo total de gestão de materiais diretos seria elevado para $ 200,00 mensais. Veja a tabela seguinte.

Q	Cte	Ctp	CT
400,00	40,00	160,00	200,00

Além de possibilitar cálculos com os valores do custo total do pedido e do custo total de estocagem, o modelo Materiais Diretos também permite analisar o gráfico dos gastos. Veja o exemplo da Figura 9.7. O ponto de mínimo custo é registrado quando a curva do custo total do pedido e a do custo total de estocagem se cruzam.

Capítulo 9 • O modelo CUSTOFACIL.XLS

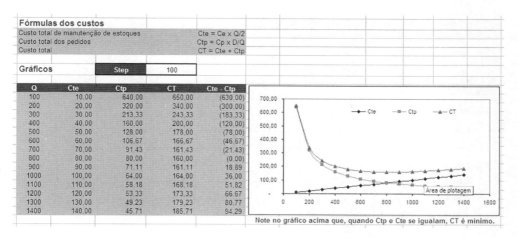

Figura 9.7 Análise gráfica dos gastos associados à gestão de materiais diretos.

Em relação ao exemplo fornecido, o gráfico apresentado na Figura 9.8 enfatiza o ponto do Lote Econômico de Compra. Ele é igual a 800 unidades e associa-se a um custo mínimo igual a $ 160,00.

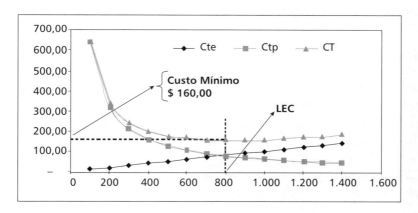

Figura 9.8 Lote econômico de compra no gráfico.

Outro recurso disponível no modelo permite que o usuário construa gráficos de perfis de demanda, também conhecidos como gráficos dentes de serra. Um exemplo está apresentado na Figura 9.9.

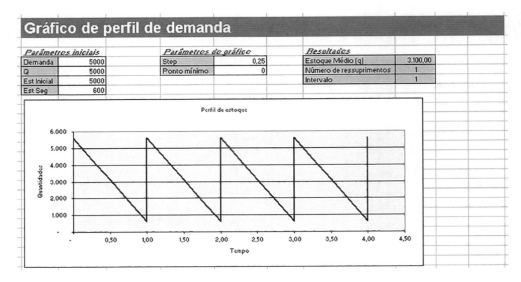

Figura 9.9 Perfil de demanda.

Em relação ao gráfico de perfil de demanda, o usuário pode ajustar a escala do gráfico e seus parâmetros de configuração. Para isso, basta ajustar as células em amarelo.

9.6 Rateio

O modelo permite executar e analisar os resultados obtidos após a realização de diferentes rateios de gastos indiretos.

Para usar o modelo, ilustrado na Figura 9.10, o usuário deve abastecer os valores dos gastos diretos e indiretos. Posteriormente, pode escolher a base de rateio que desejará empregar na divisão.

Os critérios de rateio possibilitam que o usuário digite um código específico, sendo o rateio efetuado em seguida. Os códigos empregados na planilha são:

    1 – Materiais diretos

    2 – Mão de obra direta

    3 – Custos diretos

    4 – Outro critério de rateio

Caso o usuário opte pelo emprego de outro critério, poderá abastecer os parâmetros diretamente na planilha.

Capítulo 9 • O modelo CUSTOFACIL.XLS

Rateio						
Permite executar diferentes procedimentos de divisão de gastos indiretos					Menu	Limpa
		Produto	**Unidades**	**Produto**	**Unidades**	
Descrição		QW	3000	ZZ	6000	**Soma**
		Total	**Unitário**	**Total**	**Unitário**	
Receitas		**18.000,00**	**6,00**	**72.000,00**	**12,00**	**90.000,00**
Custos diretos	Materiais diretos	(1.500,00)	(0,50)	(6.000,00)	(1,00)	(7.500,00)
	Mão de obra direta	(6.000,00)	(2,00)	(18.000,00)	(3,00)	(24.000,00)
Subtotal	Custos Diretos	(7.500,00)	(2,50)	(24.000,00)	(4,00)	(31.500,00)
Custos Indiretos	Depreciação industrial	(2.250,00)	(0,75)	(6.750,00)	(1,13)	(9.000,00)
	Salários industriais indiretos	(1.500,00)	(0,50)	(4.500,00)	(0,75)	(6.000,00)
Subtotal CIF		(3.750,00)	(1,25)	(11.250,00)	(1,88)	(15.000,00)
Subtotal Custos		(11.250,00)	(3,75)	(35.250,00)	(5,88)	(46.500,00)
Despesas diretas	Comissões sobre vendas	(540,00)	(0,18)	(2.160,00)	(0,36)	(2.700,00)
						0,00
						0,00
Subtotal Desp Var		(540,00)	(0,18)	(2.160,00)	(0,36)	(2.700,00)
Depesas indiretas	Salários de vendedores	(875,00)	(0,29)	(2.625,00)	(0,44)	(3.500,00)
	Depreciação das lojas	(375,00)	(0,13)	(1.125,00)	(0,19)	(1.500,00)
Subtotal Desp fixas		(1.250,00)	(0,42)	(3.750,00)	(0,63)	(5.000,00)
Subtotal Despesas		(1.790,00)	(0,60)	(5.910,00)	(0,99)	(7.700,00)
Total Gastos		(13.040,00)	(4,35)	(41.160,00)	(6,86)	(54.200,00)
Resultado		4.960,00	1,65	30.840,00	5,14	35.800,00

Critério de Rateio (1 a 4) =>	2	QW	ZZ	Soma
Mão de obra direta	Total	(6.000,00)	(18.000,00)	(24.000,00)
	Percentual	25%	75%	100%
Receitas		18.000,00	72.000,00	90.000,00
Gastos		(13.040,00)	(41.160,00)	(54.200,00)
Resultado		4.960,00	30.840,00	35.800,00

Figura 9.10 Rateio de gastos indiretos.

Critério de Rateio (1 a 4) =>	2	QW	ZZ	Soma
Mão de obra direta	Total	(6.000,00)	(18.000,00)	(24.000,00)
	Percentual	25%	75%	100%
Receitas		18.000,00	72.000,00	90.000,00
Gastos		(13.040,00)	(41.160,00)	(54.200,00)
Resultado		4.960,00	30.840,00	35.800,00
Outro critério de rateio :				
Horas máquina	Total	500,00	400,00	900,00

Figura 9.11 Diferentes alternativas para rateio.

Caso o código 4 seja digitado, o usuário deverá fornecer os valores associados ao critério que deseja empregar. Veja o exemplo fornecido na Figura 9.11.

231

9.7 Preços (Comércio)

Consiste em recurso que possibilita analisar a formação de taxas de marcação (*mark-ups*) e preços no segmento comércio. Para usar o modelo, é preciso fornecer diferentes informações.

Na primeira parte do modelo, apresentada na Figura 9.12, o usuário deve abastecer a configuração inicial, que envolve o código da operação de compra (indicando qual a relação de origem e destino na compra e, por consequência, qual a alíquota de ICMS da operação de compra) e o código da operação de venda (idem, para a operação de venda da mercadoria analisada). Os códigos são empregados conforme a tabela seguinte.

Cód.	Origem	Destino	%
1	SP, MG ou RJ	Mesmo Estado	18%
2	Estado (menos SP, MG ou RJ)	Mesmo Estado	17%
3	Sul, Sudeste	Sul, Sudeste	12%
4	Sul, Sudeste	Norte, Nordeste, Centro-Oeste e Espírito Santo	7%
5	Norte, Nordeste, Centro-Oeste e Espírito Santo	Sul, Sudeste	12%
6	Norte, Nordeste, Centro-Oeste e Espírito Santo	Norte, Nordeste, Centro-Oeste e Espírito Santo	12%
7	Brasil (para exportação)	Exterior	0%

Nas configurações iniciais, também deve ser informada a forma de apuração do lucro. Neste caso, usa-se o código 1 para Lucro Real e o código 2 para Lucro Presumido. Com base nesta definição, o modelo emprega alíquotas diferenciadas de PIS e Cofins (conforme apresentado no capítulo que discute os tributos).

Cód.	Lucro	PIS	Cofins
1	Real	1,65%	7,60%
2	Presumido	0,65%	3,00%

Capítulo 9 • O modelo CUSTOFACIL.XLS

A tabela anterior apresenta as alíquotas inseridas no modelo. Empresas tributadas por lucro real devem considerar alíquotas não cumulativas iguais a 1,65% para o PIS e 7,60% para a Cofins. Para empresas tributadas por lucro presumido, consideram-se alíquotas iguais a 0,65% para o PIS e 3,00% para a Cofins.

Formação de Preços - Comércio	Menu	Limpa			
Possibilita a formação quantitativa dos preços					
Digite os códigos da operação de C e V:			Origem	Destino	%
Código da operação de compra	2	→	Estado (menos SP, MG)	Mesmo estado	17%
Código da operação de venda	2	→	Estado (menos SP, MG)	Mesmo estado	17%
Consulte os códigos: Alíquotas interestaduais do ICMS					
Digite a forma de apuração do lucro:					
Lucro Real (1) ou Presumido (2)	1		Lucro:	Real	
			Impostos sobre compra	PIS	1,65%
				COFINS	7,60%
			Impostos sobre venda	PIS	1,65%
				COFINS	7,60%

Figura 9.12 Configurações iniciais para a formação de preços.

O exemplo apresentado na Figura 9.12 ilustra a situação de uma empresa, situada em um Estado que não São Paulo, Minas Gerais ou Rio de Janeiro, com alíquota interna de ICMS igual a 17% que compra no próprio Estado (código 2 na operação de compra) e que vende para o próprio Estado (código 2 também na operação de venda). O modelo entende, automaticamente, que considerará alíquotas iguais a 17% para os créditos recebidos com as compras e iguais a 17% para os débitos registrados com as vendas.

Após as configurações iniciais terem sido feitas, o usuário deve apresentar as informações referentes aos gastos e créditos recebidos. Devem ser considerados os valores pagos ao fornecedor, fretes, seguros e outros. Da mesma forma, impostos recuperáveis como o ICMS (para empresas não enquadradas em regimes simplificados de tributação, ou Simples estaduais) ou PIS e Cofins (para empresas tributadas pelo Lucro Real) devem ter seus valores devidamente registrados na planilha.

É importante destacar que, conforme as configurações iniciais, o Excel fornece valores sugeridos para os créditos de ICMS, PIS e Cofins. Porém, igualmente apresenta a possibilidade de digitação de um valor diferenciado, na célula amarela, apresentada logo abaixo do valor sugerido. Assim, caso o crédito seja diferente do valor sugerido pelo modelo, o usuário deve digitar o valor correto nas células amarelas.

O exemplo da Figura 9.12 apresenta a situação de uma empresa tributada pelo lucro real. Logo, com créditos a considerar de PIS e Cofins e com alíquotas sobre preço de venda respectivamente iguais a 1,65% e 7,60%.

233

A Administração de Custos, Preços e Lucros • BRUNI

Composição do custo:		
Gastos diretos		
Preço pago ao fornecedor (sem IPI)		500,00
(+) IPI		50,00
(+) Outros (fretes, seguros)		-
Subtotal		**550,00**
Créditos		
ICMS	Fornecedor, alíquota de 17%	85,00
	Ou Fornecedor calculado	
	(=) Valor considerado Fornecedor	85,00
	(+) Outros (fretes, seguros)	
Soma dos créditos de ICMS		**85,00**
PIS	Fornecedor, alíquota de 1,65%	8,25
	Ou Fornecedor calculado	
	(=) Valor considerado Fornecedor	8,25
	(+) Outros (fretes, seguros)	
Soma dos créditos de PIS		**8,25**
COFINS	Fornecedor, alíquota de 0,00%	38,00
	Ou Fornecedor calculado	
	(=) Valor considerado Fornecedor	38,00
	(+) Outros (fretes, seguros)	
Soma dos créditos de Cofins		**38,00**
Subtotal dos créditos		**131,25**

Figura 9.13 Cálculo da composição de custos, após a análise dos créditos.

O exemplo apresentado na Figura 9.13 ilustra a situação da formação de preços de um produto com gastos iguais a $ 550,00 e créditos fiscais iguais a $ 131,25. Note que, por ser uma empresa comercial, os valores porventura pagos a título de IPI constituem custos.

Após gastos e créditos fiscais terem sido devidamente abastecidos, o modelo fornece um resumo, apresentando o custo-base, ou a diferença resultante entre gastos e créditos considerados.

Capítulo 9 • O modelo CUSTOFACIL.XLS

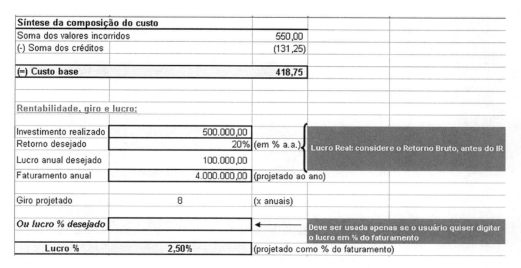

Figura 9.14 Análise da rentabilidade e giro.

A Figura 9.14 apresenta um resumo. Com gastos iguais a $ 550,00 e créditos fiscais iguais a $ 131,25, o custo-base para a formação de preços foi considerado como sendo igual à diferença, ou $ 418,75.

Após o resumo ter sido apresentado, o modelo possibilita analisar os parâmetros de rentabilidade, giro e lucro. O usuário deve fornecer o investimento na operação, a rentabilidade requerida (em % a.a.) e o faturamento projetado. Automaticamente, o modelo calcula o giro resultante do investimento e do faturamento fornecidos, apresentando a lucratividade sugerida na sequência. Caso o usuário deseje uma rentabilidade diferente da sugerida, pode digitar outro valor na célula amarela apresentada logo abaixo do giro.

Na Figura 9.14 notam-se valores fornecidos para investimento, retorno e faturamento respectivamente iguais a $ 500.000,00, 20% a.a. e $ 4.000.000,00. Com base nestes números, encontra-se um lucro desejado anual igual a $ 100.000,00, um giro anual igual a oito vezes e uma margem de lucro projetada igual a 2,50%. Convém ressaltar que, caso o usuário deseje estabelecer outra margem de lucro, poderá inseri-la na célula em amarelo, indicada ao lado de **Lucro % desejado**.

Após os parâmetros de rentabilidade terem sido fornecidos, o usuário pode compor um *mark-up* para o negócio, conforme apresentado na Figura 9.15. Para isso, todos os gastos não incluídos na base (geralmente, para atividades comerciais, os gastos com despesas) devem ser digitados, seja em valor numérico ou em percentual do faturamento. Automaticamente, o modelo converte os valores numéricos em percentuais do faturamento, apresentando a sua soma.

A Administração de Custos, Preços e Lucros • BRUNI

Composição do mark-up:

Gastos indiretos

Descrição	$	%	% do faturamento
Aluguel	48.000,00		1,20%
Salários	60.000,00		1,50%
Encargos	42.000,00		1,05%
Comissões		2,00%	2,00%
			0,00%
			0,00%
			0,00%
			0,00%
			0,00%
Soma dos gastos indiretos em % do faturamento			**5,75%**

Figura 9.15 Composição de *mark-up*.

No exemplo da Figura 9.15, os valores para gastos com aluguel ($ 48.000,00), salários ($ 60.000,00) e encargos ($ 42.000,00) foram convertidos em percentuais do faturamento. Somados às comissões, resultam em um percentual total igual a 5,75%.

Impostos

Descrição	Sugerido	%	Considerado
ICMS	17,00%		17,00%
PIS	1,65%		1,65%
Cofins	7,60%		7,60%
Outros:			0,00%
Soma dos impostos em % do faturamento			**26,25%**

Síntese da composição do mark-up

Gastos %		5,75%	
Impostos %		26,25%	
Lucro %		2,50%	
(=) Soma dos %		34,50%	

Mark-up [1/(1-Soma%)]		**1,5267**	

Figura 9.16 Síntese da composição do *mark-up*.

Posteriormente, conforme apresentado na Figura 9.16, é preciso fornecer os percentuais associados aos impostos. No caso, foram considerados os percentuais do ICMS (17,00%), PIS (1,65%) e Cofins (7,60%).

Capítulo 9 • O modelo CUSTOFACIL.XLS

Com base nos percentuais abastecidos ao longo do modelo, a planilha apresenta um resumo para a composição do *mark-up*. No caso os percentuais envolveram Gastos (5,75%), Impostos (26,25%), Lucro (2,50%), que totalizaram 34,50%. Com base nesta soma, foi possível obter um *mark-up* igual a 1,5267 (ou 1 ÷ (1–0,3450)). O próximo passo, apresentado na Figura 9.17, fornece um preço sugerido, resultante da multiplicação do custo-base pelo *mark-up*.

Composição do preço:			
Custo base		418,75	
Mark-up		1,5267	
Preço (custo base x mark-up)		**639,31**	
Composição do preço financiado:			
Preço a vista		639,31	
Taxa de juros mensal		3%	
Forma de financiamento: em múltiplas parcelas			
Número de parcelas		5	Parcelas mensais, iguais
Sem entrada (0) ou Com entrada (1)		0	Sem entrada
Valor de cada parcela		**139,60**	
Forma de financiamento: em uma única parcela			
Prazo em meses		2	meses
Preço a prazo		**678,24**	

Figura 9.17 Cálculo do preço a prazo.

O preço calculado na Figura 9.17 apresenta o resultado da multiplicação do custo-base ($ 418,75) pelo *mark-up* (1,5267). O valor obtido ($ 639,31) corresponde a um preço-base, considerado à vista.

O modelo apresentado na Figura 9.17 permite obter o preço financiado. Para isso, o usuário deve fornecer a taxa de juros mensal da operação e, posteriormente, apresentar a forma de financiamento, se em múltiplas parcelas (nesta situação, o número de parcelas e o fato de ter ou não entrada) ou se em uma única parcela.

Considerando um financiamento com uma taxa de juros mensal igual a 3%, o modelo apresenta: caso seja construído um financiamento em múltiplas parcelas, com cinco parcelas mensais, iguais e sem entrada, o valor de cada parcela seria igual a $ 139,60; caso fosse feito um financiamento em uma única parcela, com dois meses de prazo, o valor a pagar na única parcela seria igual a $ 678,24.

A Administração de Custos, Preços e Lucros • BRUNI

9.8 Preços (Serviço)

Consiste em recurso que possibilita analisar a formação de taxas de marcação (*mark--ups*) e preços no segmento serviço. Inicialmente, o usuário deve abastecer os parâmetros de formação da base para precificação, formada por custos diretos, posteriormente deduzidos dos créditos fiscais, que igualmente deverão ser abastecidos.

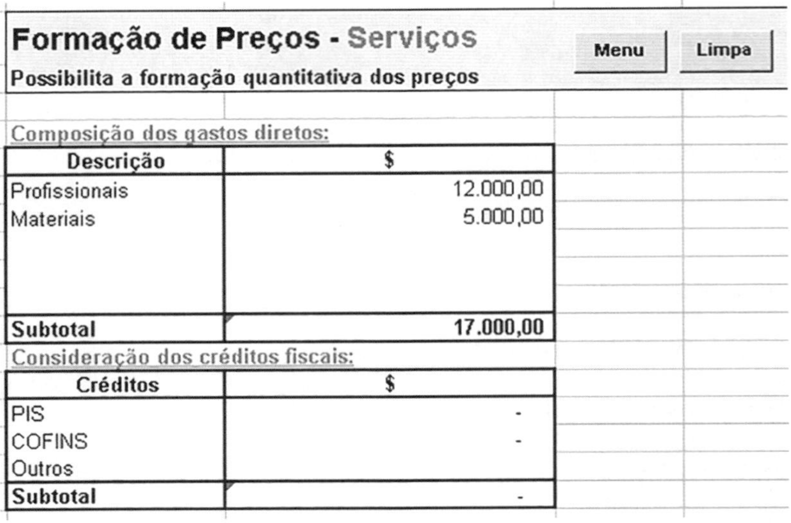

Formação de Preços - Serviços		Menu	Limpa
Possibilita a formação quantitativa dos preços			

Composição dos gastos diretos:		
Descrição	**$**	
Profissionais	12.000,00	
Materiais	5.000,00	
Subtotal	**17.000,00**	

Consideração dos créditos fiscais:		
Créditos	**$**	
PIS	-	
COFINS	-	
Outros		
Subtotal	-	

Figura 9.18 Formação de preços em serviços: gastos diretos e créditos fiscais.

Posteriormente, o modelo solicita as mesmas informações apresentadas no modelo de comércio, como os gastos indiretos, não pertencentes à base de precificação, os impostos e o lucro.

Por fim, conforme apresentado na Figura 9.19, o modelo apresenta uma sugestão de preço à vista. De forma similar ao modelo para comércio, o modelo para serviços permite calcular o preço financiado ou o valor das parcelas do financiamento.

Capítulo 9 • O modelo CUSTOFACIL.XLS

Composição do preço:			
Custo base		17.000,00	
Mark-up		2,0263	
Preço (custo base x mark-up)		**34.447,10**	
Composição do preço financiado:			
Preço a vista		34.447,10	
Taxa de juros mensal		2%	
Forma de financiamento: em múltiplas parcelas			
Número de parcelas		3	Parcelas mensais, iguais
Sem entrada (0) ou Com entrada (1)		1	Com entrada
Valor de cada parcela		**11.710,48**	
Forma de financiamento: em uma única parcela			
Prazo em meses		3	meses
Preço a prazo		**36.555,54**	

Figura 9.19 Preço final apresentado para serviços.

9.9 Preços (Indústria)

Consiste em recurso que possibilita analisar a formação de taxas de marcação (*mark-ups*) e preços no segmento indústria. A sua principal diferença em relação ao modelo para comércio consiste na inclusão do IPI, como tributo não cumulativo. Assim, o crédito de IPI é considerado, bem como sua incidência na composição do preço final.

A composição do *mark-up* é similar àquela feita nos modelos para indústria e serviços, envolvendo a consideração dos gastos não envolvidos na base e da lucratividade desejada. Porém, a composição do preço final é diferenciada, em função do tratamento e da consideração específicos do IPI. Veja o modelo da Figura 9.21.

A Administração de Custos, Preços e Lucros • BRUNI

Digite a forma de apuração do lucro:		
Lucro Real (1) ou Presumido (2)		1
Comprador (contribuinte de ICMS?):		
Sim (1) ou Não (2)		1
Composição do custo:		
Gastos diretos		
Preço pago ao fornecedor (sem IPI)		400,00
(+) IPI		40,00
(+) Outros (fretes, seguros)		-
Subtotal		**440,00**
Créditos		
IPI	Fornecedor, alíquota de 10%	40,00
	Ou Fornecedor calculado	
	(=) Valor considerado Fornecedor	40,00
	(+) Outros	
Soma dos créditos de IPI		**40,00**

Figura 9.20 Modelo para a formação de preços em indústrias.

Impostos (IPI)		10%
Síntese da composição do mark-up		
Gastos %		32,00%
Impostos %		30,87%
Lucro %		10,00%
(=) Soma dos %		**72,87%**
Mark-up [1/(1-Soma%)]		**3,686**
Composição do preço:		
Custo base		295,00
Mark-up		3,686
Preço sem IPI (custo base x mark-up)		**1.087,37**
IPI, com alíquota de 10%		108,74
Preço com IPI		**1.196,11**

Figura 9.21 Síntese do *mark-up* para indústrias e acréscimo do IPI.

Após o preço final, com IPI, ter sido obtido, o modelo igualmente permite o cálculo de um preço financiado, conforme os modelos para comércio e serviços.

Capítulo 9 • O modelo CUSTOFACIL.XLS

Preço com IPI		1.196,11	
Composição do preço financiado:			
Preço a vista		1.196,11	
Taxa de juros mensal		2%	
Forma de financiamento: em múltiplas parcelas			
Número de parcelas		3	Parcelas mensais, iguais
Sem entrada (0) ou Com entrada (1)		1	Com entrada
Valor de cada parcela		406,62	
Forma de financiamento: em uma única parcela			
Prazo em meses		3	meses
Preço a prazo		1.153,93	

Figura 9.22 Formação de preço a prazo.

A Figura 9.22 apresenta o resultado da formação de preços financiados, idêntico aos modelos anteriores para comércio e serviços.

Respostas dos Exercícios

As soluções completas no Excel podem ser encontradas nos arquivos complementares do livro, disponíveis no *site* www.MinhasAulas.com.br.

Capítulo 1

[A1] (a) V; (b) V; (c) F. O patrimônio pode ser apresentado como o conjunto formado por bens, direitos e obrigações. A soma não faz sentido; (d) V; (e) V; (f) F. As obrigações correspondem às dívidas; (g) V; (h) V.

[A2] (a) 450; (b) 265; (c) 185.

[B1] (a) V; (b) V; (c) V; (d) F. Deduções são diferentes de custos; (e) F. Imposto de renda e contribuição social podem ser calculados como percentual da receita; (f) F. O resultado é calculado por meio da diferença entre receitas e consumos; (g) F. Descontos e devoluções não fazem parte das despesas e sim das deduções; (h) V; (i) V.

[B2] (a) 2.240,00; (b) 130,00; (c) 2.370,00; (d) 710,00.

[B3] (a) 971,00; (b) 2.106,00; (c) 1.030,80; (d) 3.168,20.

[C1] (a) F. A análise do caixa enfatiza o confronto entre entradas e saídas; (b) V; (c) F. No método indireto é que partimos do resultado do exercício para obter o fluxo de caixa; (d) F. É o método indireto que constrói o fluxo de caixa a partir de entradas e saídas; (e) F. Dispêndios ou saídas de caixa é que são sinônimos de desembolsos.

[C2] I: (a) 5; (b) 30; (c) 35. II: (a) 26; (b) 3; (c) 29. III: (a) 71; (b) 22; (c) 93.

[D1] (a) V; (b) V; (c) F. As normas contábeis são fundamentais para a Contabilidade Financeira; (d) F. O bom senso rege a Contabilidade Gerencial.

[D2] (a) 21; (b) 30.

[E1] (a) F. É um investimento; (b) V. O valor do custo é agregado aos estoques de produtos em elaboração e, posteriormente, em produtos elaborados; (c) V. Faz parte dos custos com materiais diretos; (d) F. Cada componente é um custo que, na venda, torna-se uma despesa; (e) F. Os componentes são diferentes; (f) F. Alguns investimentos se transformam diretamente em despesas, quando não participam da elaboração dos produtos ou serviços; (g) F. Empresas comerciais ou de serviços também apresentam custos; (h) V Consiste no próprio conceito contábil do que são custos – valores agregados aos estoques; (i) F. Os sistemas de custos precisam ser implantados segundo as necessidades específicas de cada empresa; (j) F. Todas as empresas que ofertam múltiplos produtos ou serviços precisam ter uma eficaz

A Administração de Custos, Preços e Lucros • BRUNI

contabilidade de custos; (k) V. Os valores classificados como custos são agregados nos estoques e, posteriormente, suas saídas são registradas no DRE como CMV ou CPV – que correspondem a uma despesa; (l) F. Depende do volume de investimentos feitos na empresa; (m) F. É preciso analisar o custo de oportunidade associado. É possível que o empresário deixe de estar recebendo salário ou outra forma de remuneração de terceiros pelo fato de estar gerenciando o seu próprio negócio; (n) F. Os investimentos não são gastos incorridos; (o) V; (p) F. Perdas rotineiras devem ser incorporadas nos custos; (q) V; (r) F. Perdas rotineiras são custos.

[E2] (a) I; (b) D; (c) C; (d) PC; (e) C; (f) D; (g) C; (h) C; (i) C; (j) D; (k) PD.

[E3] (a) C; (b) I; (c) D; (d) D; (e) D; (f) D; (g) D; (h) I; (i) D; (j) D; (k) D; (l) C; (m) I; (n) C.

[E4] (a) C; (b) C; (c) I; (d) D; (e) C; (f) D; (g) PD; (h) D; (i) C; (j) C; (k) I; (l) C.

[E5] (a) investimento; (b) $ 2,50; (c) já que estão envolvidos com a produção, devem ser classificados como custos.

[E6] (a) 11,83; (b) 29,58.

[E7] (a) 0,50; (b) 2.550,00; (c) 2.710,00.

Capítulo 2

[A1] (a) V. Os componentes de custos podem ser agregados em diretos (MO, MOD, OCD) e indiretos (CIF); (b) V; (c) F. A mão de obra direta costuma englobar apenas os gastos específicos (com mensuração objetiva) e que envolveram mão de obra; (d) F. Os gastos administrativos não são custos e sim despesas.

[B1] (a) V; (b) V; (c) V; (d) F. O custo direto envolve a soma de MD, MOD e OCD; (e) V; (f) F. Despesas não fazem parte do custo contábil (que incorpora apenas gastos incorridos com a produção); (g) V. O custo pleno ou integral incorpora custos e despesas.

[B2] (a) 22.140,00; (b) 17.480,00; (c) 29.980,00.

[B3] (a) 26.000,00; (b) 45.000,00; (c) 57.000,00; (d) 68.000,00; (e) 210,00.

[B4] $ 75,00.

[B5] (a) 286,00; (b) 307,00; (c) Não vale a pena, já que os gastos afundados continuarão existindo.

[C1] (a) F. Uma parte da mão de obra pode ser indireta; (b) F. São formados por MOD e CIF; (c) F. São formados por MD e MOD; (d) V; (e) F. São sempre despesas; (f) F. Depende da empresa e da atividade; (g) F. Custos caracterizam gastos fabris; (h) F. O custo contábil pode ser apresentado como a soma do custo primário mais CIF ou do custo de transformação com os MDs; (i) F. A análise dos gastos diretos, por ter envolvida a questão dos rateios, é sempre mais simples; (j) F. Todos os gastos produtivos (ou custos) é que devem ser incorporados ao valor dos estoques; (k) F. Custos de oportunidade são implícitos, não apresentando documentação para o seu registro.

Respostas dos Exercícios

Capítulo 3

[A1] (a) V; (b) F. Gastos fixos são aqueles que não oscilam conforme produção e vendas, podendo ser constantes ou inconstantes; (c) V; (d) V; (e) F. Comissões sobre vendas costumam ser despesas variáveis.

[A2] (1) CIF, F; (2) CIF, F; (3) MOD, F; (4) MD, V; (5) CIF, F; (6) I; (7) CIF, V; (8) D, F; (9) I; (10) CIF, V; (11) I; (12) = I; (13) I; (14) CIF, V; (15) CIF, F; (16) P, D, F; (17) MD, V; (18) MOD, F; (19) CIF, F; (20) D, V; (21) D, V; (22) CIF, V; (23) CIF, V; (24) MOD, F; (25) I; (26) I, D, F; (27) CIF, F; (28) MD, V; (29) MD, V; (30) I; (31) D, F; (32) IP MD, V; (33) MD, V; (34) MD, V.

[A3] (1) D, F; (2) D, F; (3) D, F; (4) D, F; (5) I; (6) I; (7) P, D, F; (8) P, D, F; (9) D, F; (10) D, V; (11) D, F; (12) D, V; (13) D, F; (14) D, F; (15) D, F; (16) D, F (ou V, a depender do contexto); (17) D, F; (18) C, V; (19) D, F.

[A4] (1) CF; (2) DF; (3) DF; (4) DF; (5) DEDUC; (6) DF; (7) I; (8) CF; (9) I; (10) DF; (11) DF; (12) CF; (13) DF; (14) DF; (15) DF; (16) DF; (17) CF; (18) I; (19) CF; (20) I; (21) DF; (22) I; (23) CF; (24) DF; (25) CF; (26) CV; (27) CV.

[B1] (a) V. Podem ser representados como constantes, o que torna a compreensão do seu comportamento mais simples; (b) F. Os gastos fixos unitários costumam ser representados como decrescentes em relação aos volumes de produção e vendas; (c) F. Os gastos variáveis unitários costumam ser representados como crescentes em relação aos volumes de produção e vendas; (d) V; (e) V; (f) F. Para obter lucro operacional, uma empresa precisa necessariamente ter mais receita que os gastos operacionais totais; (g) F. O lucro depende dos volumes de vendas, dos preços, dos gastos variáveis e fixos; (h) F. Mesmo com alto endividamento é possível ter lucro; (i) V; (j) V; (k) V.

[B2] (a) 240,00, 6,00 e -40,00; (b) 360,00, 4,50 e 40,00; (c) 480,00, 4,00 e 120,00.

[B3] (a) 9,00; (b) 11,00.

[B4] (a) 1,50; (b) 10.000,00; (c) 200%.

[B5] (a) 90 kg (semi) e 125 kg (automática); (b) as duas apresentam os mesmos gastos para uma produção igual a 300 kg; (c) automática; (d) 930 kg.

[B6] Na situação original, a margem de contribuição é igual a $ 4. Na compra proposta da bermuda, a margem é menor, mais ainda assim positiva e igual a $ 1,45. Se a venda for incremental, poderia fazê-la.

[B7] (a) 13,34; (b) 21.000.

[B8] A proposta estudada pela empresa só diminuirá os custos com uma produção acima de 1.100 unidades.

[B9] (a) 14.500 e $ 145.000,00; (b) -9.000,00; (c) 14.796 e $ 147.960,00; (d) 21.500 e $ 215.000,00.

[C1] (a) V; (b) V; (c) F. Como o ponto de equilíbrio econômico demanda a cobertura de todos os gastos mais um retorno justo, costuma ser maior que o ponto de equilíbrio contábil; (d) V. Já que não cobre gastos não desembolsáveis com depreciações; (e) V; (f) V; (g) V; (h) F. Quando uma empresa não apresentar gasto fixo significa que seu ponto de equilíbrio contábil é nulo.

[C2] (a) 60; (b) 250,00; (c) 350,00.

A Administração de Custos, Preços e Lucros • BRUNI

[C3] (a) 1.050,00 e 15.750,00; (b) 1.013,00 e 15.195,00; (c) 1.080,00 e 16.200,00.

[C4] (a) 980 e 29.400,00; (b) 880 e 26.400,00; (c) 1.160 e 34.800,00.

[C5] (a) 6.250 e 6.250; (b) 1.000,00 e 500,00; (c) a empresa Abacate apresenta-se em melhor situação, pois possui um prejuízo menor.

[C6] (a) 50 e 10; (b) 3.355; (c) 51 e 11; (d) 4.952 e $ 74.280,00.

[C7] (a) $ 8.651,00 e $ 24,00; (b) $ 18.229,00; (c) 25,75%.

[C8] (a) 2.918,55; (b) 3.823,53; (c) 2.647,06.

[D1] a) V; (b) V; (c) F. Se um determinado gasto aumentar, mantidos o preço e os demais gastos constantes, a margem de segurança será reduzida; (d) F. A margem de segurança percentual indica o percentual que a empresa pode perder em vendas sem ultrapassar para baixo o ponto de equilíbrio.

[D2] (a) 90; (b) 7.200,00; (c) 30; (d) 2.400,00; (e) 25,00%.

[D3] (a) 0,50; (b) 2000; (c) 800; (d) 800,00; (e) 28,57%.

[D4] (a) 522; (b) 12.800,00; (c) 34,75%.

[D5] (a) 114.286 e 114.286,00; (b) 42,86%.

[E1] (a) V; (b) F. A alavancagem financeira analisa, essencialmente, o efeito incremental associado aos gastos fixos financeiros (e não operacionais); (c) V; (d) F. Um grau de alavancagem financeira igual a um indica inexistência de despesas financeiras; (e) F. Quando o grau de alavancagem financeira de determinada empresa é igual a um, esta empresa não paga juros.

[E2] (a) 2,80; (b) 1,02; (c) 2,86.

[F1] (a) V; (b) F. São os gastos fixos unitários que são reduzidos; (c) F. No ponto de equilíbrio contábil as receitas cobrem apenas os gastos; (d) V; (e) F. O gasto fixo unitário é reduzido; (f) F. Todos os gastos fixos se tornam variáveis no longo prazo; (g) V; (h) F. Receita menos gastos variáveis; (i) V; (j) F. São iguais a $ 4.000,00; (k) V; (l) V; (m) F. A margem é igual a $ 2,50; (n) F. 15 unidades; (o) F. $ 5,00; (p) F. 6.000 unidades.

[F2] (a) O ponto de equilíbrio contábil do Gaivota é igual a 109 unidades mensais, aproximadamente, e do Beira Rio é igual a 102 unidades, aproximadamente. Assim, a melhor alternativa para uma demanda igual a 105 unidades mensais é o Beira Rio; (b) Entre 102 e 250 unidades, o Beira Rio é melhor; acima de 250 unidades mensais, o Gaivota é melhor, apresentando o menor custo. Abaixo de 102 unidades não valerá a pena abrir o negócio.

[F3] I: (a) 195,6; (b) 4,6; (c) 5,4; (d) 20,4. II: (a) -141,6; (b) -33,6; (c) 182,4. III: (a) 37; (b) 240,00; (c) 215. IV: (a) 3; (b) 30,00; (c) 7,50%. V: (a) 7,20; (b) 1,47; (c) 10,59. VI: A análise contábil e financeira envolveria a análise dos gastos variáveis apenas e da margem de contribuição, já que as vendas são adicionais e não alteram a estrutura de gastos fixos. Porém, é preciso analisar, também, os efeitos mercadológicos da decisão – a prática de um preço menor pode ocasionar alguns outros problemas.

Capítulo 4

[A1] (a) V; (b) V; (c) F. Para ser direto precisa ter mensuração objetiva, sem rateio.

[A2] $ 20 mil.

Respostas dos Exercícios

[A3] $ 87 mil.

[A4] (a) 322,5; (b) 12,5; (c) 302,5; (d) 322,5; (e) 225.

[A5] $ 8.625,00.

[A6] (a) 59,4; (b) 2,2.

[A7] (em $ mil, com exceção dos custos unitários) (a) 7; (b) 63; (c) 1,26; (d) 63; (e) 18; (f) 66 e 1,32; (g) 1,65.

[A8] (a) 5.000,00; (b) 30.000,00; (c) 42.000,00; (d) 55.000,00.

[B1] (a) V; (b) F. Depende do contexto. Em ambientes inflacionários costuma ser mais vantajoso para as organizações sob o ponto de vista financeiro e fiscal (por isso a proibição pelo Fisco); (c) F. O critério do custo médio costuma avaliar mais alto os estoques quando comparado com o UEPS em ambientes inflacionários; (d) F; (e) F; (f) V; (g) F; (h) F.

[B2] I: (a) 100; (b) 250; (c) 46; (d) 184. II: (a) 80; (b) 270; (c) 42; (d) 168. III: (a) 87,5; (b) 262,5; (c) 43,5; (d) 174. IV: (a) não calculado; (b) 360; (c) 24; (d) 96. As iniciais PREPS correspondem a PRóximo a Entrar, Primeiro a Sair. Assim, reconhecemos o custo da reposição que SERÁ feita. Logo, como não ocorreu, falta documentação hábil e idônea para o apropriado registro, o que torna o uso do método Preps impossível no registro (contabilidade financeira, para usuários externos) das informações de custos.

[B3] I: (a) 950,00; (b) 860,00; (c) 440,00. II: (a) 1.110,00; (b) 700,00; (c) 280,00. III: (a) 1.006,46; (b) 803,54; (c) 383,53.

[C1] (a) F. O custo de pedidos é inversamente proporcional à quantidade comprada por pedido; (b) V; (c) V.

[C2] $ 3,1 mil.

[C3] $ 3,6 mil.

[C4] $ 4.066,67.

[C5] 2.280,00.

[C6] (a) 725,00, 1.200,00 e 1.925,00; (b) 1.450,00, 600,00 e 2.050,00; (c) 2.175,00, 400,00 e 2.575,00.

[C7] $ 8.820,00.

[C8] 438,00; 444,00; 672,00.

[C9] (a) 1.500 unidades; (b) A quantidade igual a 1.500 unidades para os lotes solicitados representa o valor do lote que levará o custo total de estocagem ao seu valor mínimo, se comparado aos valores tanto maiores quanto menores que 1.500. Sua fórmula pode ser obtida encontrando a função de custo total e em seguida derivá-la. Ao derivarmos uma função e em seguida a igualarmos a zero, podemos encontrar os seus valores mínimos e máximos, que no caso da função custo total Ct(q) são sempre mínimos. Isolando a variável quantidade (q), podemos facilmente, através de operações algébricas, encontrar a quantidade a qual levará ao custo total de estoque mínimo; (c) 2.250 e 2.250; (d) 11 (aproximadamente); (e) 1,07 mês.

[C10] (a) 396; (b) 5.100,48 e 5.090,90; (c) 40; (d) 0,3 mês.

[D1] (a) F. É preciso considerar os encargos também; (b) F. Parte dos gastos pode estar nos CIFs.

A Administração de Custos, Preços e Lucros • BRUNI

[D2] $ 918,75 (1º contrato), $ 1.653,75 (2º contrato) e $ 735,00 (MOI).

[D3] (a) $ 30,00; (b) $ 320,00.

[D4] (a) 7,03; (b) 55,89%.

[D5] (a) 29.492,90; (b) 3,69; (c) 11,92; (d) 5,59.

[D6] $ 17.337,60.

[D7] $ 51.184,42.

[E1] (a) F. Se apresentarem mensuração específica, podem ser assumidos como diretos; (b) F. Na Contabilidade Financeira, todos os custos (consumos produtivos, diretos ou indiretos) precisam ser incorporados ao valor dos produtos; (c) V; (d) F. Qual base de rateio pode ser empregada; (e) F. Depende do contexto.

[E2] (a) 5,92; 7,50; 6,00 e 11,80; (b) 5,48; 7,70; 6,16 e 12,04; (c) 5,92; 7,50; 6,40 e 10,60; (d) 4,58; 9,00; 5,73 e 13,40.

[E3] (a) 4,01; 5,61; 13,23 e 1,24; (b) 3,75; 6,93; 11,83 e 1,39.

[E4] (a) 46,00; 21,00 e 21,71; (b) 34,00, 13,00 e 25,71.

[E5] (a) 1,75, 2,50 e -2,00; (b) 4,00; 5,50 e 4,00; (c) O produto Uva está dando prejuízo. Assim, apesar do registro de prejuízo contábil, este não deve ser descartado, pois apresenta uma margem de contribuição positiva.

Capítulo 5

[A1] (a) F. Receita menos gastos variáveis; (b) F. Sua margem de contribuição é igual a $ 5,00; (c) V; (d) V; (e) F. Diversos podem ser os critérios mais apropriados; (f) F. É marcado pela análise de margens de contribuição; (g) F. A análise da margem de lucro marca a contabilidade financeira; (h) V; (i) V; (j) V; (k) V.

[A2] $ 9,50.

[A3] 69,60, 0,10, 6,70 e 9,50.

[A4] (a) 11; (b) 4; (c) 5; (d) 3.

[A5] (a) 292,00, 157,00 e 470,00; (b) 8,00, -7,00 e 130,00; (c) 80,00, 20,00 e 220,00.

[B1] (a) F. Por não ter mensuração direta e objetiva, o rateio não costuma ser objetivo; (b) V; (c) V.

[B2] (a) Apesar de seu resultado negativo no DRE, o produto Cascão apresenta uma lucrativi-dade contábil positiva, pois possui uma margem de contribuição positiva. (b) Não, pois os gastos fixos indiretos seriam levados integralmente ao valor de produção do produto Compota, levando a empresa de um resultado líquido positivo ($ 25.000,00) a um nega-tivo. (c) Aumento de produção, corte de gastos ou acréscimos de produto à linha de produção.

[B3] 1,03 e -0,52.

[B4] (a) −14,00 e 12,00; (b) 26,00 e −8,00; (c) 42,00 e 24,00; (d) Como as margens são positivas, nenhum produto deve ser eliminado. As soluções envolvem aumentar volumes de vendas ou reduzir gastos.

Respostas dos Exercícios

[B5] Os sócios teriam razão, já que os resultados seriam iguais a -$ 12 mil (por absorção) e $ 0 (variável).

[C1] (a) F. Existindo restrições no fluxo produtivo, devemos priorizar a produção dos produtos com maior margem de contribuição por recurso gargalo consumido; (b) V.

[C2] 40 kg de sequilhos e 230 kg de biscoitos, margem máxima igual a $ 240,00.

[C3] 20.000 unidades de jaleco, 10.000 unidades de blusão e 10.000 unidades de casaco.

[C4] Parte I: 80 bules e 57 leiteiras. Parte II: 1 bule e 80 leiteiras.

Capítulo 6

[A1] (a) V; (b) F. No Brasil, os tributos calculados por dentro são mais usuais; (c) F. No Brasil, os tributos calculados por dentro, que incidem sobre o preço, são mais onerosos; (d) V; (e) V. Como incide por dentro, $P = B (1-\text{Alíquota}) = B / 0,8 = 1,25 B$.

[A2] I: (a) 396; (b) 600; (c) 300. II: (a) 400; (b) 625; (c) 400.

[B1] (a) F. É preciso comprovar os gastos, com documentos aceitos pelo Fisco; (b) F. A tributação por lucro presumido costuma ser proibida para grandes empresas; (c) V; (d) V; (e) F. É preciso considerar todos os aspectos financeiros e tributários envolvidos, muitas vezes a opção pela tributação presumida implica desprezar eventuais créditos fiscais; (f) V. Em função da existência de gastos não dedutíveis ou não amparados por documentos aceitos pelo Fisco.

[B2] I: (a) 14,00; (b) 2,80. II: (a) 44,00; (b) 8,80. III (a) 42,50; (b) 8,50.

[C1] (a) F. Um tributo cumulativo não gera créditos fiscais; (b) V; (c) V. Em função de eventuais créditos envolvidos; (d) F. Em função da opção pelas pequenas empresas por tributação presumida, estas seriam mais sujeitas à cumulatividade tributária; (e) F. É preciso considerar todos os aspectos financeiros e tributários envolvidos, muitas vezes a opção pela tributação presumida implica desprezar eventuais créditos fiscais.

[C2] I: (a) 28,00; (b) 40,00; (c) 12,00. II: (a) 0; (b) 20,00; (c) 20,00. III: Depende, já que é preciso considerar a alíquota e os eventuais créditos.

[C3] I: 142,80; 200,60 e 292,40. II: 62,80; 57,80 e 91,80.

[D1] (a) F. É de esfera municipal; (b) V; (c) F. Pode ser cumulativo em lucro real ou não cumulativo em lucro presumido; (d) V. Geralmente é não cumulativo em empresas de maior porte; (e) F. O IPI incide por fora.

[D2] I: (a) 6.315,79; (b) 315,79. II: (a) 7.228,92; (b) 361,45 (ISS) e 867,47 (outros).

[D3] I: (a) 54,00; (b) 90,00; (c) 36,00. II: (a) 126,00; (b) 248,93; (c) 122,93. III: (a) 144,00; (b) 236,16; (c) 92,16.

[D4] I: (a) 60,00; (b) 144,00; (c) 84,00. II: (a) 35,00; (b) 136,00; (c) 101,00. III: (a) 35,00; (b) 152,00; (c) 117,00.

[D5] (a) 1490; (b) 1413,6; (c) 1381,6; (d) 1402,2; (e) para calcular o fornecedor com menor custo é preciso considerar, além do preço de compra, os eventuais créditos fiscais.

[D6] I: (a) 54,00; (b) 36,00. II: (a) 72,00; (b) 54,00.

[D7] I: (a) 286,75; (b) 84,34; (c) 1.771,08. II: (a) 190,91; (b) 159,09; (c) 1.750,00. III: (a) 304,20; (b) 85,21; (c) 1.789,41. IV: (a) 212,90; (b) 161,29; (c) 1.774,19.

A **Administração de Custos, Preços e Lucros** • BRUNI

Capítulo 7

[A1] (a) F. Uma margem baixa pode ser compensada por alto giro, com bom desempenho; (b) F. Não existe relação objetiva entre margem de lucro e giro; (c) F. Não existe relação objetiva entre margem de lucro e giro; (d) V; (e) V.

[A2] (a) 4; (b) 5%.

[A3] 4,00%.

[A4] (a) 2,0000; (b) 15,00%; (c) 2,8571; (d) 10,50%.

[A5] (a) 10; (b) 1,80%.

[B1] (a) V; (b) F. Para uma soma dos percentuais calculados por dentro igual a 0,50 (ou 50%), o *mark-up* será igual a 2; (c) V.

[B2] 2,5.

[B3] (a) 2; (b) 1.080,00.

[B4] (a) 2,0000; (b) 1.488,00.

[B5] 1,6667.

[B6] (a) 1,3793; (b) 468,96; (c) Com o aluguel do imóvel, a soma dos gastos em percentual do faturamento seria elevada em função da soma do aluguel e da subtração da depreciação do imóvel que não vai mais existir. Assim, os gastos percentuais seriam elevados em (30000– 20000)/2000000 = 0,5%. Assim, a margem de lucro que seria originalmente igual a 5% seria reduzida para 5 – 0,5 = 4,5%. Porém, o giro seria elevado para 10 x. Multiplicando a nova margem pelo novo giro, teríamos uma nova rentabilidade igual a 45% a.a.; (d) 456,38.

[B7] (a) 2,22 e 3,33; (b) $ 519,48 e $ 1.225,44.

[B8] (a) 20,00; (b) 1,20.

[B9] (a) 1,87; (b) 4.262,97; (c) 1.041,25; (d) 343,00.

[B10] (a) 2,94; (b) 310,46; (c) 829,60.

[B11] (a) 440,00; (b) 2,22; (c) 977,77.

[B12] (a) 6; (b) 0,04; (c) 2,7778.

[B13] (a) 15; (b) 0,016; (c) 2,6042.

[B14] (a) 3,03; (b) 140,90; (c) 6.135,00.

[B15] O grande problema enfrentado pela empresa diz respeito aos percentuais de lucro de cobertura de despesas. Para um faturamento mensal projetado igual a $ 35.000,00, as despesas no valor de $ 7.110,00 representam cerca de 20%, e não os 10% originalmente previstos. Da mesma forma, como os sócios investiram $ 60.000,00 e desejam um lucro anual igual a 20%, projeta-se um valor anual para o lucro igual a $ 12.000,00, que representa um percentual igual a 34%, aproximadamente, do faturamento. Bem diferente dos 5% originalmente projetados. Com os novos percentuais calculados, a taxa de marcação projetada deve ser igual a 3,4855. Como solução, a empresa precisa rever o seu processo de formação de preços ou a sua escala de funcionamento das suas operações.

[B16] (a) 2,3130; (b) 2,47167.

Respostas dos Exercícios

Capítulo 8

[A1] (a) V; (b) V; (c) V.

[A2] O caso da Rosa Chique critica o processo de formação dos preços com base nos custos, sem complementar esse processo com a análise do valor percebido pelo mercado. Ao decidir elaborar os produtos com base nos seus próprios gostos e escolhas, Gabriela esqueceu o fato de que quem compraria suas roupas seriam outras pessoas, com capacidade de avaliar e comparar produtos diferentes e com percepções de valores distintos. A alta qualidade dos produtos provocava a existência de custos notadamente superiores e acarretava a necessidade da cobrança de preços maiores. Porém, a percepção de valor pelo mercado não justificava pagar os preços cobrados. O esquecimento da consideração do mercado e do valor por ele percebido foi a maior razão para o insucesso da Rosa Chique.

[A3] A questão associada ao "melhor" pastel paulistano refere-se à análise da estratégia empresarial projetada para o negócio. Se um pastel comercializado em feira apresenta um preço igual a $ 2,00, a cobrança de um preço muito superior em um negócio similar seria estranha e árdua. A agregação de valor percebido seria uma tarefa muito difícil. Porém, talvez no contexto de um restaurante ou de lanchonete cinco estrelas, a cobrança de $ 35,00 não parecesse estranha. Assim, a questão da discussão sobre a possibilidade da prática do preço *premium* passa, anteriormente, pela discussão da percepção do valor percebido pelo mercado. É preciso criar um contexto que possibilite a cobrança de um preço superior.

[A4] O texto refere-se claramente aos aspectos relativos à percepção de valor do produto ou serviço ofertado. No caso, ocorreu substancial elevação do valor percebido pelo mercado após a colocação dos dizeres "fabricado em São Paulo" – que apenas reforçavam uma característica já inerente ao produto. Ao comparar dois produtos "aparentemente" iguais (na prática, o mesmo rádio Capelinha) sendo, porém, um deles alegadamente "fabricado em São Paulo" e o outro de origem de fabricação "incerta", o mercado não tem dúvidas: prefere o de São Paulo, ainda que por um preço superior, embora, na prática, ambos sejam produzidos pela mesma fábrica, localizada no mesmo Estado de São Paulo. A questão do sucesso da estratégia do comerciante consiste no reforço dos benefícios existentes e avaliados pelo mercado. No exemplo, a boa avaliação da origem em São Paulo. Esse reforço, essencial nas atividades de marketing, interfere de forma substancial na percepção de valor do produto ou serviço ofertado e permite a cobrança de preços superiores ou a prática de vendas mais intensas.

[A5] O caso discute a questão do valor percebido pelo mercado. Os dizeres "Sem Colesterol" reforçam os atributos de qualidade do produto e incentivam as suas vendas. Ainda que "racionalmente" sem sentido, a colocação dos dizeres reforça os atributos de valor dos produtos comercializados, incentivando as vendas e a formação de preços superiores.

[A6] O processo de formação e análise de preços não é estático e serve para orientar a configuração da estratégia empresarial e a oferta de produtos e serviços. A estratégia original do Quero Mais, que previa a oferta de comida por $ 19,00 o quilo, revelou-se um fracasso. O mercado achava caro pagar $ 19,00 por quilo. Sua percepção de valor, influenciada pela baixa diferenciação do cardápio e por diversos aspectos mencionados no texto, como a ausência de vagas de estacionamento e a localização do salão do restaurante no segundo andar, contribuiu para o insucesso da operação.

A Administração de Custos, Preços e Lucros • BRUNI

Por outro lado, o Saúde no Prato optou por uma estratégia claramente diferenciada. Boa parte dessa estratégia é revelada no seu próprio nome: vende "saúde", em um contexto politicamente correto, em que hábitos saudáveis são cada vez mais valorizados. O preço de $ 22,00 cobrado por quilo revelou-se atrativo. O mesmo mercado que julgava caros os $ 19,00 cobrados pelo Quero Mais por quilo de alimentos julgava aceitáveis os $ 22,00 cobrados por quilo de "saúde" (alimentos saudáveis em um contexto saudável) do Saúde no Prato.

A análise remete claramente à compreensão dos três aspectos centrais na administração de custos, preços e lucros: o custo, o preço e o valor. Embora os alimentos orgânicos e naturais do Saúde no Prato elevem a sua planilha de custos, a percepção pelo mercado consumidor é sensibilizada de forma muito mais intensa. A agregação de valor é muito superior à elevação dos custos.

Os efeitos sobre a rentabilidade são imediatos. Enquanto o Saúde no Prato prosperou, abrindo novas filiais, o Quero Mais foi obrigado a reposicionar o seu negócio, tornando--se um restaurante *buffet* ("sirva-se à vontade") e cobrando apenas $ 7,90 por refeição, independentemente da quantidade. Embora, possivelmente, a margem de contribuição por refeição vendida tenha sido substancialmente reduzida, o aumento mais que proporcional no número de refeições comercializadas provocou a melhoria da rentabilidade da operação.

[A7] O posicionamento da Penalty reflete um posicionamento claramente definido para a oferta de um serviço com o menor custo possível. Todas as suas decisões buscam reduzir ao máximo os gastos da operação.

[B1] (a) V; (b) V; (c) V.

[B2] A importância das sucessivas fusões e aquisições no mercado bancário brasileiro remete à necessidade de redução dos custos unitários das operações mediante os ganhos decorrentes das economias de escala. Serviços bancários no varejo sofrem um continuado processo de "comoditização", no qual a diferenciação torna-se cada vez mais difícil. Assim, a redução dos custos torna-se a única forma de melhorar a rentabilidade. E, com investimentos notadamente concentrados em TI e implicando altos gastos fixos, a redução mais efetiva dos custos unitários de transação ocorre por meio da elevação da escala das operações. Assim, as sucessivas fusões tornam-se essenciais nas estratégias dos bancos.

[B3] O caso da Cia. dos Peixinhos apresenta uma clara mudança de posicionamento de um foco em custos para um foco em valor, em diferenciação dos seus produtos ofertados. A estratégia da empresa rompeu uma tradição de empresa integrada, desverticalizando a produção, rompendo um princípio de fazer roupas do começo ao fim, do fio até a confecção final. O maior patrimônio da empresa era realmente a sua marca. A consolidação da marca teve várias dimensões. A primeira delas foi adotar a base de distribuição, com a criação de uma rede de lojas franqueadas, com o sugestivo nome de Lojas dos Peixinhos, que reforçava os atributos da própria marca.

Planejar, definir uma estratégia de uma empresa é uma situação dinâmica, estar sempre preparado para um novo desafio, uma mudança no mercado. É preciso estar sempre atento a todas as mudanças e possíveis variações do mercado. Uma boa análise da estrutura da empresa, mais a posição dela ante o mercado, já é um grande passo.

Diante dessas situações, os conceitos de posicionamento estratégico se destacam. A empresa fortaleceu seus pontos fortes e antecipou e defendeu os fracos, alterando a

Respostas dos Exercícios

sua organização industrial. As medidas para rever a situação da Cia. dos Peixinhos foram implementadas na linha de produtos com a redução da produção de *commodities*, como a camisa branca básica, concentrando os esforços na confecção de produtos de maior valor agregado. A opção por esses tipos de produtos permitiu à Cia. dos Peixinhos atingir um consumidor de maior poder aquisitivo com suas marcas e marcas de terceiros, nesse caso com licença e pagamento de *royalties*.

Existem três estratégias competitivas básicas: a primeira é a liderança no custo, liderança essa que implica busca constante na redução dos custos e proteção das vantagens de custos mais baixos, para tornar-se um produto de baixo custo, sem perder a qualidade e suas bases de diferenciação. A segunda estratégia envolve a diferenciação do produto, ou seja, a empresa seleciona uma ou mais dimensões de produtos para serem exploradas. Com isso, amplas parcelas de mercado podem ser conquistadas a partir de uma diferenciação de produto para a demanda do consumidor. A terceira, a estratégia do enfoque, poderá ser tanto em relação ao custo quanto em relação à diferenciação.

A concentração no custo explora diferenças de comportamento de custos em alguns segmentos e firmas, enquanto o enfoque na diferenciação explora as necessidades especiais dos compradores também em certos pontos da indústria. Assim, a indústria têxtil de forma geral deve adotar três estratégias de sobrevivência no mercado: redução de custo, diferenciação de produtos ou estratégia de nicho ou foco. Vale destacar que a indústria têxtil apresentou uma repentina mudança nas regras do mercado, a abertura comercial. Esse fato levou as indústrias a mudar as suas condutas, já que o risco e a incerteza aumentaram muito.

No setor têxtil, a entrada de novas indústrias é bastante limitada por diversos fatores, como economia de escala, uma vez que as grandes empresas podem ser consideradas de capital indivisível, necessitando, portanto, de um volume de investimento elevado, entre US$ 50 e 100 milhões, além da preferência dos consumidores. A diferenciação dos produtos é um fator muito importante que limita a entrada de novas empresas, mas pode também indicar que a concorrência está se acirrando, à medida que uma empresa entra com um produto diferenciado e consegue arrematar parte do mercado.

O maior entrave da indústria têxtil foi a ameaça de substitutos provenientes do exterior, que, em relação ao preço, aumentaram as opções do consumidor em substituir seu vestuário habitual não só com novos tecidos, mas também com novas confecções.

Num mercado aberto à concorrência desleal, as estratégias incluem a capacidade de diferenciação de insumos, substituição deles em importação etc. Adotam também estratégias de diferenciação de produtos e de baixo preço, para elevar o custo da mudança do comprador de uma empresa nacional para outra ou para uma empresa internacional, preferindo produtos substitutos.

A Cia. dos Peixinhos optou por maior ênfase nas vendas de produtos que possuíam maior valor agregado, gerando, consequentemente, menores volumes. Essa opção pode ter ocasionado redução no faturamento, porém permitiu a ampliação das margens brutas dos negócios. A mudança do foco em custos para o foco em valor ajudou a recuperação da empresa.

Bibliografia

Este livro faz parte da série Desvendando as Finanças, que apresenta de forma simples e didática os principais conceitos de Finanças Empresariais. Leitores ou alunos que desejem obter maiores conhecimentos sobre outros temas de Finanças devem consultar os seguintes textos:

BRUNI, A. L.; FAMÁ, R. *A matemática das finanças.* São Paulo: Atlas, 2003.

_____ ; _____ . *As decisões de investimentos.* São Paulo: Atlas, 2003.

_____ ; _____ . *A contabilidade empresarial.* São Paulo: Atlas, 2005.

Outros livros dos autores, que igualmente apresentam assuntos sobre Finanças, com uma abordagem mais densa e profunda do que a série Desvendando as Finanças, são os livros da série Finanças na Prática.

BRUNI, A. L.; FAMÁ, R. *Matemática Financeira com HP 12C e Excel.* 2. ed. São Paulo: Atlas, 2003.

_____ ; _____ . *Gestão de custos e formação de preços.* 3. ed. São Paulo: Atlas, 2004.

Além dos livros apresentados, outras importantes fontes de conhecimentos adicionais podem ser vistas em:

ASSEF, R. *Guia prático de formação de preços.* 7. ed. Rio de Janeiro: Campus, 1999.

ASSIS, C. K.; MAGALHÃES, M.; QUEIROZ, R.; RAMALHO, R. A. *Estudo financeiro da Cia Hering.* Salvador: Unifacs, 2002. Não publicado.

CREPALDI, S. A. *Curso básico de contabilidade de custos.* São Paulo: Atlas, 1999.

GARRISON, R. H.; NOREEN, E. W. *Contabilidade gerencial.* Rio de Janeiro: LTC, 2001.

HORNGREN, C. T.; FOSTER, G.; DATAR, S. M. *Contabilidade de custos.* 9. ed. Rio de Janeiro: Livros Técnicos e Científicos, 2000.

KOTLER, P. *Administração de marketing.* 4. ed. São Paulo: Atlas, 1996.

LAWRENCE, W. B. *Contabilidade de custos.* São Paulo: Ibrasa, 1977.

LEONE, G. G. *Custos:* um enfoque administrativo. 12. ed. Rio de Janeiro: FGV, 1998.

_____ . *Curso de contabilidade de custos.* 2. ed. São Paulo: Atlas, 2000a.

_____ . *Custos:* planejamento, implantação e controle. 3. ed. São Paulo: Atlas, 2000b.

MARTINS, E. *Contabilidade de custos.* São Paulo: Atlas, 1998.

MATZ, A.; CURRY, O. J.; FRANK, G. W. *Contabilidade de custos.* São Paulo: Atlas. 1978. v. 1 e 2.

NEVES, S. das; VICECONTI, P. E. V. *Contabilidade de custos.* 6. ed. São Paulo: Frase, 2000.

OLIVEIRA, L. M. de; PEREZ JR., J. H. *Contabilidade de custos para não contadores.* São Paulo: Atlas, 2000.

PORTER, M. E. *Estratégia competitiva.* Rio de Janeiro: Campus, 1996.

RIBEIRO, O. M. *Contabilidade de custos fácil.* São Paulo: Saraiva, 1992.

Pré-impressão, impressão e acabamento

grafica@editorasantuario.com.br
www.graficasantuario.com.br
Aparecida-SP